北京市高校实验教学示范中心建设资金资助出版

 文化传播实验教学系列教材

主编：李　双　吕明涛

编委会成员：

李　双　吕明涛　宋　晖

王翠艳　郑志勇　高传智

张佰明　于　祎　戴潇雅

舆论学实务教程

宋　晖　吴　麟　苏林森◇编著

序一

　　还清楚地记得,52年前,我第一次用笨重的德国莱卡摄像机,记录下活动黑白影像时大家的兴奋。现在,人们可以随时随地用电脑、手机,把文字、声音、图像传给世界每一个角落。与此相伴,我们也从服装到思想都单调的"灰蚂蚁",融入文化交融、文明竞长的"地球村"。这些变化让我深切地感受到,文化的发生,文明的进步,受惠于传播与交流。同样,传播的丰富,交流的深入,也有赖于文化与文明的繁盛。

　　文化与传播的关系是如此紧密,所以,当李双教授嘱我为"文化传播实验教学系列教材"作序时,我对他们以此为研究主体,以提高学生实践能力为目的,不求大、多、全,唯求精炼、创新、可操作性的编著思路颇为欣赏。文化与传播的理论固然重要,但正如文化批评家罗斯金所言,"美好的艺术是人类的手、脑和心灵的完美结合",艺术创造如此,传播美好的文化何尝不是如此?

　　很久以来,重演绎思辨、轻验证操作的传统教育观念,涵盖了我国高等文科教育的几乎所有学科。这种不分学科特性的教学理念,给我国新闻与传播教育事业留下了遗憾。"我国学生动手能力差"的评价,上世纪60年代就屡有耳闻。现在,随着我国高等教育由精英教育向大众教育的转变,大学生动手能力不足的缺陷被"就业难"等现实问题日益放大。而信息时代的到来,又对文化传播的实践性提出了前所未有的要求,媒介的融合要求从业者"想"和"做"的能力也要融合。很难想象,一个不熟悉网络知识、不懂得音视频制作、不具备项目策划能力的年轻人,能够在将来胜任高素质职业传播者的工

作角色。

在高校的教学体系中,理论教学和实验教学应当是同等重要、互为支撑的两大部分。理论教学是基础,实验教学是培养学生切入现实、解决问题的有效手段,是提高大学生动手能力的重要路径,实验室更是培养大学生创新能力的重要场所。近几年来,中国劳动关系学院文化传播实验教学中心的建设突飞猛进,获得了"北京市高校实验教学示范中心"的荣誉,影视制作方面更是达到了专业水准,给我留下了深刻印象。依托厚实的硬件资源,总结新鲜的教学经验,"文化传播实验教学系列教材"的推出,可谓恰逢其时,恰当其分。

对教育而言,师资和教材是两大要件。师资只能造福一处,教材却可以惠及四方。一套好的实验教学教材,对应的是无限广阔的实践活动,应该做到"竖画三寸,当千仞之高;横墨数尺,体百里之迥"。翻阅丛书,各位作者虽教学繁忙,但依然勤勉著述,撷各家之长深入浅出,关键处不乏独特新见,是一套系统完整、于当下文化与传播教育大有裨益的实验教材。

2009年暮春,我受邀主持中国劳动关系学院文化传播学院的学位评估。我发现,文化传播学院拥有一支事业心强、励精图治、朝气蓬勃的教师队伍。面对这样一个热爱高等教育、对学生有责任、对教育有使命的年轻团体,我相信,我们一定能够以此作为新起点,创作出更多令学生受益终身的优秀教学成果。

是为序。

中国传媒大学　朱羽君

2010 年 8 月 20 日

序二

这套丛书即将付梓之际，一些话不禁涌上心头。

在中国内地的高校，文化与传播似乎总不能恰处一体。上个世纪 80 年代，内地高等教育还没有独立的传播学科。于是，面对"80后"雨后春笋般蔚为大观的传播学抢尽风头，新闻学科使劲捍卫自己的主流与独立地位。新闻学虽然历史悠久，但本质上仍然应归属于传播学。不过，仿佛是在赌气，新闻与传播，似乎在不怎么兼容地各自发展。这样的"赌气"，从早前绝大多数新闻学从属于语言文学学科，而后在新时期迅速独立，有异曲同工之妙。

学科的细分，尤其是改革开放以后，内地高校与世界高等教育接轨，完善、丰富各类学科，自然是无可非议的。不过，细分学科的缺陷可以通过学科的互相融汇与支撑来弥补，关于这一点，一些高校同仁，不知道是意识不到，还是因其他原因意识到了却不愿改进。总之，目前的状况是，细分有余而统合不足。在高校本科教育当下已基本步入大众教育的趋势下，学科细分的弊端越来越明显；学生知识与技能的促狭，也越来越不适应社会的需求。基于此，我们尝试在学科的互补上开展一些探索。具体而言，就是根据我们学院的实情，试验将文化与传播学科整合在一起，以期培养出复合型的创新人才。

一所高等学校的文化素养、背景，尤其是人文学科承担的普世价值、传统文化和思想底蕴，是其他学科难以全面承担的。现在国外的名牌大学，在本科教育阶段都施行通识教育，包括世界著名的哈佛大学也是一样。它的人文科学、社会科学与自然科学的课程群，在大一、大二基本上都是任选的。哈佛的本科生全部集中在一个学院，名称就叫做"人文艺术与科学学院"。这是一种趋势。如果我们在本科阶段都把专业限定得很仄,那是不利于学生成长的。有的中国大学校长已经意识到这个问题,比如北师大的钟校长就指出,现在一些本科专业,根本就不该开设,那些专业是研究生阶段才能开设的,他列举的例子有管理学专业。当然,钟校长的话是否对,可以商榷,但本科专业太细化这个内地高校的弊端,是普遍存在的,根子就在1952年全盘学苏联高校体制的院系调整。今天,这样的办学思路还没有得到很好的修正。

我们所处的文化传播学院,现有汉语言文学、新闻学、文化艺术事业管理和戏剧影视文学四个本科专业。让这四个本科专业更好地融合与沟通,形成一个四位一体的专业架构,增加专业间的勾连,有利于学生的培养和成长。而四位一体的专业结构,从提高学生的基础素养、职业技能以及适应社会需求来讲,都是相当好的。本科教育这个阶段的人文素质培养,某种程度上决定了学生的后继发展。一个人确立了精神本体,他去学比较实务的东西是比较容易的。他有信心,有意志,有信仰,有自己的追求,这才是一个人成才最重要的东西。实务教育很重要,但是,不能忽视在实务教育中要贯串和体现关于人的本体建构的教育。比如,十年前,高校课程里还开设"汉字输入",现在再开设这样的课程就闹笑话了。而文学、哲学、美学、艺术等课程,从古至今,没有哪所高校会认为"过时"。少数人,由于学科不同,认识上有些误区。比如,一提起中文系,就认为那都是一群小青年,成天沉迷风花雪月,"为赋新词强说愁"。其实,汉语言文学专业是非常精深博大的学科,也是高校中稀缺的极具"中国特色"的学科,古人讲文、史、哲不分家,正是中文系主要的教学研究内容。举凡中国高校,自然科学基本上是全盘西化,社会科学也基本上全盘西化,唯有人文科学,西方无法取代,汉语言文学专业正是这样的专业。哈佛、牛津开设的学科,几乎没有一样是以中国的学术成果为学科支撑的,但中国的语言、文学、思想、历史等学科除外。如果在我们中国的高校,还轻忽自己特有的文化和学术,说轻点是无知,说重点是数典忘祖。再比如新闻学,一般人认为不过是培养记者、编辑的,其实,新闻与传播学科面对今天信息传播从技术到精神内涵的焕然一新,早就不仅仅是原来意义的培养记者、编辑了。人类社会信息传播的速度和方式,直接决定了人类文明的形态和发展的速度。文化与传播,由以前的内容与手段的关系,早就嬗变成互相依赖、互相生成的共生关系。一种文化不仅需要传播,更需要在传播中丰富、变形,生成崭新的文化形态。几乎可以说,离开了传播,文化就无法生成;传播本身也早就不是传播这个字眼的意义,而是文化生产与交流不可或缺的环节与过程。戏剧影视文学专业也是如此,依据这个专业的传统,当然是培养戏剧影视的编剧人才。但是,在今天,网络视频以及层出不穷的各类影像产品深受受众喜爱,我们的高等教育如果还局限在单纯编剧人才的培育上,就会明显与社会的发展脱节。目前的社会,需要采、编、导三者合一的复合型人才,那么,这个专业的教学,如果能在文学的基础上,兼及广播电视新闻学和影视编导学科就必定会对学生的多向发展产生良好的作用。

基于上述教育理念,才诞生了这样一套名为"文化传播实验教学系列教材"的丛书。本丛书共 11 种,涵盖了文学、新闻学、传播学、影视学等诸门学科。除了试图使诸学科互相渗透、互为支撑,使学生能更多掌握社会需求的技能外,更重要的是,我们还尝试紧紧抓住实验教学这个关节,使本科生阶段的教育,不只局限在坐而论道,而更要直接培养其动手实操的技能。这套丛书的诞生,还直接得益于文化传播学院"文化传播实验教学中心"的建设。2007 年,中心经过几轮严格的评选,荣获"北京市高校实验教学示范中心"称号,中华全国总工会王兆国主席闻讯特别批示全总相关部门大力支持中心的建设,北京市教委也慷慨解囊,奖励中心 50 万元建设资金,中国劳动关系学院主要领导为中心的建设更是不遗余力。

从 2007 年至今,三年多时间过去了。文化传播学院各位教师为中心的软、硬件建设呕心沥血,特别是丛书的各位第一作者,在时间紧、任务重的困难条件下,高质量地完成了丛书的编撰,令人感佩。现在,如同呱呱坠地的赤子,这套丛书终于开始陆续面世。如果她还有值得欣赏和肯定的地方,全赖我们的同事辛勤劳作;而她所有的不足与错漏,都应该由我们来概括承受。

最后,我们要诚挚地感谢朱羽君先生,她奖掖后学,不吝褒扬,既令我们惭愧,也给了我们莫大的激励;我们要真诚地向文化传播学院及实验教学中心的老师们致谢,没有这些可敬可爱的同事戮力同心、团结协作,我们将一事无成。

李双　吕明涛

2010 年 10 月 16 日

目 录

第一章 认识舆论

第一节 什么是舆论

舆论,即舆人之论。"舆"的本义为车厢或轿,又可解释为众、众人。"舆论"指公众的言论,或公众的意见。在英文中,舆论对应的词组是 public opinion(公众的意见,即舆论)。在现代国家或国际社会,舆论成为一个常用词。究竟什么是舆论?下面我们就先从舆论现象来考察和认识舆论。

一、从舆论现象认识舆论

"舆论导向"、"舆论监督"、"国际舆论"、"舆论调查"……我们时常会听到这些词,在日常生活中,我们也经常可以观察到种种舆论现象。在现实生活中,几乎人人都对舆论有所认知,有所感受,可谓耳熟能详。对于舆论的力量,大家也多有认识。《韩非子》曾经记述了"三人成虎"的故事:故事讲述的是战国时期,魏国的太子被送到赵国的都城邯郸做人质,随从有大臣庞葱。临行前,庞葱对魏王劝诫说如果三个人谎报集市里有老虎,听者就会信以为真。现在赵国国都邯郸离魏国国都远了许多,对自己的议论会很多,希望大王不受影响。然而庞葱走后,毁谤他的言论就多了,庞葱就此不再受到重用。

舆论不仅能够影响个人观感,还能够影响社会,必要的时候还能够发挥社会动员和政治动员的作用,乃至推动建立一个国家。1776 年 1 月,英属北美殖民地革命前夕,潘恩出版了富有鼓动性的小册子《常识》,鼓动殖民地居民反抗英国的暴政,宣称:大自然在任何情况下都不会使卫星大于其主要的行星;由于英国和美洲就彼此间的关系而言,颠倒了大自然的通常秩序,所以它们属于不同的体系,这是很明显的。英国属于欧洲,美洲属于它本身。潘恩号召北美移民反对暴政和暴君,建立独立国家。《常识》直接激发了北美移民的独立意识,为美国独立发挥了重要作用。观照我国,在近代维新时期,康有为、梁启超等人在推动维新变法之时,也是把鼓吹改革、办报办学、在民间建立有利于改革的舆论作为首要任务。当时维新派首要的任务就是办报,创办了《万国公报》、《时务报》等一系列报刊,鼓吹变法,使变法成为公众热议的话题,鼓动君主立宪,在士大夫中争取了一批变法的同情者和支持者,力求实行西方式的制度改革。

在我们的日常生活中,舆论的作用更是无所不在。中央电视台每年的"3·15晚会",都会曝光一批不合格产品和一些侵犯消费者权益的案例,受到公众关注。企业在晚会上被点名后,往往销售额大降,有的产品品牌就此一蹶不振。再如,贪官污吏最怕的就是媒体曝光,一旦媒体公开报道,相关部门随后展开调查,往往贪赃枉法行为无所遁形。另外,舆论还可以推进法制建设,其中最著名的例子是"孙志刚案"。2003年3月,湖北武汉一名大学毕业生孙志刚因刚到广州工作没有暂住证被广州芳村派出所收容,并在收容所死亡,经法医鉴定,孙志刚系因背部遭受钝性器具反复打击致创伤性休克死亡。4月,事件被媒体披露后引发社会抗议,媒体的声音、公众的声音得到广泛传播,舆论日趋统一,形成合力,促使国家废止了早已过时的《城市流浪乞讨人员遣送办法》,代之以更为人性化的城市救助管理新办法。

此外,我们还可以观察到,有些名不见经传的小人物,既没有做出大事业,也没有大成绩,却因为舆论的关注一朝成名,比如著名的"芙蓉姐姐"。"芙蓉姐姐"最早不过是一个普通的打工者,工作之余,在清华大学BBS上发帖,把自己塑造为一个内秀外美、才华横溢的女性。由于自身条件和自我评价反差很大,引起网民关注和议论,无论如何,"芙蓉姐姐"已经成功地吸引了大众的眼球,成为了一个话题明星。同样的情形还有近年在网络走红的"犀利哥"。"犀利哥"实为宁波街头一名乞丐,其走红源自2010年2月23日天涯论坛帖《秒杀宇内究极华丽第一极品路人帅哥!帅到刺瞎你的狗眼!求亲们人肉详细资料》,帖中发布数张"犀利哥"的照片,因其放荡不羁、不伦不类的造型让人眼前一亮,被网友誉为"极品乞丐"、"究极华丽第一极品路人帅哥"、"乞丐王子"等。在这两个案例中我们可以看到,个体有意识的行为促使"犀利哥"和"芙蓉姐姐"从民间进入网络,而网络群体的集体无意识行为又导致他(她)们吸引网民关注和议论,大众越来越多的关注带动电视、报纸、杂志等传统媒体也被卷入了舆论的潮流,造就他(她)们成为红人和代表性的社会符号。

从上面的种种舆论现象我们可以看到,舆论非常复杂,从最不起眼的"犀利哥",到国家大政方针,都可以成为公众热议的话题。到底是什么影响舆论的发展和大众的关注呢?舆论到底是什么东西呢?古今中外的学者都对舆论进行了研究,试图做出自己的解答。早在19世纪末,德国开始出现专门研究舆论的著作。进入20世纪,舆论问题更成为一些学者长期关注和研究的对象,并得到一系列的发现,如议题设置规律、沉默的螺旋现象等。

下面我们来看看各家学者对于舆论的定义。

二、舆论的定义

舆论现象无所不在,我们的日常判断和个人情绪都常常受到舆论影响,舆论不仅影响着具体的个人,还影响着社会的走向。在现实生活中,人们都意识到舆论的重要性,但是对于什么是舆论却从来没有达成一致的意见。究竟什么是舆论?目前还没有一种权威性的定义,下面仅是几种代表性的看法:

李良荣:舆论是在特定的时间和空间里,公众对于特定的社会公共事务公开发表基本一致的意见或态度。

喻国明:舆论是社会或社会群体中对近期发生的、为人们普遍关心的某一争议的社会问题的共同意见。

孟小平:舆论是公众对其关心的人物、事件、现象、问题和观念的信念、态度和意见的总和,具有一定的一致性、强烈程度和持续性,并对有关事态的发展产生影响。

陈力丹:舆论是一定范围内的不确定多数对舆论客体的态度、意见和情绪的总和。

刘建明:舆论是显示社会整体知觉和集合意识,具有权威性的多数人的共同意见。

甘惜分:舆论是社会生活中经济政治地位基本接近的人或社会集团对某种事态发展大体相近的看法。

托马斯·霍布斯:舆论是人们在讨论中"强压给他人的建议"。

沙莲香:舆论是指大家共同关心的有争议的问题上多数人意见的总和,是社会上的众人对某些社会事件的一致反应和判断,是具有代表性的综合性的意见。

这些定义各有侧重,然而无论如何定义舆论,它们都有以下几个共同点,即:①舆论是一种公众的意见,意见始终是舆论研究的核心。这里的"意见"指对某种态度、信念或者价值的言语或行为表现。②这些意见涉及多数人普遍关心的重要问题。③表达这些意见的人们具有共同的利益,也就是说,舆论本质上是一种利益表达。

综合以上定义,我们可以试着给舆论下一个定义,即:舆论是社会公众对近期社会公共事务大致相同的意见。

三、对舆论的进一步认识

在社会现实中,人们常常犯的错误是把媒介言论等同于公众舆论,把民意等同于公众舆论。下面我们就舆论和媒介言论、民意、大众传媒的关系进一步辨析,以期能够对舆论有更加明晰的认识。

1. 舆论不等于媒介言论

媒介上的言论可能只代表了某个派系的舆论,或者只代表了某方面的舆论。比如在辛亥革命时期,改革派的报刊反映的是改革派的舆论,革命派的报刊反映的是革命派的舆论,而保皇派的报刊反映的则是保皇派的舆论。某些言论尽管以社会舆论的姿态出现或自诩代表社会舆论,但实际上并不反映现实公众的意向。

同时,即便是同一家媒体,言论也是有差别的,很多言论是舆论领袖或个别人发出的,不是公众舆论的体现。为了争取社会支持,媒体往往在发表意见的时候将其当作社会公众的意见加以传播。

2. 民意不等于舆论

第一,民意是公众意志和意识的表达,而舆论包括代表民意的舆论和不代表民意的舆论。如果代表民意的舆论被压制,没有表达机会,就会保持沉默。当代表民意的舆论被人为操纵,就有可能异化为违背民意的舆论。

第二,舆论一般能被直接感知到,而民意有时未必能被人直接感知到。当民意有合适的机会表达时才会转化为公开的舆论。民意要表现为可感的意见、态度等,才能成为舆论。民意有显性形态和隐性形态,尚未表达出来的隐性形态的民意需要通过民意测验或出现了违背民意的事件后才能被凸显出来,才能被人感知。

第三,两者规模不同。舆论规模可大可小,而民意一般是指较大范围内的民心倾向。

3. 舆论和大众传媒关系密切

第一,大众传媒作为当今传播新闻信息的主要渠道,所报道的新闻往往会引发公众关注和讨论。当全社会都对某一新闻事件展开讨论和发表意见的时候,就形成了公众对该事件的舆论。可以说,新闻报道是社会舆论形成的基础。

第二,大众传媒不仅可以报道新闻事实,还可以对公众意见进行客观报道和反映,客观上起到传播和放大社会舆论的作用。从根本上说,媒体只不过是舆论表达和传播的途径、手段和工具。新闻媒体是社会舆论的表现者、组织者、引导者,它既是国家利益的捍卫者,也是传递民声民意的使者,其"上情下达,下情上传"的特质,赋予它舆论引导和监督的双重功能,有利于促进我国的民主化进程,营造和谐稳定的社会环境。

总之,民意未必就变现为舆论。舆论大多数时候反映民意,然而有时候受大众传媒以及社会统治阶级影响,可能歪曲舆论。媒介言论在当代社会是反映舆论动向的重要指标,并常常能够引导舆论。

第二节　舆论的三要素

前面我们对舆论的定义作了探讨,综合各家代表性的定义可以看出,要形成舆论,必须具备三个要素,即:第一,要有发表意见、表明态度的公众,这是舆论的主体;第二,要有能够引发公众发表意见的社会公共事务,比如近期发生的事件,出现

的人物、现象等,这是舆论的客体;第三,要有舆论的具体存在形式,也就是意见,也就是说,公众的意见要得到表达才能够形成舆论。下面我们就分别讨论一下这三个要素的特征。

一、舆论的主体:公众

1. 公众和大众

公众在英文中为"public",和我们通常所说的大众(mass)有着区别。一般而言,公众是社会成员集合体,人数众多,且分散在社会各个地方,没有统一的组织,彼此之间没有联系,但在特定的时刻,由于他们对社会事务产生共同兴趣、发表意见,所以就成为了舆论的主体,形成一股不可忽视的影响力量。而大众一般则各自为政,对社会公共事务缺乏共同的兴趣,也没有共同利益维系,缺少自己的意见和主张,更容易随大流和盲从,更类似于"乌合之众"。大众一旦对社会公共事务产生兴趣、表达意见,这个时候,它就会成为影响舆论的力量——公众。

现代大众社会理论认为,在现代社会,大众构成了社会舆论的主体,因此社会舆论越来越容易被外界势力,尤其是被媒体操纵。

2. 成为舆论主体的两大条件

从什么时候开始,大众不再是乌合之众,而是我们所说的公众呢?作为社会成员的公民,要成为舆论的主体,需要满足两个条件:第一个条件是,需要有激发他们关注的社会公共事务;第二个条件是,他们要有发表意见的权利和能力。只有具备了这两个条件,大众才能够成为舆论的主体。

在日常生活中,作为舆论主体的公众更多时候是大众。但是一旦他们对社会事务,比如说某个社会现象、某个社会问题产生了兴趣,不约而同地发表意见,他们之间会互相讨论,达成大致相同的意见。这个时候,联系他们的是他们共同关注的问题或者社会事务,不管他们的身份、地位为何,他们的基本立场和利益诉求让他们彼此联系和团结起来,并试图用他们的意见影响社会生活。在这个过程中,一般来说,持有大致相同意见的公众有着大致相同的利益、兴趣和爱好。

舆论主体除了要有感兴趣的社会事务,还要有自由发表意见的权利和能力。表达意见的自由,要求的是有一个民主宽松的外部环境,公民有发表自己观点的权利。举例来说,在"文革"期间,中国的舆论千人一面,没有人敢对社会事务公开发表意见,在这种情况下,舆论只能是虚假的舆论,并不能够真实反映社会公众的意愿。此外,公民需要具有表达意见的能力。这就要求公民有较好的民主素养和文化素质,能够理解社会事务的相应方面,能够独立思考。只有这样,舆论才不容易被操纵和利用,舆论才能够真实地反映他们的利益与意愿。比如,20 世纪 50 年代,我们宣称要"和'右派'斗争",认为"右派"数目众多,为此,每个单位硬性下达"右派"指标,不管有没有"右派",都必须完成指标,导致的结果就是有些单位投票选举"右派"。像这种情况,公民的选票并不能够代表自己的真实意愿,亦不代表舆论。

3. 舆论主体的类型

在现实生活中,舆论主体也就是公众大致可以分为两种类型,一种是广泛地对社会事务发表意见、关注时事,例如,在媒体工作的评论员,他们的工作决定他们必须对社会事务保持长期关注,并及时发表意见。另外一种是只对感兴趣或者利益相关的社会事务发表意见。以足球打黑事件为例,很多球迷平时对社会事务未必特别关心,但对有关中国足球改革的事情却非常关注。一般来说,很少有人属于绝对的两种类型,往往是以一种类型为主,同时也具有另外一种类型的部分特征。多数社会成员倾向于只对感兴趣或者利益相关的社会事务发表意见。

舆论主体还可以按照公众在舆论形成中的地位来区分。在舆论形成过程中占据主导地位,对舆论产生重大影响的,就是意见领袖;对舆论形成没有什么影响,更多是附和他人意见的,就是普通的舆论公众。尽管单个人对舆论来说没有什么影响,但一旦社会上多数人取得一致意见,则能够对社会事务产生主导性的作用。意见领袖提出的意见必须符合他们的利益诉求,不然他们的意见就不能发挥作用,最终也会失去自己意见领袖的地位。

此外,还可以将舆论主体从个人价值取向上进行区分,大致可以分为传统取向型、内部取向型和他人取向型三种类型。其中,传统取向型表现为恪守传统、循规蹈矩,对于外界发生的变化,评价标准趋于保守。内部取向型一般以自我的内心诉求作为自己的行动立场,不在乎他人的眼光,较能适应外部世界的变化,勇于创新,自我意识强。他人取向型则不停地观察别人,随大流,容易丧失自我。比如,20 世纪 90 年代社会出现变革,国家对大学毕业生不再包分配。传统取向型往往趋于保守,对此持反对意见,也无法很快适应改革。内部取向型则认为这是一个新变化和新机会,不必坚决反对,部分学生可以靠自己的努力改换职业。至于他人取向型则人云亦云,如果社会主流舆论反对他们则反对,如果主流舆论赞同他们也赞同。而在择业的时候,传统取向型往往倾向于选择传统的优势工作岗位,例如工程师、医生和教师等职业。内部取向型则以自己的兴趣和志愿为主,有的自己创业,有的改行,有的则从事新型职业,如自由职业、短信写作和动漫制作等。对他们来说,工资收入不是考虑的重点,重点是他们自己的兴趣和爱好。他们可能会辞去一份外人心目中的好工作,选择能够实现自己生活方式和理想的职业。他人取向型则跟着潮流走,社会上什么专业热,他们就选择学什么专业、做什么工作。个人价值取向往往会导致公众的意见和立场存在很大差异,最终影响到舆论。内部取向型公民占据主导的社会,往往较易接受变化,推行改革比较容易。

二、舆论的客体:社会公共事务

什么是舆论的客体呢? 客体,相对于主体而言,是主体的认识对象和活动对象。舆论的客体指公众讨论和议论的对象,也就是公共事务。舆论依托于客体而存在。事实上,现实社会的任何人物、事件、问题、现象(包括自然现象、社会现象、意识现象)等都可以成为人们议论的对象,从而形成舆论,我们可以将其统称为客体。学者们根据自己的研究,对舆论的客体做出了规定。例如:李良荣认为:"舆论的客体,是某个特定的涉及公众切身利益的社会公共事务。"陈力丹则认为:"舆论的客体,是现实社会以及各种社会现象、问题。"然而,社会现象、问题纷繁复杂,并不是所有的事务都能够引起社会关注。那么,究竟哪些社会事务能够引发公众的关注,进而成为社会议论的焦点和舆论的客体呢?

首先,要有重大性。成为社会焦点的公共事务,必须牵涉社会大多数成员,与他们的利益直接相关。因为多数的社会成员只对自己感兴趣或者与自己利益相关的事务发表意见,一是精力有限,二是对无关的社会事务并不了解,即使想发表意见也不知从何而发。也就是说,能够成为舆论的客体的社会事务,必须要和广泛的社会成员有着利益相关性。这些事务的波及面不一,但却都与社会成员有着广泛的利益联系。有的社会问题或社会现象与世界多数人相关，足以引起全世界大多数人的关注，产生世界性舆论，如世界性的经济危机、巨大的自然灾害、较大规模的战争等。有的主要涉及一国或一个民族的利益，如国家分裂、内部民族矛盾等。还有的涉及不同社会阶层或者职业、年龄、性别群体的利益问题，如公务员福利分房制度、农民工的劳动保障问题、老年人的养老保障问题等。在一定情况下，某个涉及面并不大的社会事件，由于背后反映的问题涉及社会多数人的利益或者观念，也能够激发全社会的关注。

例如，中国足球长期以来假、恶、丑、乱丛生，成绩凋敝，没有起色，足坛打假球、赌球成风，然而国内的足球管理机构——足协却对此不作为，有的中高层官员本身就接收贿赂、参与赌球。中国球迷对此愤慨不已，却又无能为力。足球假赌黑问题已经演变为一个体制问题和社会问题，与足协官员的腐败和渎职分不开。足球问题从表面上看是一个体育项目落后的问题，但由于足球迷人数众多，并且这一问题牵涉到腐败，所以它已经成为一个全国人民关注的话题。随着中国足球的痼疾日益严重，最终引起国家相关方面的重视，从2009年下半年开始，有关方面开始清理足坛黑势力，发动"反赌扫黑风暴"，中国足协高层领导南勇、杨一民等官员被逮捕。在足协内部，也发动了自清自查运动，清除"问题中层"。

同样的案例还有发生在杭州的一起交通肇事案。2009年5月，杭州的胡斌飙车，在斑马线上撞死行人。如果孤立地看，这就是一起不遵守交通规则导致行人伤亡的事件，在此之前，南京也曾经发生过醉驾事件，后果要严重得多，但是杭州市发生的这起交通事故却引起了大家的持续关注。这里有几个原因：第一个原因是肇事者的身份。胡斌本人是一名富家子弟，在媒体报道与网络发帖中，频繁使用的"富二代"、"名车"、"飙车"等字眼，加剧了公众的联想与引申，有论者更把该事件称为"一场贫富对抗、强弱对立、社会断裂的标志性事件"；第二个原因是事故发生后，肇事者母亲打电话给有关部门，此后杭州市公安局认定胡斌开车时速为"70码"。官民对立，政府官员腐败，这是公众一贯关注的话题；第三个原因是近些年来中国汽车产业得到了很大发展，如何对飙车进行管理，是目前的一个新热点。2010年10月在河北省保定市发生的李启铭交通肇事案同样成为了舆论焦点。当时，李启铭在河北大学校区内酒后驾车，将两名女生撞出数米远，造成一死一重伤。这本是一起较为常见的恶性交通肇事案，不该成为舆论焦点，然而肇事者却口出狂言："有本事你们告去,我爸爸是李刚!"该狂言被媒体广泛报道后,成为社会热议的话题,"我爸是李刚"也成为流行语。一起普通的恶性交通肇事案,为什么会成为全社会关注的焦点呢?问题的关键就在于该狂言背后反映出来的权力腐败和"官二代"目无法纪,触犯了社会公正。

其次,社会事务要成为舆论的客体还要具有新闻性,反映的是社会的新变化,而且这个新变化背后要有折射社会结构或者社会关系变迁的重大主题,才能够引发社会公众的普遍关注。

例如,婚前财产公证是近年来出现的新事物,当它刚出现的时候就引发了许多争议。婚前财产公证主要反映了中国社会的两个新变化:一是离婚率逐步上升,婚姻日渐不稳定;二是随着改革开放,民众的财富有了一定积累,同时贫富之间的差距不断拉大,当一桩婚姻解体的时候,有较大数目的财产可以分割,同时婚姻双方的财富存在较大差距。婚前财产公证反映了这一新的社会事实,但有违中国传统的婚姻观念,因此当它刚刚出现的时候,就引起了社会的很多关注。

再如,2009 年"蚁族"现象成为舆论热点。"蚁族"这一概念是由学者廉思提出来的,是指那些聚居于城中村、收入不高、工作不稳定的"高校毕业生低收入聚居群体"。据统计,仅北京一地就有至少 10 万"蚁族",而在全国这一群体拥有上百万人口。然而,相对于其规模,该群体很少获得舆论关注。2009 年,廉思在多年调查的基础上完成《蚁族》一书,对该群体进行了系统的考察。随后各大媒体对"蚁族"进行了密集报道,一时间"蚁族"成为社会流行语。然而,实际上,早在 20 世纪 90 年代后期,在京、广、沪等一线大城市已经出现了大学生低收入聚居人群,他们放弃户口和正式工作,漂在大城市,多半居住在北京上地、广州冼村等地的城中村。但由于当时中国大学生人数相对较少,他们在就业和住房方面遇到的挑战也较小,矛盾不是那么突出,他们中的多数人还是可以通过自己的努力有所发展的。然而进入 21 世纪,随着教育产业化和中国激进的城市化和工业化进程,以及人口结构的变化,中国大学生数目急剧上升,同时大学教育质量却没有明显提高反而有所降低,造成大量毕业生"毕业即失业"的现象。同时社会经济结构比起 20 世纪 90 年代末却日益固化,低收入大学生群体通过自己的努力进入大城市生活乃至买房,已经成为一件希望非常渺茫的事情。大量没有背景且专业一般的大学生找不到工作,"蚁族"现象已经成为一个普遍的现象,成为全社会的问题,成为一个影响到我国城市化进程和社会稳定的问题,涉及千家万户。因此该问题被专家学者关注后,很快就引发媒体报道,进而"蚁族"现象也引起社会各界的广泛关注和讨论。

第三,要成为社会事务的舆论客体,需要具有现实性,也就是说,该社会事务需要和社会公众的现实利益相关,反映现实的观念、关系的变迁。社会公众对它发表意见,必须是切实的、当下的,能够对社会事务有所影响和改变。如果没有针对性,只是纯理论性的观点争论,是没有现实意义的,也往往局限在一个小圈子里,无法成为全社会关注的话题。这种现实性,可以指向现实,也可以指向历史和未来。指向当前的现实性比较好理解,就是指针对当前现实展开的、对目前社会公共事务发表的意见。如前几年发生的三聚氰胺奶粉事件,其引发的社会舆论就是对当前的奶粉生产和食品安全展开的一种监督,具有明确的监督目标和利益诉求;再如曾经成为社会公害的拖欠农民工工资的事件,也是具有明确的行动目标的。指向历史的现实性主要指舆论讨论的客体可以是历史人物或事件,但必须是对现实生活发生直接影响的人物或事件。如果单纯对历史人物或事件进行研究,则是历史学界的事情,但是如果对这些人物或事件的评价关涉当前的社会生活,则与现实相关。如对"文化大革命"怎么评价与当前社会存在着密切的联系,尽管其是指向历史的评价,却具有现实性。指向未来的现实性则是说舆论的客体尽管是未来发生的,但却和现实存在着密切的联系。如基因技术的发展和使用,关涉到未来人类的社会生活,因而关于它的讨论同样具有现实性。人类自从在基因技术上取得重大进步并绘制出人类的基因图谱以来,就开始从 DNA 的角度思考人类的未来。现代基因技术使得科学家可以运用基因筛选技术挑选出合适的胚胎植入母亲的子宫孕育宝宝,通过这种方法,人们可以选择宝宝的健康与性别,甚至连外貌、身高和性格特征等都可以随心选择。2006 年,在英国诞生了世界上第一对经过基因选择的婴儿,在社会上引起了巨大的争议,原因是该方法尽管对于有遗传性疾病的父母来说是一个福音,但是它却可能为定制婴儿的行为打开大门,损害生命的神圣性和独特性,从而引发道德上的混乱。

第四,如果一项社会公众事务具有冲突性和反常性,并常常以一种戏剧化的矛盾集中的形式出现,则该事务能够获得更多人的关注,也就是说,该客体具备较多的成为舆论焦点的素质。

2008 年 10 月,《百家讲坛》著名主讲人阎崇年在无锡签名售书时,遭到了一位读者的掌掴袭击。究其原因,就是因为该读者无法认同阎崇年关于清朝的一些观点。此前,阎崇年对于清朝的一些评价在历史学界就引起过争议,但是却并未引起全社会的关注。然而当他被读者袭击之后,他的观点就具备了新闻性和戏剧性,引起了一阵社会热议。此外,2008 年 12 月 14 日,时任美国总统布什在与伊拉克总理马利基共同举行的记者会上遭到袭击,一名伊拉克记者将两只鞋朝布什扔了过去,以表达对美国入侵伊拉克的抗议。该事件发生后,全世界的媒体都对此进行了报道,原因在于这次对美国的抗议具备反常性和戏剧性。就连布什本人也表示:"这个意外是民主的迹象,在自由社会里,人们就是这么做的,为了吸引大家的注意力……"承认戏剧性和冲突性增加了这一事件的吸引力。

舆论客体的这些特点为我们引导舆论、发挥媒介的议题设置功能提供了思路。

三、舆论的存在形式:意见

舆论是以意见形式存在的,然而,并不是所有的意见都能够成为舆论,作为舆论的意见和我们平时所说的意见,有着它们各自特殊的规定性。

1. 群体性

舆论是"多数人"共同意志的外化,作为舆论的意见是多数人意见的集合。单个个体的意见不是舆论,只有当多数个体的意见汇集到一起时才能形成舆论。当社会上出现某一新问题、新现象乃至新观念时,社会群体中的个人基于自己的利益和立场,自发地、分散地表达出自己的意见和态度,持有类似意见的人逐渐增多,并相互传播、相互影响,就会形成引人注目的社会舆论。一般来说,当持有相同意见的人在整个人群中达到 61.8% 时,他们就能够对整体产生决定性的影响;而达到 38.2% 时,他们就可以使整体感觉到一种重要的影响存在。也就是说,在一定范围内当持某种意见的人数达到约总数的三分之一时,就能够形成社会舆论;达到约三分之二时,就能够成为主导性社会舆论。正因为如此,现代民主选举制度一般都遵照少数服从多数的原则,以多数人投票的结果为最终结果。很多的选举规定,一旦候选人或候选方案第一轮投票超过了三分之二,便自动通过;如果选票低于三分之一,则自动出局。

舆论的群体性带来了舆论的压力,当群体中大多数成员都持相同意见时,个别持不同意见者也趋向于保持沉默,或者放弃自己的意见。安徒生在他著名的童话《皇帝的新衣》中就描述了这一现象,多数人在骗子的诱导和皇帝的淫威下都一致表示,皇帝穿上了最漂亮的新衣,即使大家内心对此并不认同,但是他们也趋向于保持沉默或者屈服于群体压力,违心地对皇帝表示赞美。而几十年前,当著名影星阮玲玉发生情感纠纷时,小报单方面对其表示谴责,很少有人愿意探求事实的真相,最终导致舆论一边倒,结果阮玲玉因承受不住巨大的社会压力和议论而自杀身亡。她在遗嘱中写道:"人言可畏",这里的"人言"实际上指的就是公众的舆论。舆论在此处充当的是一个并不光彩的封建卫道士的角色。

2. 多元性

舆论的多元性有两个含义,一个指意见本身的多元性,一个是意见表现形态的多元性。人类生活的社会是一个群体社会,人们在维系社会运转的同时,在认识上、心理上、情感上会相互影响。当社会上发生重大事件或重要变动时,在不同利害关系的社会群体中会引起不同的认识和情绪反映,产生不同的意见。这些意见针对现实的问题或者现象,有的反对,有的赞同,有的保持中立,表现出一种多元化的存在形态。同时,这些意见的表达方式也不一致,有的是文字意见,比如报纸的评论、BBS 上的帖子;有的是口头表达,如平时的议论、广播评论;有的可以是艺术表达,如政治讽刺漫画、歌曲等。这些表达,有的从感性出发,诉诸情感,表现为简单的情绪反应;有的则从理性认识出发,对事务作出较客观的评价;还有的表现为具体的行动,如上街游行抗议、静坐示威等,不一而足。例如,电影《无极》在上映后,引发了大众的广泛关注和议论,报纸上连续出现对电影褒贬不一的评论,网络上也时时可以看到对电影进行评价的帖子,大家在日常闲谈中也会发表对该电影的意见。这个时候,胡戈制作了一部小型的片子《一个馒头引发的血案》,用电影的方式对该片提出了批评,一夜之间红遍了大江南北。从这个例子中,我们可以感受到舆论多元性的表现形态。

正因为舆论存在多元性,所以现代民主社会一般在制定政策的时候既需要注意社会上大多数公众的意见,也会考虑少数群体的利益,以保证政策符合社会全体的利益。同时,在各种类型的宣传活动中,不管是战时动员还是商业宣传,都强调要有多种形态的表现和反映,这样才能够取得较好的效果。

3. 公开性

社会舆论是能被直接感知的存在，作为舆论的意见，必须是公开的、直接可感的，如此才能够对社会发挥作用。"头脑中的想象"或"信念"等内在心理反应会影响人们的意见表达，但自身并不能形成社会舆论。只有能够公开的意见，才能够形成舆论，舆论非常活跃，被视为是社会群体共同意识的外化，是民心向背的晴雨表。中国古代的统治者对舆论的这一特性认识得非常清楚，非常注意运用各种手段收集民间舆情，以体察民情，了解民俗。"采诗观风"就是其中一种古老的舆情收集方法，朝廷派出官员去民间采风，了解老百姓的意识和言论乃至情绪动向。清末的维新变法运动中维新派向朝廷要求新闻自由，其中一个重要的理由也是将办报比作古代的"采诗观风"，认为舆论可以使得下情上达。

舆论反映民心向背，公开的意见能够发挥巨大的现实作用，历史上有很多暴君对舆论感到恐惧的例子，最著名的就是"道路以目"的故事。西周的统治者周厉王施政暴虐，百姓怨声四起，周厉王就让秘密警察监听那些对朝廷政令有不同意见的人，听到了杀无赦。这样一来，举国上下不敢再对国事评头论足，百姓敢怒不敢言，只得"道路以目"，即在路上遇到不敢交谈，只是以目示意。当时的大臣邵公就此事发表了著名的言论："防民之口，甚于防川，川壅而溃，伤人必多，民亦如之。是故为川者，决之使导；为民者，宣之使言。"果然三年后，百姓发动起义，将周厉王赶下了台。历史上类似的事例还有很多，可以说，凡是害怕舆论的力量并压制舆论的暴君最后都不会有好下场，对舆论的压制迟早会出问题。让公众的意见有表达渠道是现代社会管理的一个重要方面。公众意见得到及时有效的表达，不仅能够形成有效的监督，促成社会管理工作的改进，也能够让民众的情绪得到宣泄。

4. 表层性

舆论的表层性是指舆论处于社会心理的表层。社会舆论反映社会心理，但社会心理未必都表现为明确可感的舆论。具体地说，社会心理有三个层次：具体意见、社会态度和深层的价值观，只有具体意见才是舆论。

我们可以用一个表格说明问题：

社会心理的构成	所处层次	活跃程度	特　点
具体意见	表层	活跃	主要是公开的言语表达,针对具体对象,具备相对独立性,受社会态度和价值观的影响
社会态度	中层	一般活跃	具备明确的取向性,有别于个人对环境刺激做出的简单条件反射;明确的对象性有别于价值观
价值观	深层	不活跃	包括人生观、审美观等,平时比较隐蔽,但可以通过社会态度和具体意见感知

如果打一个比喻,在这三个层次中,舆论相当于社会心理的皮肤,社会态度是骨骼,而价值观就是心脏,三者之间彼此联系紧密。舆论由于属于社会心理的表层,所以表现得比较活跃和容易变化,这种表层性使得舆论在形成过程中的整合、控制和引导成为可能。因此历史上统治阶级要改变百姓的社会心理,往往从改变舆论入手。而社会价值观一旦发生改变,往往也会首先反映在社会舆论上。

【本章小结】

舆论是社会公众对近期社会公共事务的大致相同的意见。要形成舆论,必须具备三个要素,即:第一,要有发表意见、表明态度的公众,这是舆论的主体;第二,要有能够引发公众发表意见的社会公共事务,这是舆论的客体;第三,要有舆论的具体存在形式,也就是意见。"意见"始终是舆论研究的核心。这些意见涉及多数人普遍关心的重要问题,从本质上说是一种利益表达。

【思考讨论题】

1. 为什么"意见"是舆论研究的核心?

2. 舆论的主体有哪些基本特征?现代社会舆论主体与以往相比有哪些变化?

3. 舆论的客体有哪些基本属性?能够成为舆论客体的事务和新闻焦点的事务有哪些共同点?

4. 在现代社会中,媒体如何才能发挥议题设置功能?

5. 舆论的存在形式——意见有哪些特征?理解并举例说明。

6. 请结合实例简要论述舆论的意见、社会态度、社会价值观之间的关系。

7. 为什么引导舆论是现代媒体的重要任务?

第二章 舆论的形态与功能

第一节 舆论的形态

舆论的形态是舆论活动的具象显现。舆论的表现形态是多元的,依据不同的角度会有不同的划分。喻国明根据舆论表现的强烈程度,认为其有三种基本的存在形态:潜舆论、显舆论、行为舆论。[①] 陈力丹观察舆论的表现形态,将其分为四类:讯息形态的舆论、观念形态的舆论、艺术形态的舆论、舆论的畸变形态。[②] 刘建明辨析舆论的行为主体方式,指出舆论大致有五种传播形态:社会传闻、会议讨论、理论争鸣、艺术鼓动和示威游行。[③]我们参照目前国内学界有影响力的观点,从以下三个方面论述舆论的形态。

一、舆论的基本存在形态

舆论自身可视之为"信念、态度、意见和情绪表现的总和"。[④] 具体而言,信念在舆论本身的各种存在形式中处于核心位置。态度是建立在信念之上的较为表层的结构,表现为"刺激—反应"之间的中介,包含认知、情感、意向等诸多因素。态度

---

① 喻国明、刘夏阳:《中国民意研究》,中国人民大学出版社 1993 年版,第 278 页。
② 陈力丹:《舆论学——舆论导向研究》,中国广播电视出版社 1999 年版,第 97—103 页。
③ 刘建明:《舆论传播》,清华大学出版社 2001 年版,第 155 页。
④ 陈力丹:《舆论学——舆论导向研究》,中国广播电视出版社 1999 年版,第 14 页。

有多样的表现形式：以言语的形式表达，构成显舆论；以情绪的形式表达，构成潜舆论；以规模行为的形式来表达，则构成行为舆论。

1. 潜舆论

潜舆论是潜在（latent）或萌芽（budding）状态的舆论。它可以分为以下两种类型：其一，信念型潜舆论——未公开表达的信念；其二，情绪型潜舆论——感觉到而又不易准确捕捉到的公众情绪。

每个人都有意或无意地有着预存立场，即以往所积累的生活经验和较为牢固的判断事物的标准，它决定着个人意见的基本倾向。预存立场相近的公众，其信念构成舆论的深层内容，需要接触具体舆论客体才会显露出来。因而，未公开表达的信念是一种潜在的舆论。信念是人们既有的关于现实世界的准则，包括立场、价值观和道德信条等，往往左右着人们对具体问题的看法。正如李普曼（Walter Lipp-mann）所言："在日常世界里，常常是在有证据以前很久就有了真正的判断，这种判断本身就包含着结论，证据是很自然地进一步证实了这种结论。"[1]需要强调的是，信念是人在社会化过程中习得的、相对固定的，在形成过程中会受到社会文化传统、政治经济体制、所在群体特征等多种因素的影响。因而，我们不易对信念型潜舆论进行准确的把握和测量。

情绪是公众对事物的估量（evaluation），这种估量通常是直觉式的，同时又依赖于记忆，一般较为含糊地表达了公众对舆论客体的态度。当社会发生较大变动时，人们会习惯性地调动既有记忆，不经意地运用信念进行对比判断，并以兴奋、愉快、敬慕、悲怆、焦虑、厌烦、冷漠、恐惧、愤怒等形式表现出来。不少舆论客体最初引发的是公众情绪，而非直接的较为清晰的意见，因而，能够觉察到的一定范围内较为一致的公众情绪也是一种潜舆论。对此，刘建明教授的论述较为全面："公共情绪是一种集合社会心理，它的外在形态一般表现为对某一事物的普遍情绪，并通过只言片语透露出来。""潜在舆论是意见的萌芽或潜伏形式，情绪是这种舆论的唯一外部形态。"[2]

相较于信念型潜舆论，情绪型潜舆论自有其特点：与人的本能和无意识存在着

① 〔美〕沃尔特·李普曼：《舆论学》，林珊译，华夏出版社 1989 年版，第 78 页。
② 刘建明：《基础舆论学》，中国人民大学出版社 1988 年版，第 350 页。

更多关联;有着很强的社会感染性,在具体的舆论场中体现更为鲜明。需要强调的是,情绪型潜舆论是公众意见倾向的征兆,尽管缺少理性和清晰度,但它却是舆论较为真切的形态,如果轻视或是引导不力,可能将会导致出现有损社会稳定的显舆论和行为舆论。

2. 显舆论

显舆论是指"在一定范围内相当数量的公众,以各种公开的形式表达的对舆论客体的态度"。① 它的形成主要有两种途径:由外界刺激直接引起;由情绪型潜舆论酝酿转化而来。显舆论在意见倾向方面相对明晰,但毕竟是一种自发的社会观念形态,因而其具体的表达呈现出多样性。

显舆论可以是一种本能反应,真实表达公众的意见倾向。不过,由于"公开表达"是其必要的构成条件,因而显舆论有时可能会受到外在因素的影响,从而表现出它的工具性机能。我们可以从以下三个方面进行理解:

其一,顺应主流。为了适应现实环境,以求获得社会认同,人们所公开表达的舆论,至少在语言词汇上会与流行同步,并且多少也要顺应主流观念。德国学者诺依曼(Elisabeth Noelle-Neumann)曾根据其"沉默的螺旋"理论,认为所谓公众舆论,就是"对有争议的问题,在没有孤立危险的前提下可以公开表明的意见"或者"为使自己不陷于孤立而必须公开表明的意见"。② 于是,相当多的显舆论带有从众的特征。

其二,自我表现。在社会心理学中,自我表现(self-presentation)被界定为"为了获得权力、赞许等而给别人留下好印象的动机",③是人格的特质之一。许多人都会有自我表现欲望,而公开表达意见就是一种展示自我的机会。于是,不少显舆论中会含有一些为突出自身而形成的夸大、虚假成分,并会影响到其他公众的意见表达。

其三,自我防卫。由于社会生活中充满了矛盾冲突和利益分殊,公众出于自我防卫的目的,有不少公开表达的意见或者是含糊的,或者干脆回避关键问题,尤其

---

① 陈力丹:《舆论学——舆论导向研究》,中国广播电视出版社 1999 年版,第 93 页。
② 郭庆光:《传播学教程》,中国人民大学出版社 1999 年版,第 220 页。
③ 沙莲香主编:《社会心理学》,中国人民大学出版社 2002 年版,第 94 页。

当群体内外出现某种威胁时,人们可能会隐瞒自己真实的想法,于是,此时的某些显舆论会很暧昧。

如果外在压力较强且持续较长时间,那么公众表达意见的动机一般会呈现出一个"服从→认同→同化"的过程。[①]其中,服从是一种公开的态度表达,但私下并没有接受,可能就是一种社会便利手段而已。认同是接受他人的态度,这已接近于个人自己的态度,不过尚未将外在影响和内在信念统一起来。同化则是完全接受他人的态度,并已将其纳入自己的信念体系。当然,对于组织较为严密的群体或独立性较强的个体而言,内在信念很少发生根本变化。因此,显舆论所表达的意见倾向相对复杂,有时公开表达的意见可能仅仅徒具其表而已,需要认真辨析。

3. 行为舆论

行为舆论主要是指以行为方式表达的舆论,通常还会夹杂着语言和文字的意见表达。严格来说,它是一种综合型舆论,在行为中既有情绪的表达,亦有公开的言语。日常社会生活中常见的游行示威、狂欢活动就是典型的行为舆论。从社会学的视角考察,行为舆论是集体行为(collective behavior)的一种。它与其他集体行为的主要区别在于,其行为目的是为了观念的传播或情绪的宣泄。

那么,行为舆论是如何发生的呢?我们可以借用美国社会学家斯梅尔塞(Neil Joseph Smelser)的"加值理论"(value-added theory)加以分析。在这一理论中,集体行为的产生由以下六个因素决定:结构性诱因、结构性怨恨、一般化信念、触发性事件、有效的动员、社会控制能力的下降。随着上述因素次第形成,发生集体行为的可能性也在逐渐增加。一旦这些因素全部具备,集体行为必然发生。[②]据此,引发行为舆论的原因可归结为五种:其一,特定社会结构;其二,社会内部的各种价值和规范之间相互冲突;其三,某些一般化的信念得到发展和普及;其四,触发性的契机要素;其五,对行为参与者的动员。

同样,根据他的理论,行为舆论可划分为五种类型:其一,旨在实现价值志向的行为舆论,如环境保护活动;其二,旨在实现规范志向的行为舆论,如学雷锋活动;其三,旨在实现社会抗争的行为舆论,如游行示威、罢工罢课等;其四,恐慌和疯狂

---

① 沙莲香主编:《社会心理学》,中国人民大学出版社 2002 年版,第 186 页。
② 赵鼎新:《社会与政治运动讲义》,清华大学出版社 2006 年版,第 64 页。

的行为舆论,如盲目的群体逃亡、严重的赛场骚乱等;其五,各种相对短时的围观。[①] 此外,诸多流行时尚也是一类行为舆论,它们的自发性更高,虽然意见表达强度不一定很强,但是其影响范围比较广泛。

通常而言,行为舆论的意见表达强度大于一般的显舆论。当个人处于群体之中时个性就会减弱,受群体意志支配的程度就会加强。如果行为舆论是健康的、符合社会规范的,那么它会对社会和个人都有利;如果是相反的情形,尤其是在群体失去理智的情况下,个人的情绪乃至行为可能非理性化,从而威胁社会稳定。因此,对于有可能出现的负面行为舆论,媒介的引导不仅要及时,而且应有一定的预见性。

二、舆论的常态信息形态

舆论是一种自在的社会信息形态,有不同的表现形态。除了流言这一特殊形态之外,舆论通常有讯息、观念、艺术三种常态信息形态。对于不同信息形态的舆论,大众媒介的引导方式应当是不同的。

1. 讯息形态的舆论

讯息(message)是具体的可接触和可把握的信息。控制论的创始人维纳(Norbert Wiener)曾经强调:"所谓有效地生活就是拥有足够的信息来生活。"[②]此处他所讲的"信息",是指人们为沟通进行交换的一般的、具体的讯息。现代人的生活离不开各种讯息的交流,其中就包括不少与公共事务相关的讯息。如果这种讯息在相当多的公众中流动,则其就是一种舆论的表现形态。当兴趣、利益等外部刺激引发人们相互传播或是回避封锁某些讯息时,只要形成一定规模,就是舆论的讯息形态的表达。

讯息形态的舆论有两个特点:其一,构成一种特殊的意见倾向——关注,此即:人们在短时间内相互转告某一讯息,这种共同传播的高度兴趣会构成对该讯息的关注。在当前网络技术飞速发展、海量资讯即时涌现、社会生活日益多元的背景

---

① 参见陈力丹:《舆论学——舆论导向研究》,中国广播电视出版社 1999 年版,第 96 页。其中,出于不同的认知,本书对某些表述有所改动。

② 〔美〕N. 维纳:《人有人的用处——控制论和社会》,陈步译,商务印书馆 1978 年版,第 9 页。

下,公众在信息接受方面往往会出现"信息疲劳"的现象。因此,能够认真关注某一讯息,这一行为本身便显现了间接的意见倾向。其二,形成一种特殊的舆论效应——制造共同话题,此即:讯息中所包含的意见倾向或许连当事人自己也未觉察到,他们只是想把自己所知道的事实告诉认识的人。由于大家在短时间内都在传播相同的讯息,于是便会形成共同话题。此时,讯息形态的舆论就有可能向观念形态的舆论转化。

需要强调的是,当舆论尚且处于讯息形态时,舆论强度较弱,发展方向也不是十分明确,大众媒介若能适时地、恰当地进行引导,将会取得较好成效。

2. 观念形态的舆论

观念(idea)一词最早源自古希腊的"观看"和"理解",简单地说,它是指"人用某一个或几个关键词所表达的思想"。[①] 人们通过观念来表达某种意义,进行思考、会话和写作,并与他人沟通以使自身社会化,来形成普遍的公认意义。观念是舆论最常见的信息表现形态,此即:舆论往往直接以不同程度的赞同/同情、反对/憎恶、无所谓/中立等形式表现公众的意见倾向。

在很多情况下,公众传播某些讯息的同时,可能会根据自己的信念和积累的经验,立即赋予该讯息以个人观念。因舆论的自发性质,通常大众舆论所表达的观念是简单的或情绪化的。不过,如果某些简单的价值判断、道德选择、刻板成见等被公众接受,那么它们不仅会成为流行的观念,而且有可能进一步内化为舆论的深层结构——信念,这对社会发展的影响可能是巨大的。因为,一旦观念实现社会化,就可以和社会行动联系起来。在某种意义上,社会行动可以被视为观念的实现。

然而,对于不独立的个体和无组织的群体来说,他们的观念实际上是由社会提供和设定的。因此,在公众难以对舆论客体进行判断并确切表达时,大众媒介如能及时提供简单、明确、能被公众接受的观念,将能自然而然地为舆论框定发展方向。

3. 艺术形态的舆论

艺术形态的舆论是指以文学、音乐、舞蹈、绘画等各种体裁的艺术信息形态所

---

① 金观涛、刘青峰:《观念史研究》,法律出版社 2009 年版,第 3 页。

表达的意见倾向。此外,对文艺内容的评价,亦可归到这类舆论之内。① 它所表现的公众意见或情绪倾向是相对间接的,不过却带有较强的情感性,因而比讯息形态的舆论能更深刻地反映一个时期舆论的特征。

其中,来自普通公众的较为原生态的文学和艺术,以及能够贴近日常生活的作家和艺术家的作品,由于通常以形象化的文艺典型来集中反映生活和表达情感,因而在很大程度上是一种舆论的表现形态。从"文革"时期的地下手抄本到改革开放以来接连出现的伤痕文学、反思文学、改革文学、知青文学、寻根文学、先锋文学、消遣文学等,都不同程度地以文学信息的形态表达了某一时期的舆论特征和倾向。同样,流行音乐、影视、戏剧以及时尚舞蹈等,也都从不同侧面反映了公众的倾向和兴趣。尤其值得强调的是,因为网络技术的迅速发展,一般公众对文艺作品的评价,有的能够引起人们的共鸣甚至产生较大社会影响。如胡戈为讽刺电影《无极》而制作的短片《一个馒头引发的血案》,引起了大家的关注、议论和模仿,开中国网络时代戏仿文化的先河。再如2010年春节之后,网友自制了一部名为《楼市春晚》的视频短片,借用央视春晚镜头,围绕国内房地产业现状重新配音,真实反映了普通民众对房价飙升的辛酸、无助与不满,受到了好评并在网上广泛流传。②

相较于讯息形态的舆论和观念形态的舆论,艺术形态的舆论显然有浓重的心理性内容,更多地涉及公众内心深处的表达或需求,显得较含蓄而复杂,因而,需要细致剖析,方能把握其所反映的社会心理。

三、舆论的特殊信息形态——谣言

谣言(rumor)是一种普遍的社会舆论现象。与讯息、观念、艺术这些常态信息形态的舆论相比,谣言是一种特殊信息形态的舆论。对英文"rumor"一词,存在多种中文翻译,就目前国内各种相关译著来看,普遍采用"谣言"一词。③ 还有学者对谣言和流言进行了区分。如刘建明认为:"流言和谣言是两个截然不同的概念,谣

---

① 参见陈力丹:《舆论学——舆论导向研究》,中国广播电视出版社1999年版,第100页。
② 慕毅飞:《代表委员也去看看"楼市春晚"》,《中国青年报》2010年3月3日。
③ 许静:《舆论学概论》,北京大学出版社2009年版,第178页。

言是不实之词,流言是谣言以讹传讹的扩散状态。"①郭庆光也指出:谣言不同于流言,流言是"集合行为中的主要信息形式",它是"一种信源不明,无法得到确认的消息或言论,通常发生在社会环境具有较高的不确定性的情况下,而正规的传播渠道(如大众传媒等)不畅通或功能减弱的时期"。流言有自然发生的,也有人为制造的,但大多与一定的事实背景相联系,而"谣言则是有意凭空捏造的消息或信息"。② 不过,此种区分很难准确明晰。陈力丹就曾提出:无论谣言还是流言,其实它们所对应的原文概念都是同一个。③ 本书中将使用"谣言"这一称谓。

谣言到底是虚假的还是未经证实的? 将谣言传播内容限定为不实之事是非常普遍的认识,尤其不少国内学者倾向于否定谣言中的真实性,从而将谣言定性为"虚构"、"捏造"、"毁谤"。的确,现实中确实存在各种专门人士精心策划的谣言攻势,除战争谣言外,还有犯罪谣言、明星谣言、金融谣言、政治谣言等。但是,除了一些事后被证明是虚假的谣言外,还有大量的谣言最后被证明是真实的。这种状况经常发生在发布重大政策或面临人士变动的时期,以及遭遇突发公共危机之时。显然。以"虚假"来界定谣言不够准确。

对此,国外有学者采用了"未经证实"一词。"未经证实"较之"虚假",能更准确地解释谣言中意见的本质特征。1951 年,美国学者彼得森(Peterson)和盖斯特(Gist)在《谣言和舆论》(*Rumor and Public Opinion*)一文中指出:谣言是"人们私下传播的,对公众感兴趣的事物、事件或问题的未经证实的阐述或诠释"。法国学者卡普费雷(Jean-Noel Kapferer)还指出:谣言是一种"旨在使人们相信的宣言,它与当前时事有关,在未经官方证实的情况下广泛流传"。④ 因此,谣言表达的应是未经官方证实的消息和意见。

那么,谣言是如何形成的呢? 奥尔波特(Gordon Willard Allport)和波斯特曼(Leo Postman)于 1943 年提出了谣言产生的两个基本条件:一是故事的主题必须对传播者和听众有某种重要性;二是相关事实有一定的模糊性。谣言的强度可用公式表达为 $R=i\times a$。其中,R 是指谣言(rumor),i 是指重要性(important),a 则是

---

① 刘建明:《当代舆论学》,陕西人民教育出版社 1990 年版,第 179 页。
② 郭庆光:《传播学教程》,中国人民大学出版社 1999 年版,第 99 页。
③ 陈力丹:《舆论学——舆论导向研究》,中国广播电视出版社 1999 年版,第 102 页。
④ 转引自〔法〕卡普费雷:《谣言》,郑若麟等译,上海人民出版社 1991 年版,第 6 页。

指模糊性(ambiguity)。① 此外,还有学者提出如果出现三种情形②——当信息实际上或被主观上认定为权威机构所严格控制时、当一些事情的发生威胁到人们对正常生活的理解时、当一种强烈的共同行为动机受到某种阻碍或者仅仅缺乏行动的机会时,谣言就会滋生、蔓延并且激烈化。

概而论之,谣言是社会环境的投射。因此,谣言应当被视作公众在特殊社会状况下的态度呈现,表达了他们的意见或是反映了他们的情绪,尤其是内容涉及公共问题、公共事件以及公共官员的谣言。在一定意义上,学者涩谷保(Shibutani)的主张富有洞见——谣言是一种"集体交易"(collective transaction)之后产生的"即兴新闻"(improvised news),它是"一群人智慧的结果,以求得对事件得出一个满意的答案"。③

对于政府来说,谣言作为一种非官方的表达,虽是对社会稳定的潜在威胁,但也是观察民众态度和心理的重要视窗。谣言应当如何消解呢? 从信息传播的角度来看,如果正常的社会传播系统功能被削弱,非常态的传播机制就会活跃。也就是说,当人们的信息需求大于体制性渠道的消息供给时,或者为适应环境必需的信息无法及时获得时,往往就会造成谣言扩散。因此,如果大众媒介能够及时、充分地满足公众的相关信息需求,同时给予公众恰当的、可信的引导,方有可能终结谣言。

第二节　舆论的形态特征

此处所述"特征",是指舆论的形态特征。尽管关于舆论的本质与属性,目前尚有不同看法,但是一般而言,对舆论的形态特征,人们的认知还是比较一致的。譬如:舆论是公开的表达和传播,舆论有特殊和具体的指向,舆论在表达上有明显的倾向与偏好,舆论具有一定的稳定性和强度,舆论处在不断变化发展的过程之中,等等。以下主要从五个方面描摹舆论的特征。

---

① 〔美〕奥尔波特等:《谣言心理学》,刘水平等译,辽宁教育出版社 2003 年版,第 17 页。
② 转引自许静:《舆论学概论》,北京大学出版社 2009 年版,第 186 页。
③ 转引自胡泳:《谣言作为一种社会抗议》,《传播与社会学刊》(香港)2009 年总第 9 期。

一、公开的表达和传播

传统上有"腹诽"及"心议"之说,现代则有学者从舆论导向的视角出发,为了深刻而全面地把握舆论及其背后的民意,认为存在"潜舆论"。不过,通常只有公开表达的意见才能构成舆论。

秦志希等认为:有意见而不公开表达,那只是心理活动。意见只有公开表达,才得以传播和交流,进而吸引更多的人参与,形成讨论与争辩的局面,个人、个别意见才有可能转化成为群体、普遍意见。同时,只有公开评判,意见才能获得权威与力量,从而实现其社会功能。[①] 王雄认为:舆论从根本上讲乃是一种社会意见事实,自由和自愿地表达欲求是舆论概念成立的一个前提条件。因而应当对舆论和民意加以区分——舆论是一种公开的意见表达;民意则是存在于民众心中的关于社会事务的想法、意见、愿望和评价,以不公开表达为前提。"舆论的基础是民意,但民意并不一定表达为舆论;公开表达的舆论并不必然代表民意。"[②]

的确,舆论只有通过公开的表达和传播,在公开化的过程中增强意见的传播与交流,取得更广泛的社会认同,才能扩大声势和影响,才能取得力量和权威。舆论的参与者会充分利用消息传递、讨论争辩、签名请愿、集会游行甚至罢工罢课、社会骚乱等各种形式向社会公开阐明意见。舆论的控制者则同样会利用种种方法引导甚至限制舆论的表达和传播。"防民之口,甚于防川",应当采取疏导而非压制的举措。因为,言路畅通,则会政通人和;言路堵塞,就将民怨沸腾。此种情形古已有之,明智者如子产,主张"不毁乡校",听取国人意见,将郑国治理得秩序井然;昏庸者如周厉王,残酷控制舆论,使得国人"道路以目",最终遭到反抗而失去了王位。

在当今社会中,更需要建立适当的舆论表达机制,允许公众合法地进行意见的表达和交流,使民意得到适当的宣泄和疏导。否则,轻者可能导致舆论以谣言的形式出现,重者则可能会造成对抗性的集体行动,从而影响社会稳定,甚至引发社会危机。譬如:在厦门"PX事件"中,前期当地媒体几乎都处于"沉睡状态"。

2007年5月底的一段时间内,厦门的网民们基本都通过邮件、QQ、MSN收到

---

① 秦志希、饶德江:《舆论学教程》,武汉大学出版社1994年版,第29页。
② 王雄:《新闻舆论研究》,新华出版社2002年版,第7页。

了抵制 PX 的信息。由于权威信息缺失,所以其中部分传闻已近离奇。5 月 29 日,当地著名的 BBS 论坛"小鱼社区"因"程序升级"被暂时关闭。媒体报道:在这一天,厦门上万市民都在手机上疯传不知源自何处的一条短信,其结尾号召市民 6 月 1 日上街表达对 PX 的反对。[①] 幸好此后厦门市民"散步"的行动温和而克制,所以才未酿成破坏性后果,并且最终实现了决策上的共识。

二、特殊和具体的指向

相较于其他意识形态,舆论往往具有特殊和具体的指向,明确针对某人、某组织、某一件事或某一个问题,有感而发、有的放矢。这是由舆论的现实性属性决定的。舆论的指向性,决定了公众密切关注舆论对象各种具体的、细节性的内容,同时决定了公众期望对于事态的发展给予一定影响,因此会对相关问题的解决、相关人员的处置怀有强烈意愿。

考察江苏江宁的"天价烟局长事件",我们不难理解此点。2008 年 12 月 10 日,时任南京市江宁区房产管理局局长的周久耕,在接受媒体采访时表示:"对于开发商低于成本价销售楼盘,下一步将和物价部门一起对其进行查处,以防止烂尾楼的出现。"此番"久耕托市"言论一出,民愤激起。11 日,网民"宣传寄生 6"在凯迪社区发表题为《遍撒英雄帖,追查南京市江宁区房产局局长周久耕》的帖子,号召众网友一起追查。14 日凌晨 2 时,网民"华阁"在天涯社区"经济论坛"发帖《赞一下那个要处罚低价房局长了,看人家抽的烟》,该帖提供了一张周久耕在开会时抽每条价值 1500 元的"至尊九五"香烟的图片。次日,天涯网站的周报编辑在核实了该帖子内容的真实性之后,将该帖推荐为"天涯周报"的一周头条。此后,"天价烟局长"的帖子一天之内的点击超过 7 万,回复近 2000 条。网友开动"人肉搜索",相继发现周久耕先后戴过劳力士、江诗丹顿、帝陀等昂贵名表,其座驾是一辆凯迪拉克。这些奢侈消费远超他的正常收入。此外,周久耕的堂弟亦被曝是南京的房地产商。22

---

① 该短信基本内容为——"翔鹭集团合资已在海沧区动工投资(苯)项目,这种剧毒化工品一旦生产,意味着厦门全岛放了一颗原子弹,厦门人民以后的生活将在白血病、畸形儿中度过。我们要生活、我们要健康!国际组织规定这类项目要在距离城市一百千米以外开发,我们厦门距此项目才十六千米啊!为了我们的子孙后代,见短信后群发给厦门所有朋友。"参见谢良兵:《厦门 PX 事件:新媒体时代的民意表达》,《中国新闻周刊》2007 年第 21 期。

日,该帖再度被推荐为"天涯周报"的一周头条。网上舆论沸腾之际,传统媒体开始介入,记者纷纷前往南京追问事情进展。28 日,周久耕被免职,理由是"擅自对媒体发表不当言论,存在用公款购买高档香烟的奢侈消费行为"。2009 年 2 月 13 日,周久耕被江宁区纪委立案调查。3 月 20 日,"史上最牛房管局局长"周久耕被开除党籍、开除公职,并被移送司法机关处理。

需要强调的是,实际上就态度而言,公众对某一问题的立场常常会在细节问题上表现出显著的差异。以安乐死问题为例,多数人并不是简单地赞成,而是认同在医学确认无救治可能性,且病患面临生活困境和生存痛苦的情况下实施安乐死。再以网络实名制为例,多数人并不是简单地反对,而是反对强制的、不成熟的、有可能损害公民知情权和表达权的网络实名制。因此,在测量舆论时,只是简单搜集公众对特定问题"是"或"否"的意见,恐怕难以客观反映民意。

三、明显的倾向与偏好

舆论事实上是一种评价活动,即公众依据一定的尺度衡量公共事务的认知活动。因此,舆论表达往往是由诸如好/坏、美/丑、对/错、赞成/反对等一系列评价判断所组成的。评价是一种主体性活动,总有价值主体的"我"存在于其中并发挥作用。作为现实生活的参与者和观察者,人们往往根据自己的生活体验、以往的知识储备、既定的价值观念以及个人的利益需求等,对所掌握的信息进行判断和意见表达。虽然人们进行评价的对象有可能是客观的,但人们对事物的认识则可能各不相同,如同盲人摸象,带有强烈的主观性。建立在个人认识基础上的评价则更为主观。所以,舆论具有明显的倾向与偏好。

这一特征既存在于各种不同的意见表达中,也存在于各种组合的评价判断中。就个人而言,每一种意见表达都代表一种倾向。就总体而言,在舆论发展过程中往往容易形成多数人一致的集体倾向性。需要强调的是,舆论评价并不一定是合理的,随着主体的认知水平、价值系统、评价动机以及评价标准的不同,兼之客体本身复杂易变,评价本身可能会存在不同程度的偏差。舆论评价若要合理,首先,应尽可能了解客体的实际信息;其次,评价动机要顺应文明发展的方向;再次,评价标准在逻辑上应当是和谐自洽的。基于这一点,传播客观公正的信息、培养知晓型的公

众,有利于形成健全的舆论。

考察 2008 年的"抵制家乐福事件",我们不难理解此点。2008 年是中法关系不平静的一年。年初,时任法国总统萨科奇不顾中国的反对执意与达赖会面,中欧峰会因此推迟举行。4 月,北京奥运圣火传递至巴黎时遭遇风波。与现实的冲突交相呼应,互联网、手机等新媒体上"抵制法货"的动员令此起彼伏。4 月中下旬,部分网民开始从网上走到网下,化态度为行动,掀起了一场声势浩大的"抵制法国家乐福"的风潮。抵制原因之一是不少网民相信"家乐福资助达赖"。那么,这一信息源于何处呢?有研究者考察:4 月 10 日,网民"萝雨宁馨"在天涯发起首个抵制家乐福的话题。她于 2005 年 5 月在天涯注册,到 2008 年 12 月共在天涯主版发布过 55 个帖子,大多乏人问津,唯一的热帖就是 4 月 10 日发布的《爱我中华抵制法货》。她对家乐福事件的关注未必经过深思熟虑,因为她发帖一向比较随意,曾因在 2008 年雪灾期间发帖讨论"红楼选秀"被网友抨击。当时她看到另一个抵制帖沉下去才发了此帖,在帖子中,她的主要精力用来复制长长的法货清单并于最后提出家乐福作为靶标。对于家乐福是否资助过达赖,她没有也不可能做必要的证据搜集,只是拷贝他人的说法而已。虽然她的说法并非原创,但是她的帖子却第一个产生了巨大影响。在随后的传播过程中,大部分网民都采用了倒因果逻辑,在支持抵制这一大前提下认同这一说法,即使小部分反对抵制家乐福的网民在给出反对理由时,人们也未对这一说法进行认真调查。相关情形正如《新世纪周刊》4 月 29 日的一则报道《一场超乎想象的抵制始于一条短信》中所述:"在这场情绪冲动的抵制活动中,家乐福究竟有没有支持达赖、为什么选择家乐福作为抵制的对象,成了没人理会的问题。"[①]4 月 20 日新华社就此事发出第一篇通稿,提出"理性"原则,并通过高端采访的方式传播相关信息。政府的舆论引导与其他措施相结合,在短短 5 天之内平息了抵制风波。

四、具有稳定性和强度

舆论的稳定性是指一段时间内公众意见的一致性,强度则是指公众意见呈现

[①] 关于这一事件中舆论状况的详细描述,参见周裕琼:《真实的谎言:抵制家乐福事件中新媒体的谣言分析》,《传播与社会学刊》2009 年第 1 期。

出来的强烈程度。舆论所能发挥的影响在很大程度上取决于其稳定性和强度。论者指出："要想获取公众舆论,就必须在包含了足够数量的人的个人意见中存在一个一致性,如果他们中大多数人都持有这个意见,那么这个意见就是更合适的意见。然而,鉴于公众舆论不仅仅是人数问题,所以人群中的大多数(持有一致的意见)并非唯一一个必需的条件。持有意见的强烈程度同样相当重要。公众意见是一个数量与强烈程度的合成体。"[①]

的确,公众在一段时间内一致性的意见表达越多,就越可能受到关注。如果对某个问题的舆论频繁变化,则容易被忽视,因为稳定性舆论会被视为真正反映实际的舆论,变化不定的舆论则可能会被认为缺乏现实根基。如果只是少数人持某种意见,表现强度又很微弱,一般无法将它视为舆论。但是,倘若公众对某一个问题感受强烈或是争论激烈,则可能会有很高的舆论强度。"要确定一个人群的意见并不能仅仅靠数人头……意见的强烈程度是很重要的。"[②]决策者往往迫于压力要对意见强硬的一方作出反应。多数人冷淡处之的意见,可能会因少数人的强势而被决策者所忽视。

舆论的稳定性可用舆论的数量来衡量。围绕一个舆论客体,如果众说纷纭,呈现出几乎无限的多样性,那么便不存在关于这一客体的舆论。因而,舆论的数量是辨别舆论存在与否、存在程度的一个客观标准。对此,陈力丹认为:可以借鉴黄金分割比例"0.618"来考察。在一定范围内,有 38.2%(三分之一多)的人持某种意见,这种意见便在这一范围内具有了相当的(但尚不能影响全局)影响力;而若有 61.8% 的人持某种意见,则这种意见在这一范围内将成为主导性舆论。[③] 当然,实际生活中没有必要精确到如此地步,当一定范围内持某种意见的人数量达到总体的约三分之一时,此种意见便可称为"舆论"。

舆论的强度通常有两种表现形式,一是通过行为舆论表达;二是除了部分言语表达之外,还在相当程度上体现为内在态度。前者的强烈程度一般通过实际观察、访谈和体验进行估量;至于后者,则需要根据"李克特量表"、"语义差异量表"、"社

---

① 转引自刘建明、纪忠慧、王莉丽:《舆论学概论》,中国传媒大学出版社 2009 年版,第 28 页。
② C. W. Smith, *Public Opinion in A Democracy*, New York: Prentice-Hall, Inc. 1939, p. 18.
③ 参见风笑天:《社会学研究方法》(第二版),中国人民大学出版社 2005 年版,第 104—110 页。

会距离量表"等各种意见量表进行调查分析。① 量表中对于舆论客体的态度通常提供 1 至 7 个选择阶梯,中心为"中立"或"无所谓",两边分别为正反两种意见的阶梯,例如"略加肯定、肯定、非常肯定"和"略加否定、否定、完全否定"。陈力丹认为:如果有约三分之一的人所持的某种意见达到"略加"点,则可以说这种意见转变成了舆论,并表现出相对弱的强烈程度;如果三分之二的人所持的意见处于"非常"、"完全"点上,则舆论的强烈程度趋向极点。② 一般说来,某种意见处于极点是一种不大正常的状态,需要适当控制舆论的强度,此即:通过疏导,保持一定的舆论分流,避免舆论的过度趋同。

需要强调的是,舆论的稳定性和强度往往有赖于"意见领袖"充分发挥议题管理的能力。如在厦门"PX 事件"中,专栏作家连岳就实践了这一点。他坚持关注和表达,据称"如果把连岳博客上所有关于 PX 的文字下载下来,用 5 号字、A4 纸打印出来,将会超过 150 页,字数则在 15 万以上。"③此外,舆论的强度还与公众对于舆论客体的知晓状况相关。了解得越清楚,对表达的意见倾向越有信心,则意见强度越高;反之,则意见容易受外界影响而变化。因此,维护公众对于公共事务的知晓权非常重要,有利于培育理性和稳健的知晓型舆论,从而在社会治理中发挥正向效应。

五、存在一个演变过程

舆论会处于动态的变化发展过程之中。正如美国社会学家查尔斯·霍顿·库利(Charles Horton Cooley)所言:"如果我们想看清其本来面目的话,公众舆论应视为一个有机的过程,而不仅仅是一种对一些问题普遍同意的状态。实际上它是一个复杂的成长过程,总是由过去延续而来,从来不会变得简单,而且其中只有一部分偶尔会与确定的行动统一起来。"④的确,从具体事件的发生到相关信息的传递,再到各种意见的汇聚、交流和互动,直到最后的决定及其影响,舆论会存在一个演变过程,而非静态的一成不变。

---

① 陈力丹:《舆论学——舆论导向研究》,中国广播电视出版社 1999 年版,第 18 页。
② 同上,第 20 页。
③ 曾繁旭、蒋志高:《厦门市民 PX 的 PX 战》,《南方人物周刊》2008 年第 1 期。
④ 〔美〕库利:《社会过程》,洪小良等译,华夏出版社 2000 年版,第 318 页。

这是因为社会是不断变化发展的,随着新状况的出现,有可能会出现新的意见汇聚,则舆论会相应地有所变化。此外,舆论还会消解,因为舆论的存在是以公众强烈的关注和持续的意见表达为前提的,一旦失去这一前提,舆论也就会消解了。当然,或者是主动——舆论的力量导致了问题的解决,相关矛盾得以化解,公众的兴趣自然会转移;或者是被动——某种限制使得公众不便或不能发表意见,舆论的聚合便会暂停或消解。不过,舆论是有韧性的,如果问题没有真正得以解决,它不会轻易地消失,即使暂时被新的刺激物转移,一旦原有或类似的问题再次出现,将还会形成相近的舆论。

考察陕西“周老虎事件”中的舆论,我们不难理解此点。2007 年 10 月 12 日,陕西省林业厅公布了猎人周正龙拍摄的两张“野生华南虎”照片。13 日,已有网友在“色影无忌”交流论坛上发帖质疑。17 日,《南方都市报》的“网眼”版率先刊发报道《野生华南虎照片遭遇质疑》,文章中点出“网友大胆假设可能是拿印着老虎的纸板放进山林拍的”。此后,舆论开始发生变化,由最初人们得知发现华南虎的兴奋,转向对照片真伪的追问。网上涌现出了很多“打虎武松”,这其中包括中科院植物研究所首席研究员傅德志。相较于民间的坚定立场,官方的作为始终游离在民众的焦点之外,或执著于虎照为真的结论,或顾左右而言他,始终不作正面回应。① 正当“打虎派”与“挺虎派”各执一词、局面陷入僵局之际,形势出现了转机。11 月 16 日,周正龙所拍摄的“野生华南虎”被发现与年画《老虎卧瀑图》中的老虎极其相似。12 月 19 日,国家林业局在新闻发布会上表示该局“已责成陕西省林业厅重新鉴定华南虎照片”。2008 年 2 月 3 日,陕西省政府通报批评省林业厅“作风漂浮、纪律涣散”。次日,省林业厅就“草率发布发现华南虎的重大信息”发出《向社会公众的致歉信》,但其中对虎照真假始终未作说明。真相如同一根刺扎在了民众的念想之中,所以尽管旷日持久,但是舆论并未消解。2008 年全国“两会”期间,媒体纷纷就此事追问陕西籍的人大代表与政协委员。郝明金、严琦、葛剑雄、林嘉騋四位政协委员也积极“炮轰虎照门”。② 6 月 29 日,陕西省政府召开新闻发布会宣布:华南虎照片系周正龙造假,13 名省、县相关责任公务人员受到处分。9 月 27 日,陕西省旬

---

① 潘晓凌:《“打虎”:网上武松文字战》,《南方周末》2007 年 12 月 27 日。
② 参见罗昌平:《代表委员对阵“虎照门”》,财经网,2008 年 3 月 7 日。

阳县人民法院作出一审判决。11月17日,安康市中级人民法院作出终审判决:以周正龙"有较好的认罪态度和明显的悔罪表现",改判其缓刑。至此,这一事件暂时告一段落。不过,由于造假是否仅仅只是周正龙的个人行为始终让人心存疑惑,所以舆论并未完全消解。

第三节　舆论的功能与作用

舆论的功能与舆论的作用既相互关联又有所区别。一般而言,功能是事物内部固有的效能,由事物内部的要素结构所决定。作用则是事物与外部环境发生关系时所产生的外部效应。因而,舆论的功能是指舆论的内在效应,它以舆论的本质特性为出发点,取决于舆论自身的性质与结构。舆论的作用是指舆论的外在效应,它主要是从舆论所产生的实际效果加以考察。下面简单介绍一下舆论的功能,之后将详细论述舆论的作用。

一、舆论的功能

舆论的功能是舆论本质特性的外在延伸和展示。舆论的基本功能是通过意见评价方式,以特定的理想及意愿来反映、干预、改造现实。分解这一基本功能,综合已有相关论述,舆论的具体功能大致有下列四项:信息与沟通、预警与监督、调控与整合、个体社会化。

1. 信息与沟通

舆论活动是一种意见的交流活动。通过意见交流,人们可以了解某一问题的具体内容、其影响的稳定性和强度、他人对此所持有的态度等有效信息。在此过程中,通过意见互动,即相互间的协调与磨合,可使不同意见得以统一、可使少数人的意见扩展成为多数人的意见、可使决策者的意志和民众的意愿达成一致,从而实现相互沟通乃至认同,促使社会成为一个有机整体。

2. 预警与监督

舆论是社会的耳目和感应的神经,因此,《尚书》中曾强调"天视自我民视,天听自我民听"。社会有机体中哪里发生病变,社会运动过程中哪里出现问题和矛盾,哪里的舆论就会必然地给予预示和反应。由于公众对于违反社会公平与正义的现象天生具有一种反感,所以他们会密切关注诸如贫富差距、权力腐败、执法不公等相关现象,并且形成公众舆论,引起广泛共鸣、造成强大压力,从而具备一定监督功能。监督有监察并督促之意,此项功能早在原始社会就已经有所体现。美国人类学家罗伯特·路威(Robert H. Lowie)曾指出:在一些原始民族那里,如果谁做了不道德的事,其他成员会涌到他的屋里,组织正式的嘲笑或笑骂,令他悔过自新。①舆论监督有多种方式,如批评检举、揭发控告、游行示威等,其中最主要的是通过大众传媒实施监督。

3. 调控与整合

舆论是一种群体的集合意识,它能够对个体产生心理上的压力——顺应舆论而动,可获得认同感和归属感;逆舆论而行,则有可能陷入孤立的境地。因而,舆论会影响个体的态度,使之和其所代表的群体意见保持一致。由此,舆论可以实现社会意识整合,即通过意识的互动,对原有社会价值观念和社会规范体系进行调控,从而形成相对一致的意见、心理乃至意识形态。

4. 个体社会化

舆论对每位社会成员也会产生一定的功能效应,这可以概括为个体社会化。人类在本性上是"政治动物",或者说是自然趋向于"城邦生活的动物",凡是被群体所隔离的人"都不足以自足其生活"。② 的确,人只有置身于社会之中,才能获得其社会属性。一个刚出生就被孤立于人类共同体之外的人,只是一个生物意义上的人,不会拥有现实的人的思维、情感和社会意识。因此,社会化是人由自然人转变为社会人的关键。个体社会化的目的在于通过社会化这一过程,使单个社会成员能适应社会生活,将其独特个性和谐融于社会整体,从而出色地承担群体和社会所

---

① 转引自徐向红:《现代舆论学》,中国国际广播出版社 1991 年版,第 33 页。
② 〔古希腊〕亚里士多德:《政治学》,吴寿彭译,商务印书馆 1996 年版,第 7—9 页。

期待的角色。在此过程之中离不开舆论的参与,因为个体社会化的基本途径有二:一是社会教化,通过社会化的执行者来实施。其中,执行者主要包括父母、教师、同辈群体以及舆论公众。二是个体内化,个体接受社会影响并将其内部化。其中,亦不能剔除舆论的影响作用。

舆论的开放力度会影响上述舆论功能的实现程度。因为开放舆论意味着使公众能从思想禁锢中解放出来,获得充分的自主性,独立思考问题、自由讨论公共事务、直率发表对社会生活的各种见解,从而真正开发民智、释放社会潜能。

二、舆论的作用

舆论的作用是舆论功能的外在效应。舆论的功能无好坏之分,而舆论的作用则有正负之别,这取决于内在功能与外部环境的互动方式。通常而言,舆论的正面效应在于:有助于社会稳定、促进民主政治;其负面效应在于:引发"多数人的暴政"、非理性舆论的短视和偏见。① 刘建明还具体指出:正向舆论具有提高政府执政能力、推动社会变革、提供决策参考、增强社会凝聚力、加强道德建设、预测社会动向等积极作用。② 本书参考喻国明的观点③,从公共管理的视角出发,观察舆论在社会生活中的作用。

前文曾述,关于舆论的意义及作用,主要存在两派不同观点:一是以柏拉图、黑格尔、李普曼为代表的怀疑—否定学派;一是以马基雅维利、洛克、卢梭、边沁、杰弗逊到马克思为代表的肯定学派。前者认为:公共管理是一项非常复杂的事情,普通公众限于视野和经验,不可能对相关具体情况有完整正确的认知,舆论则是建立在这一认知基础之上。此外,舆论是各种意见的杂烩,真理和谬误的说法难免混杂,因此,对于公共管理而言,舆论价值有限。后者则强调:公权力源自公众的授权,公共管理决策者是民众委托的权力执行者。权力的行使应遵循民意,如果不能代表公众的利益和意志行使权力,公众可以撤回授权,因而,在公共管理中,应当重视舆论。

---

① 参见吕文凯主编:《舆论学简明教程》,郑州大学出版社2008年版,第41—47页。
② 刘建明、纪忠慧、王莉丽:《舆论学概论》,中国传媒大学出版社2009年版,第218—244页。
③ 参见韩运荣、喻国明:《舆论学:原理、方法与应用》,中国传媒大学出版社2005年版,第42—57页。

　　尽管存在分歧，但是肯定学派和怀疑—否定学派的观点都有它们的合理之处，若将它们穿插在公共管理的链条中，双方在事实上都局部正确地指出了其中的某些要素。因为探讨一个公共管理问题，其过程可以分解为三个环节——目标设定、决策过程和效果反馈。肯定学派实际上在强调"目标"——公共管理决策的目标应当取决于舆论，而非由操作者根据自己的利益、愿望和取向来确立。怀疑—否定学派则是在关注"过程"——公共管理决策的过程是异常复杂和专业的，普通公众不具备相应的操作能力，应当由具备专业能力的人来完成。

　　二者注重的其实是不同的侧面，如果整合这两派的观点，那么关于舆论与公共管理的关系问题，我们就能有一个比较完整的看法——公共管理决策的目标应当符合舆论的价值取向；同时，公共管理决策的过程则不能简化为简单的公众表决，否则公众利益难以得到有效保障，需要具有专门知识和经验的人士进行操作。因此，从公共管理的视角观察，舆论所发挥的具体作用应是：一是设定目标，即建立公共管理的具体目标取向；二是反馈效果，即提供管理过程实施的反馈意见。

　　1. 舆论设定目标

　　就人的自身生存和发展而言，现实状况与理想图景之间总是存在着距离。因此，人总是有未满足的需求，它往往通过意愿的形式表达出来。这是舆论设定目标的动因所在。按照马斯洛（Abraham Harold Maslow）的"需求层次论"[①]，人的诸多需求由低到高可划分为五个层次：生理需求——安全需求——归属与爱的需求——尊重的需求——自我实现的需求。它们构成了一个有相对优势关系的等级体系，当低层次需求得到满足时，高一层次的需求就会立刻产生，成为引导人行为的动力。人很难得到完全的满足，总是处于不同的追求之中。事实上，人同时会拥有多种需求，而且需求的内涵又是不断地变化着的。

　　无论是同时的多种需求，还是历时的不同需求，诸多需求可以概括为物质需求和精神需求，前者提供人的生存条件，后者提供人的发展条件。在现代社会中，前者以社会福利的形式存在，后者则体现为机会和权利。概而言之，个人的需求具体而多元，所呈现的意愿是"散乱"的。众人的目标也以"无机"的形式存在，但是，就某一具体的物质生存条件或是精神发展条件来说，公众达成了某种程度的共识，某

---

① 沙莲香主编：《社会心理学》，中国人民大学出版社 2002 年版，第 131—134 页。

种意见成为具有代表性的显性意见时,舆论就为该问题设置了目标。这一目标是舆论所代表的社会群体的主体共同希望达到的一种理想状态。

譬如:"延迟退休年龄"问题,对于是否要延长退休年龄,学界争论已久。2000年,就有专家提交报告——《中国养老保险基金测算与管理》,建议国家应尽快确定推迟退休年龄方案。2004 年 9 月 8 日,《北京晨报》刊发报道称,劳动和社会保障部新闻发言人胡晓义在接受记者采访时表示:他们正在考虑延长职工的法定退休年龄,首要是女性的。由于与公众切身利益相关,这则新闻"一石激起千层浪",在新华网发展论坛,在 8 日早上的 7 点 59 分,就有网友上首帖,截至当天晚上的 11 点 27 分,已经有 330 条回复,绝大部分人对此持否定态度。由于公众舆论对延长退休年龄主要持反对态度,9 月 13 日晚,在中央电视台的《经济信息联播》中,劳动和社会保障部副部长刘永富表示"退休年龄,在研究,这个问题很敏感,涉及方方面面,没有最后的抉择"。随后几天,讨论仍在进行。9 月 17 日,劳动和社会保障部部长郑斯林对此正式表态说,"延长退休年龄并不是当前中国立即需要实行的政策",同时透露正在吉林、黑龙江开展试点。[1]

衡量舆论所设立的目标,可从两个维度进行考察:一是理性与非理性;二是合理性与非合理性。前者是指,舆论主体自身意愿与行为选择统一与否,即是否符合公众的利益与意愿。后者是指,在舆论主体自身意愿与行为选择一致的基础上,具体目标与现实条件之间是否和谐,即外部的现实条件是否许可。由于存在理性与否、合理与否两个不同纬度的衡量标准,因此从逻辑上来讲,舆论所设立的目标可呈现以下四种类型:a 理性—合理;b 理性—不合理;c 非理性—合理;d 非理性—不合理(如下表所示)。

	理性	非理性
合理	a 理性—合理	c 非理性—合理
不合理	b 理性—不合理	d 非理性—不合理

其中,理性—合理的目标,既符合公众利益与意愿,同时也具备了现实条件;理性—不合理的目标,虽然符合公众利益与意愿,但是外部的现实条件不允许;非理

---

① 孙旭培、吴麟:《新闻媒体与"决策气球"》,《新闻爱好者》2005 年第 3 期。

性—合理的目标,虽然现实条件许可,但是却不符合公众利益与意愿;非理性—不合理的目标,既不符合公众利益与意愿,又不具备外部的现实条件。因此,尽管逻辑上存在目标设立的多种可能性,但并不意味着在事实上每一种可能性都是有效的。

2. 舆论反馈效果

如果公共管理仅仅是面对理性—合理的目标,那么决策过程相对容易,只要按照预先设定的目标,以专业的方法和规范的程序进行操作,即可达成。但事实上,在公共管理中,更多面对的是理性—不合理的目标,因为符合公众的利益与意愿,虽然目前外部的现实条件不许可,但这恰恰是努力的方向。

譬如:官员财产申报问题。官员财产申报制度在国外素有"终端反腐利器"之称,在国内却是历经20余年始终难产。自1987年至今,它一直是常规性的话题,而且几度成为舆论焦点。如2005年制定《公务员法》时,舆论呼声很高,不过最终对公务员财产申报制度予以规范的建议未能落实。由于官员财产申报的复杂性和敏感度,政府推进的步调虽审慎,但至少有所进展,这从对韩德云律师议案的答复中可窥一斑。全国人大代表韩德云从2006年起,连续5年提交议案——建议制定公务员财产申报法,得到的答复分别为:2006年"制定财产申报法条件尚不成熟";2007年"全面推行公务员财产申报制度存在困难";2008年"正在积极开展工作";2009年"适时向全国人大提出立法建议"。此外,2010年《政府工作报告》中提出"领导干部报告财产",并特别强调了"高级干部"。专家对此解读:"报告个人经济和财产"已被提升为一种义务,是政府部门对于公众的集体回应。[①]

在公共管理中,无论是面对理性—合理的目标,还是理性—不合理的目标,专业水平和科学意识是基础和前提。因此,很有必要开展舆论调查,以了解公众的具体需求,从而明晰目标内容。此外,目标设定取决于群体的需求,且以群体的利益为依归,其中可能理性与非理性并存、合理性与非合理性共在。因此,在管理决策过程中,注意利益平衡以及轻重缓急是必要策略,不仅要考虑现实的、直接的、直观的后果,还必须同时顾及未来的、间接的、潜在的影响。

---

① 参见《南方都市报》2010年"两会"系列报道:3月4日,《代表五提财产申报年年答复有进展》;3月6日,《官员财产申报首次写入报告》;3月8日,《提了15年,官员财产今年有望申报》。

管理决策过程之后,需要通过效果反馈衡量实际成效与预设目标之间的距离。反馈结果还要重新纳入公共管理决策过程之中,据此来进一步修正或微调相关决策,以期取得更好成果。因此,舆论不仅要设立目标,而且要反馈效果。大体而言,公众往往以一种直觉的、感性的方式来评价,如满意与否、欢迎与否、合适与否等,基本上从定性的角度出发。这种定性的效果反馈不够清晰具体,只为公共管理决策者提供了调整和改善的方向性意见,因此,还需要定量的效果评估,这有赖于专门的舆论测量和数据分析。此外,公共管理是复杂和动态的,决策有效与否、目标实现与否,需要对效果展开动态追踪、进行适时评价。因而,建立稳定的社情民意评价系统,采用科学的舆论测量方法,以数据的方式客观地呈现实际效果,对公共管理链条的良性运行尤为重要。

譬如:改革高考制度问题。最近几年高考加分、自主招生、中学校长实名推荐等高考新政策频繁推出,引发了一轮又一轮的社会争议。2010 年 2 月 28 日,《国家中长期教育改革和发展规划纲要》公布了征求意见稿,其中对高考改革提出了具体的方向,改变"一考定终身"和采用"多元录取机制",成为未来一轮改革的重点。与高教部门关切素质教育、致力多元取才不同,普通公众却在焦虑教育公平难保而支持应重回"裸考"①。对此,中国青年报社会调查中心进行专项民意调查,有 3602 人参与,3 月 2 日发布调查结果显示:77.2%的人赞同高考回归"裸考",13.0%的人未表态,不赞同"裸考"的只有 9.8%。面对即将召开的"两会",调查中 77.9%的人表示,高考要不要"裸考"已经需要"两会"代表委员表决一下了,其中,40.3%的人甚至认为"非常需要"。其实,该调查中心近年来多期调查显示,每有一项与高考招生有关的改革措施出台,舆论对"裸考"的呼声也就随之走高。2009 年 11 月的一项调查显示,74.4%的人期待自主招生提高透明度,66.7%的人担忧权钱交易不可避免。同年 12 月的一项调查显示,高考加分政策已和择校费、大学高学费一起,成为公众心中三大"教育不公平";76.9%的人建议取消一切可能滋生腐败的高考政策,让高考重新"裸"起来。当然,高考改革难度很大,如何保持公平正义且能兼顾灵活多样,是一个非常复杂的问题,相关部门应当根据定量的、动态的舆论反馈来调整并完善决策。

---

① 此处"裸考"是指没有任何加分政策,仅凭卷面考试成绩。

为了充分实现舆论的功能,让其在现实中更好地发挥作用,在与公共利益密切相关的问题上,政府应当鼓励公众积极参与政策合法化的过程。因此,在某个公共问题已经形成并有一定的政策诉求后,有关部门在考虑相关政策制定与否、该如何制定时,应及时通过新闻媒体传播有关信息,以激发利益取向不同的公众参与讨论,以尽可能广泛地听取舆情民意。

【本章小结】

舆论的基本存在形态包括潜舆论、显舆论和行为舆论。除了谣言这一特殊形态之外,舆论通常有讯息、观念、艺术三种常态信息形态。就舆论的形态特征而言,它是公开的表达和传播、有特殊和具体的指向、在表达上有明显的倾向与偏好、具有一定的稳定性和强度、处在不断变化发展的过程之中。舆论的功能是舆论本质特性的外在延伸和展示。信息与沟通、预警与监督、调控与整合、个体社会化是舆论的具体功能。舆论的作用是舆论功能的外在效应。从公共管理的角度考察,舆论在社会生活中发挥着设定目标、反馈效果的作用。

【思考讨论题】

1. 为什么将潜舆论视为舆论的一种基本存在形态?

2. 谣言是舆论的特殊信息形态,它到底是虚假的还是未经证实的?

3. 舆论有哪些基本属性? 理解并举例说明。

4. 舆论有哪些形态特征? 理解并举例说明。

5. 为什么将个体社会化视为舆论的一项具体功能?

6. 在社会公共管理中,舆论如何发挥设定目标和反馈现实的作用?

第三章 舆论的特殊形态——网络舆论

2003 年,互联网在"孙志刚案"及其他热点事件中所扮演的民意表达平台角色,令一种新的舆论形式——网络舆论成为一种正式的社会现象,并且进入公众话语。[①] 2008 年 6 月 20 日,胡锦涛总书记在人民日报社考察工作时发表讲话,认为互联网"已成为思想文化信息的集散地和社会舆论的放大器",强调要"充分认识以互联网为代表的新兴媒体的社会影响力"。此外,讲话中还出现了"必须加强主流媒体建设和新兴媒体建设,形成舆论引导新格局"和"把握媒体分众化、对象化的新趋势"等表述。[②] 这意味着网络舆论已被彻底纳入官方视野。的确,网络舆论参与社会进程,日益展现出它的能量和魅力,正面效应不可低估;不过同时也应注意,网络舆论具有复杂性和多样性,需要理性对待和科学管理。

第一节　网络舆论的概念及特征

互联网具有跨媒体平台属性,发展至今已充分显示出开放性、反控制、低成本、匿名性、互动性等基本特征。[③] 这是网络舆论得以兴盛的特有条件。以下首先进行概念澄清,即探究网络舆论的本体——"网络舆论是什么"这一基本问题;在此基础上,再分析网络舆论所呈现出的主要特征。

[①]　XiaoQiang,The Rising Tide of Internet Opinion in China,*Nieman Reports*,Summer 2004:103—104.

[②]　胡锦涛:《在人民日报社考察工作时的讲话》,《人民日报》2008 年 6 月 21 日。

[③]　李永刚:《我们的防火墙:网络时代的表达与监管》,广西师范大学出版社 2009 年版,第 20—24 页。

一、网络舆论的概念界定

中国自 1994 年 4 月首次接入互联网以来,网络发展状况呈现高速跃进态势。2000 年前后,在国内学术期刊和大众媒体上相继出现"在线舆论"、"因特网舆论"、"网上舆论"的提法。在中国互联网的发展历程中,2003 年被称为"网络舆论年"。虽然网络舆论在此之前就已经存在,[①]但是在这一年,中国网民见证了自己通过网络舆论改变事件进程的力量。此后,"网络舆论"作为一个固定概念正式进入公众视野。

1. 网络舆论的概念

何谓网络舆论? ①在国内一篇较早研究此话题的论文中,认为"网络舆论就是在互联网上传播的公众对某一焦点所表现出的有一定影响力的、带倾向性的意见或言论"。[②] ②在人民网舆情监测室发布的年度报告中,"网络舆论是指公众通过信息网络(有线和无线),针对公共事务和社会现象发表的意见"。[③] ③刘建明等人在著作中提出"网络舆论是指在互联网空间形成的、关于公共问题的网民的一致意见,因舆论主体的虚拟化和全球性,大大提高了人类沟通、融合意见的能力,为广大民众参与社会舆论设置了平台"。[④] 这些说法皆有需要推敲之处。其中,说法①和②忽视了网络舆论的复杂性,将"网民"与"公众"相等同。"网民"虽与现实中的"公众"有着千丝万缕的联系,但变身为"网民"的公众在网络上的表现,可能与其在现实社会中的表现相去甚远。从理论上讲,"网络舆论"并不能等同于网络中的"公众舆论"。说法③应该说符合大多数情况下我们对于网络舆论的认知,不过基于对信息起源和流动的考察,网络舆论并不仅仅是在"互联网空间形成的"。因而,本书认为:网络舆论是指通过互联网表达的社会舆论,有广义和狭义之分。广义的网络舆

---

① 学者彭兰认为,1998 年 5 月印度尼西亚排华事件发生后全世界华人(也包括国内)在网上的抗议活动,是中国网络舆论发端的标志性事件。不过,"真正以国内网站为平台来表达民意的标志性事件,则应该为 1999 年 5 月 9 日人民网为抗议北约轰炸我国驻南联盟大使馆而开设抗议论坛一事,这是网络媒体开设的首个时事新闻类论坛。"参见林楚方、赵凌:《网上舆论的光荣与梦想》,《南方周末》2003 年 6 月 5 日。

② 谭伟:《网络舆论概念及特征》,《湖南社会科学》2003 年第 5 期。

③ 祝华新、单学刚、胡江春:《2008 年中国互联网舆情分析报告》,中国网,2009 年 1 月 13 日。

④ 刘建明、纪忠慧、王莉丽:《舆论学概论》,中国传媒大学出版社 2009 年版,第 171 页。

论几乎包括所有的社会舆论形式,而狭义的网络舆论则特指网民在互联网上表达的舆论。通常而言,网络舆论更偏重于其狭义的含义。

2. 网络舆论主体的结构特征

网民是网络舆论的主体,因此,认识网民是理解网络舆论的关键所在。何谓网民?中国互联网络信息中心(CNNIC)最初将网民定义为"平均每周使用互联网至少1小时的人"。直到2007年7月发布的第20次《中国互联网络发展状况统计报告》中,开始改为国际上采用较多的定义——"过去半年内使用过互联网的人"。因为目前我国上网人群已绝大多数是活跃网民,所以"每周上网1小时"和"半年内使用过互联网"这两个统计口径之间调查出来的数据已经非常接近。中国网民数量一直不断攀升,目前已居世界首位。据2013年7月发布的第32次《中国互联网络发展状况统计报告》显示:截至2013年6月底,中国网民规模达到5.91亿人,较2012年底增加2656万人。互联网普及率为44.1%,较2012年底提升了2.0个百分点。中国手机网民规模达4.64亿,较2012年底增加4379万人,网民中使用手机上网的人群所占比例提升至78.5%。在中国网民中,农村人口所占比例为27.9%,规模达1.65亿,相比2012年略有提升,增加了908万人。以下将从该报告中选取与本书相关的指标,以简单勾勒中国网民的"肖像"。

网民的性别分布:2013年,男性占55.6%,女性占44.4%,与2012年情况基本一致(如图3—1)。

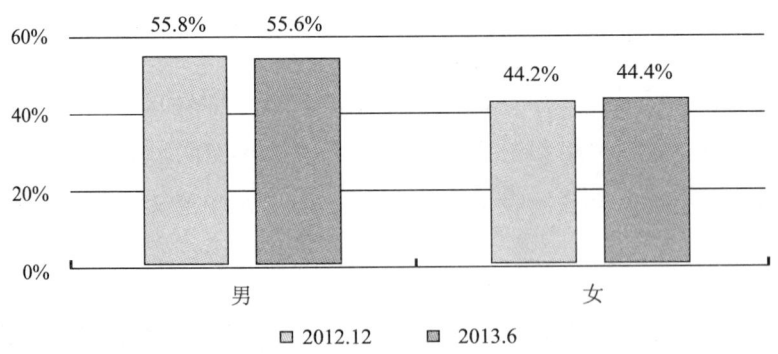

数据来源:中国互联网络信息中心(CNNIC)

图3—1 网民性别结构对比

网民的年龄分布:到 2013 年,10 岁以下网民群体占 1.3%,10－19 岁占 23.2%,20－29 岁占 29.5%,30－39 岁占 26.1%,40－49 岁占 12.6%,50－59 岁占 5.2%,60 岁及以上占 2.0%(如图 3－2)。

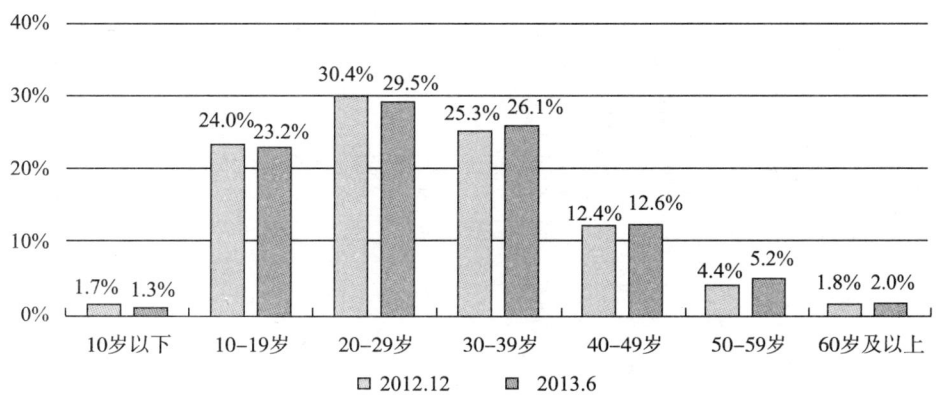

数据来源:中国互联网络信息中心(CNNIC)

图 3－2　网民年龄结构对比

网民的学历分布:到 2013 年,网民中文化程度为初中的比例最高,达到 36.3%;其次为高中、中专、技校学历群体,达到 32.3%;小学及以下学历网民群体占 11.2%;大专学历占 9.4%;大学本科及以上学历占 10.9%(如图 3－3)。

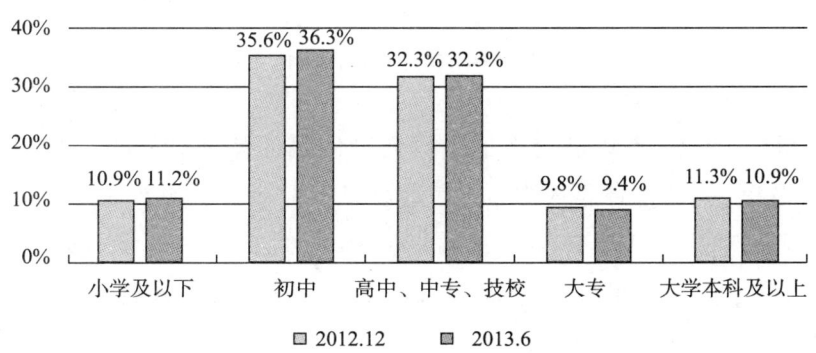

数据来源:中国互联网络信息中心(CNNIC)

图 3－3　网民学历结构对比

网民的收入分布:到 2013 年,个人收入在 3001－5000 元的网民群体比例最高,为 18.1%;其次为 2001－3000 元的网民群体,为 17.5%;再次为 500 元及以下的网民群体,为 14.9%;此外,无收入群体也达到了 8.9%(如图 3－4)。

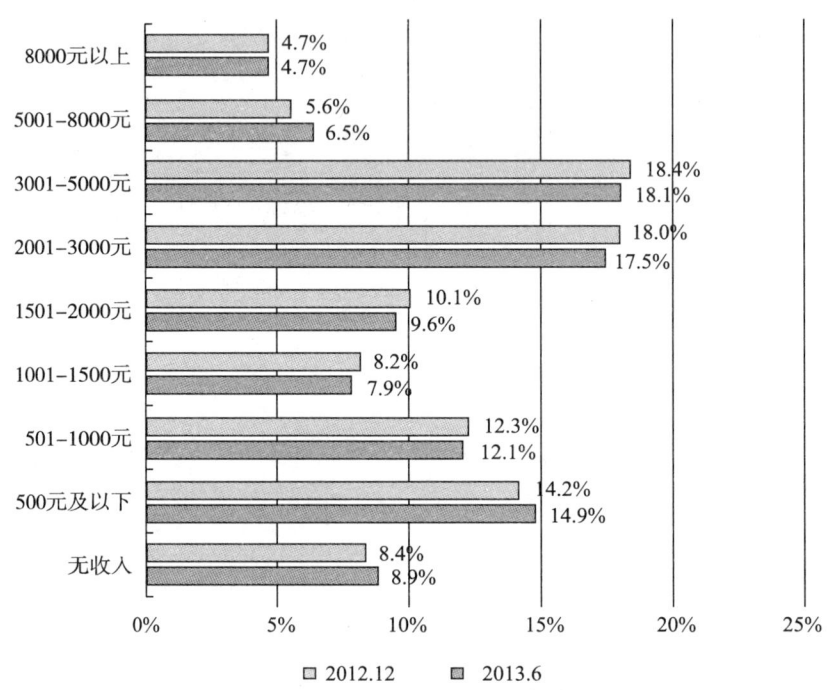

数据来源:中国互联网络信息中心(CNNIC)

图 3－4　网民收入结构对比

综合以上数据,可以描绘当下中国典型网民的特征结构为:男性,30 岁以下,高中及以下学历,月收入在 5000 元及以下。该类典型网民在各项特征数据比中所占比例分别为 55.6%、54.1%、80.6%、88.8%。此外,这些数据也展示了目前中国网民的总体状况:年轻化、学历不高、收入较低。2000 年前,网民主要集中在高校、国家机关和外企。曾有数据显示:2001 年前,中国互联网用户的主要群体特征是:接受过或正在接受高等教育,年龄在 18－30 岁,居住在北京、上海等大城市的男性。从而,我们大致可以判断:在互联网成为一种普及型应用之后,网民主力已经从准精英阶层演变为平民群体,开始具有明显的"草根"(grass roots)特征。

3. 网络舆论主体的主要倾向

在网络传播的匿名、群体参与环境中,网络舆论主体会呈现出"群体极化"、道德至上等倾向。[①]

其一,"群体极化"倾向。美国学者凯斯·桑斯坦(Cass R. Sunstein)首度提出"群体极化"(group polarization)概念,指"团体成员一开始即有某些偏向,在商议后,人们朝偏向的方向继续移动,最后形成极端的观点"。他还强调:"新科技,包括网络,让人们更容易听到志同道合的言论,却也使自己更孤立,当然也就听不到相反的意见。"[②]的确,由于网民往往以"群内同质化、群际异质化"的特点聚集,[③]所以网络舆论中容易出现"群体极化"的现象,譬如:针对某一事件持有预设观点的网民,哪怕现实进展与其当初设想并不吻合,他们仍会坚持原有想法。

其二,道德至上倾向。这是指在网络舆论中往往会出现一种思维基调——用集体的力量形成道德上的审判。网民对于社会道德问题有着高度警觉和敏感,甚至超过了对于具体问题认知的愿望和能力。在许多问题上,网民都会习惯性地建立起一个道德框架,常常幻化出强烈的道德优越感,以道德捍卫者自居,并以此形成简单的价值判断,从而对当事者进行道德上的讨伐或者声援。譬如:在司法案件中,网民通常会同情相对弱势者、谴责强势一方以及问责司法机关,而用心去追问及寻求真相的网民并不多。此外,这一倾向还催生出"人肉搜索"等行动。

当然,需要强调的是,尽管网络舆论主体存在上述倾向,但是我们也不能简单将网络舆论等同于网络暴力。在网络舆论中,虽然的确存在一定的暴力现象,但是这也是社会舆情的一种反映,我们不能简单以制止网络暴力为由阻碍网络舆论自由表达。此外,随着社会转型的推进,中国网民群体正在趋向多元化和走向成熟,上述倾向正在发生演变,理性的沟通与对话逐渐成为主流。

---

① 邹军:《虚拟世界的民间表达——中国网络舆论研究》,复旦大学博士论文,2008 年,第 23 页。邹在论文中还强调网络舆论主体具有后现代倾向。

② 〔美〕凯斯·桑斯坦:《网络共和国:网络社会中的民主问题》,黄维明译,上海人民出版社 2003 年版,第 47—48 页。

③ 郭光华:《论网络舆论主体的"群体极化"倾向》,《湖南师范大学社会科学学报》2004 年第 6 期。

二、网络舆论的基本特征

网络舆论是多种社会因素复杂互动的结果。网络舆论并不等于现实民意,不过它却是一种民意表达的重要形式,因而可作为观察现实民意的一个重要参数。① 相较于传统媒体舆论,网络舆论的特征既有共性又有个性,共性是指与其他传统媒体舆论一样都具有的特征,个性则是指具有与传统媒体舆论不同的特征。此处分析网络舆论的基本特征,主要是探究网络舆论的个性。关于这一问题,现有研究基本上都强调网络舆论的丰富性与多元性、复杂性与冲突性、开放性与难控性、情绪化与非理性、隐蔽性与外显性、稳定性与易逝性、个体化与群体极化性等。本书认为:探究网络舆论的基本特征,首先要分析网络舆论的客体。

舆论的客体是"现实社会,以及各种社会现象、问题"。② 网络舆论的客体不外乎此。其中,个体权利的保护、社会阶层的冲突、中美关系、中日关系以及近些年来的中法关系,都容易成为网络舆论关注的焦点。闵大洪曾总结:中国网络舆论有两个值得注意的倾向——对外表现为网络民族主义,对内表现为网络批判现实主义。③ 因而,网络舆论的客体有其特殊性:对内表现为对个体权利的捍卫、对公权力的监督、对真相的追寻、对权威的消解等;对外则表现为民族主义思潮,并且往往存在情绪化的倾向。由此,网络舆论体现出以下基本特征:民粹主义、非理性和全球化。④

1. 民粹主义

按照俞可平的观点,民粹主义的概念具有模糊性,它既是一种政治思潮,又是一种社会运动,还是一种政治策略;从不同的视角看待,便会得出不同观点。作为一种社会思潮,基本含义是它的"极端平民化倾向",此即:"极端强调平民群众的价值和理想,把平民化和大众化作为所有政治运动和政治制度合法性的最终来源,以

---

① 参见彭兰:《关于中国网络舆论发展中几组关系的思考》,《国际新闻界》2009年第12期。
② 陈力丹:《舆论学——舆论导向研究》,中国广播电视出版社1999年版,第13页。
③ 赵金、闵大洪:《对话闵大洪:网络舆论——民意表达的平台》,《青年记者》2004年第10期。
④ 以下论述除标注外,主要参见邹军:《虚拟世界的民间表达——中国网络舆论研究》,复旦大学博士论文,2008年,第34—37页。

此来评判社会历史的发展。"①网络舆论正体现了民粹主义倾向。在对内议题上，尤其是在面对弱势群体与强势群体的冲突时，网民通常总是选择支持弱势一方，很少去考虑事实的真相。这在诸多司法案件中体现得尤为明显，如在"许霆案"、"梁丽案"中，检索资料发现：网民发言并非就事论事，更多的是在表达不满情绪，直指对法院和法律的不信任。由于当前中国社会贫富差距不断拉大，阶层之间充满着隔阂和敌意，"为富者必有罪、为官者必贪腐"几乎成为网络空间的"共识"。在民粹主义的网络言说中，一些理智的、不与网民情绪保持一致的知识分子，也被认为是既得利益者，遭受了广泛的道德质疑与挑战。在对外的民族主义情绪中，这种民粹主义倾向往往表现得更加直接和明显。譬如：每当涉及中日纠葛，就有网民号召抵制日货。这其实不利于合理解决国际争议问题。②

2. 非理性

网络的开放性和低成本带来了话语权的解放。同时，网络的匿名性又使网民对自己的言论所承担的风险责任降低到最小限度。因此，网络舆论表现出非理性的倾向，以致互联网上信息和意见常常鱼龙混杂。一方面是若干信息的真伪难辨，捕风捉影者有之、添枝加叶者有之、侵犯隐私者有之；另一方面是一些意见的非理性，文字夸张放纵、言辞锐利尖刻，人身攻击者有之、刻板成见者有之。前者虽然可能造成先入为主的误导后果，但是毕竟可以通过网络信息的更新和传统媒体的跟进来加以补救。后者的影响则比较令人担忧，它不免让人对网络公共领域心存疑虑，③同时还可能给某些人士以要求实行网络实名制的凭据。这种非理性会导致公共理性的缺失，从而诱发民粹主义倾向。此外，网络舆论的非理性有时还表现为娱乐化，将舆论变为无足轻重的消遣，而削弱了其应有的力量。不过，网络舆论尽管天生就具有非理性倾向，但它也有理性成分，是理性与非理性的共同体。因此，无须将网络舆论的非理性倾向夸大到令人震骇的程度。今天的网民基本上是受过教育的群体，在信息充分流动的环境下，理性的、优质的言论自然会出现。因此，化

---

① 俞可平：《现代化进程中的民粹主义》，光明网，2007 年 1 月 11 日。

② 2008 年 4 月 2 日《中国青年报》"冰点特稿"栏目刊发吴稼祥的文章《民粹一咳嗽，大众就发烧》，该文较为详细地论述了民粹主义在当今中国的表现。需要指出的是，在编辑部收到的读者反馈中，赞成和批评的观点都有，阵线泾渭分明。此文在网络上也引起了激烈争议，交锋双方的意见大相径庭。

③ 参见樊亚平：《杨丽娟事件与网络舆论的非理性》，《当代传播》2007 年第 5 期。

解之道不是控制网络表达,而是"恰恰在于保证充分的网络言论自由,让各种观点立场和各种版本的事实得到充分自由的表达",[1]让网民能有机会在信息全面、论据充分、立场多元的环境下发言,从而提升网络舆论的理性程度。

3. 全球化

舆论在结构上存在显著的层次性,往往呈现出从"舆论人"、"舆论圈"、"舆论场"直至最广泛的"公众舆论"、"民族舆论"、"国际舆论"的一次扩散成长过程。[2]网络传播的无国界,使网络舆论很容易溢出国界,从而形成波及全球的"民族舆论"或"国际舆论"。1998年,印尼出现排华骚乱事件,引发全球华人通过互联网表达的抗议浪潮,主要采取发帖和攻击印尼政府网站的方式。当时由于国内的BBS还不多见,很多网民利用的是新加坡《联合早报》论坛,读者发邮件然后由编辑筛选。[3] 1999年,北约轰炸中国驻南联盟大使馆,全球华人同样在网上掀起抗议北约暴行的行动。这次行动以国内"强国论坛"等为基地,有许多海外华人参与了进来。同时,还有各地黑客组成"黑客联盟"攻击北约成员国的政府网站以示抗议。2003年2月,21岁的湖南女教师在宿舍离奇裸死,引发了一场持续三年并"轰动华人圈"的网络公审。[4] 上述网络舆论已经上升到"民族舆论"的层次。2005年,在反对日本加入联合国安理会常任理事国的行动中,不仅海内外的华人积极参与,而且其周边国家韩国、俄罗斯乃至西方国家的网民也参与到其中。关于这一事件的网络舆论则成为全球范围内的"国际舆论"。人类社会正在进入一个全球化时代,其基本特征是:在经济一体化的基础上,世界范围内产生了一种内在的、不可分离的和日益加强的相互联系。在这一时代,以互联网为载体的舆论更加会进行无国界的聚合,从而具备鲜明的全球化倾向。

---

[1] 张千帆:《网络民意的理性化》,《财经》2009年第7期。

[2] 王雄:《新闻舆论研究》,新华出版社2002年版,第8页。

[3] 林楚方、赵凌:《网上舆论的光荣与梦想》,《南方周末》2003年6月5日。

[4] 吕明合:《黄静案检讨:一场轰动华人圈的网络公审落幕》,《南方周末》2006年7月20日。

第二节　网络舆论的形态及生成

网络舆论的存在形态呈现多样化特征,诸如新闻跟帖、论坛发言、人肉搜索和博客、QQ群等。与传统的舆论形态相比,网络舆论的生成路径具有直观性的特点,此即可以追根溯源地发现引发舆论的源头,能够实时观察其间不同意见的表达和交锋。

一、网络舆论的存在形态

网络舆论是依托互联网空间生成和传播的舆论。它的形成首先要有一个话语空间,其中允许个体进行意见表达,同时他人可以对此作出回应,此即需要有讨论的产生。在Web 1.0时代和Web 2.0时代,网络舆论有不同的生成场域,因此呈现出了不同的形态。Web 1.0的主要特点在于用户通过浏览器获取信息,信息传递单向、信息发布集中,网络舆论基本通过以网络论坛、新闻留言板为代表的电子公告服务而生成,主要有以新闻跟帖为代表的传统形态和以人肉搜索为代表的另类形态。Web 2.0更注重用户的主体作用,用户既是浏览者亦是制造者,网络舆论主要依托博客、个人空间等Web 2.0应用而生成,其存在形态主要以博客为代表。需要强调的是,Web 2.0只是相对Web 1.0的新一类互联网应用的统称,并非对Web 1.0的取代;Web 2.0时代强调网民作为内容创造者和使用者的主体地位时,并不否认Web 1.0应用的重要性。[①]

1. Web 1.0时代的网络舆论形态

Web 1.0时代的网络舆论形态,主要可分为两类:一是传统形态,如新闻跟帖、论坛发言、网络签名和网络投票;二是另类形态,如人肉搜索和黑客集体行动。其中,网络签名是一种低成本、高效率的网络请愿形式;网络投票通常是为表明态度,

---

① 这一划分及以下论述主要参考邹军:《虚拟世界的民间表达——中国网络舆论研究》,复旦大学博士论文,2008年,第41—51页。

而非达成共识;黑客集体行动是网络民族主义的一种独特表现形式。以下主要探讨新闻跟帖、论坛发言和人肉搜索三种形态。

新闻跟帖是舆情观察的最直观对象,其数量的多寡直接体现了网民关注度的高低。网站在发布新闻时,一般在页面的下方设置留言功能,以供网民阅读后发表意见,又称新闻跟帖。其中,一般发言都是围绕此条新闻进行的,主题相对集中,后来者能看到前面的留言并对其进行回复或是直接表示支持、反对,从而形成讨论。新闻跟帖在内容上很少能对新闻所涉及的事件展开深入探讨,不过面对突发事件或是焦点话题时,在数量上则能很快地达到成百上千甚至数万条,其影响力不可低估。① 新闻跟帖是一种有限的双向讨论。网站一般对其实行"先审后发",设有专门人员负责审核,它们都有自动过滤系统,通过设置"敏感词"将一些可能触及敏感话题的留言直接过滤,然后再具体审核通过自动过滤系统的留言,决定是否发表。除了符合政策法规这一底线之外,各家网站把关的标准并不完全一致。新闻跟帖的功能虽然有限,难以为理性探讨提供充分的空间,但它是网络舆论形成和扩散的重要载体,是舆情聚焦的窗口,我们可以从中观察网民的意见偏向进而了解舆情。譬如:2009 年 7 月 28 日,孙立平教授在《经济观察报》上发表《再谈官员财产申报问题》,指出在官员财产申报问题上,如果拒绝民众和社会的介入,只靠"内部人"来解决,那么反腐败的路会越走越窄。网易转载之后,短时间内跟帖便达到了 1304 条,其中绝大多数赞同该文观点。

论坛发言是众声喧哗和深入讨论并存。网络论坛以 BBS 和贴吧为代表。BBS 是网络舆论的重要载体,曾是网络舆论的代名词。② BBS 英文全称为"Bulletin Board System",即电子布告栏系统。除了专供某些特定群体进行内部交流的 BBS 或是只提供信息发布的 BBS 之外,网民讨论公共话题的 BBS 是网络舆论的重要集散地。国内 BBS 讨论区有"浅水区"和"深水区"之分。"浅水区"的发帖比较随意,类似新闻跟帖;话题很多,不局限于某一主题;但是同样缺乏深入讨论。"深水区"对发帖有字数要求,讨论相对深入严肃,是网络空间意见领袖的活跃之地,一些高

---

① 2008 年网易的年终策划为《无跟帖,不新闻》,其中指出:跟帖可以启蒙新人、表达愿望、一针见血、戏谑现实、表达正义和抱团取暖。链接:http://news.163.com/special/0001sp/2008ending.html。

② 可以参见胡钰:《新闻与舆论》,第六章"BBS——一种新兴的舆论载体",中国广播电视出版社 2001 年版,第 170—211 页。

质量、有见地的帖文会被论坛的管理者——"版主"放于重要位置或设置为精华帖，从而被更多参与者注意，甚至会直接对社会产生影响。如在 2003 年"孙志刚事件"中，网民"锦绣文"在人民网发表的《谁在装聋作哑》一文，就一定程度上增加了公安部门侦破此案的决心。① 若按创办者的性质划分，国内 BBS 大致可分为四种：第一，传统媒体创办，如人民网的"强国社区"、新华网的"发展论坛"；第二，政府机构创办，如外交部网站的"中国外交论坛"；第三，大专院校创办，如北京大学"未名社区"、清华大学"水木清华"；第四，商业机构创办，如天涯社区、凯迪社区。当然，不管是哪一类 BBS，尤其是聚焦时政问题的，都有相应的审核程序，一般会对网民提交的帖文进行"先审后发"，并且在实际运作的过程中把关的具体标准不同，商业性的 BBS 把关标准相对宽松。所有 BBS 都会设置过滤系统，屏蔽敏感话题讨论。尽管存在诸多审查和限制的机制，②BBS 尤其是"深水区"仍然是公认的民意生长新空间。贴吧是近几年来兴起的一种基于关键词的主题交流社区，与大多数 BBS 由服务提供者创建不同，贴吧赋予了网民自由创建讨论区的权利，百度贴吧创立于 2003 年 11 月，目前已成为全球最大的中文社区，其话题偏重于舆论和社会现象，较少涉及政治议题。贴吧虽由个人自由创建，不过一旦创建成功，就会面向全体网民开放。贴吧内讨论的主题更集中，甚至围绕一个封闭主题展开交流，由此也带来了深度互动。贴吧的发展与由"超级女声"等电视选秀节目引发的"粉丝文化"流行密切相关。至今，贴吧已是网络舆论的重要集散地之一，此外，贴吧还成为了文化研究的新途径。

人肉搜索是发端于互联网的一种信息搜索方式，它是主要依托来自五湖四海的网民而非依赖网络数据库的新型搜索类型。在维基百科中，它被形象地解释为——"是一种以互联网为媒介，部分基于用人工方式对搜索引擎所提供的信息逐个甄别真伪，部分又基于通过知情人匿名或公开'爆料'的方式搜集信息以查找人物或者事件真相的群众运动。'人肉'一词表明人工的介入在搜索过程中所扮演的重要角色，以区别于基于算法的传统机器搜索。"人肉搜索有广义和狭义之分，前者是指在网络社区通过求助、发问的方式获得网民的帮助和回答。这是人肉搜索最

---

① 林楚方、赵凌：《网上舆论的光荣与梦想》，《南方周末》2003 年 6 月 5 日。
② 诸如：2005 年 3 月，中国高校 BBS 按照有关规定开始限制校外用户。

主要的应用,百度"知道"、新浪"爱问"、雅虎"知识堂"等都属于这一范畴。后者又称"网络通缉",是指在社会层面上通过众多网民之手找寻具体的人和线索。在这里我们主要关注狭义的人肉搜索。它的首次发动始于 2001 年"微软陈自瑶事件";2006 年的"女子虐猫事件"和"铜须门事件",使其开始进入公众视野;之后又经过2007 年的"流氓外教案"、2008 年的"死亡博客事件"和"辽宁女事件"等,它已为公众所熟知,甚至出现专门的人肉搜索网站。梳理一系列案例可知,人肉搜索从本质上说属于舆论的范围,是网络舆论的一种存在状态。因为究其实质,它是网民基于自身道德体系对某一事件进行道德判断后,采取启动搜索和展开行动的方式表达自己对于事件的态度、意见、倾向和情绪。人肉搜索通常体现了中国网民"道德至上"的倾向,由此往往引发网络暴力,因而饱受争议。当然,也有充分体现网民理性和建设性力量的人肉搜索事件,如 2007 年的陕西"周老虎事件",网民的质疑、追寻和坚持,最终使得真相渐明。如何规范人肉搜索,是亟须面对的问题。网民需要利用合法手段获取信息,依据事实进行评论,且不能涉嫌侮辱与诽谤。至于可能会引发的"网络暴力",法律规范和道德调整应各司其职。需要强调的是,人肉搜索作为一种舆论表达,要得到尊重和保护,对其的规制应当实现言论自由与人格权的平衡。①

2. Web 2.0 时代的网络舆论形态

Web 2.0 时代的网络舆论形态,主要以博客和微博为代表,此外还有播客、QQ群、消费类点评网站。其中,博客和微博可视为个人"喉舌",它是发布信息、表达观点的理想平台。播客与博客的内部控制机制相似,只不过表现形式由文字变为声音和图像,是声像并茂的个人媒体。QQ 主要用于人际交往,但是多人参与的 QQ群具有公共空间的某些属性,兼之本身的私密性,因而在一些公共事件的动员和讨论中发挥了重要作用,是一种新型的隐秘舆论场域。消费点评类网站聚焦了众多网民对某一领域消费品的点评,使得其他网民可以从中得到更多消费信息,如聚焦于餐饮的大众点评网、专注于图书和电影的豆瓣网,是分地区、分行业对消费舆论的整合。此外,由于其讨论话题的生活化,平时言论尺度较宽,不易引起监管部门

---

① 进一步论述可参见邹军:《作为网络舆论的"人肉搜索"及其规制》,《中国地质大学学报》(社会科学版)
2009 年第 5 期。

注意,因而也会在一些公共事件中成为舆论平台。下文主要探讨一下博客以及微博。

博客(Blog)又称网络日志,是一种表达个人观点、内容按时间顺序排列并且不断更新的出版形态,是继 E-mail、BBS、ICQ(网络呼叫器)之后出现的第四种网络交流方式。它被认为是继旧媒体(old media)、新媒体(new media)之后的自媒体(we media)。随着博客参与信息传播活动,个人媒体在媒体格局中的地位凸显,影响和改变了信息传播模式。目前互联网上有数以亿计的网民利用博客,他们不仅进行独家亲历式报道和“内部人”信息披露,还会在传统媒体报道的基础上,进行后续性的信息传播活动。内地 2002 年出现了第一批中文博客;2005 年博客迅速发展,是年 6 月 30 日,中国互联网络信息中心(CNNIC)发布的第 16 次《中国互联网络发展状况统计报告》中,在“网民经常使用的网络服务(功能)是(多选题)”调查中,增添了“博客”一项。中国网民数量逐年上升,使用博客的人数也不断增长,博客日益成为网络舆论的重要发端地。在 2006 年重庆“彭水诗案”中,一则博客文章《现代文字狱惊现彭水》最早披露相关信息,从而“像在网络上扔下了一颗炸弹,传言搅翻了彭水”,引发众多网民跨越地域限制关注这一事件,并成为传统媒体的新闻线索来源。[①] 名人开设的博客往往点击率很高,其中韩寒的博客因积极关注社会公共事务而广受瞩目。博客发布和普通网络新闻发布类似,感兴趣的网民通常可以留言。博客留言和新闻跟帖在形式上相似,但其自由度相对更高一些。新闻跟帖会由专门人员负责审核,而博客留言只要通过系统设置的敏感词过滤就可发布。虽然存在博文被删、博客被封甚至专门的博客网站如牛博网被关闭等审查措施,但是博客文章及留言还是共同构成了网络意见表达的重要形式,而且表达更加自由开放,从而成为了一支正在崛起的舆论力量。

微博即微博客(Microblog)的简称,是一个基于用户关系的信息分享、传播及获取平台,用户可以通过 WEB、WAP 以及各种客户端组建个人社区,以 140 字左右的文字更新信息,并能实现即时分享。最早的微博是 2006 年诞生于美国的 Twitter,截至 2010 年 1 月份,它已在全球拥有 7500 万注册用户。2009 年 8 月,自新浪网推出新浪微博内测网以来,至今国内微博产品已有 10 余种,用户数量不断

---

① 吴麟、孙旭培:《言论自由与地方治理——以“彭水诗案”为例》,《国际新闻界》2007 年第 5 期。

攀升。微博是一种新的传播形态,具有如下特征:信息发布门槛极低;可以随时随地传播消息;传播方式既非传统媒体的线性传播(One To One),亦非网络媒体的网状传播(One To N),而是一种裂变传播(One To N To N),因而传播速度和广度是几何级的;信息交互简便快捷。由此,微博已开始成为新闻发布会、新闻发生地、信息交互平台。[①] 因而,微博在网络舆论的引发和演变中发挥着重要作用。譬如:2009 年 11 月 21 日,针对昆明市螺蛳湾批发市场因拆迁而发生的群体性事件,由云南省委宣传部副部长伍皓主导,云南省政府新闻办在新浪微博开设国内首家政府微博客"微博云南",并在第一时间对"螺蛳湾事件"进行了简要说明,使得信息公开基本上与事件处置同步,从而有效地引导了舆论。

二、网络舆论的生成路径

网络舆论依托于互联网空间,其生成过程可以直接被感知。相较于传统的舆论形态,网络舆论的生成是可视化的意见汇聚——引发舆论的源头可被追根溯源地发现、不同意见的表达和交锋能被实时观察,因而具有直观性的特点。网络舆论的形成过程通常为:话题集结阶段→争议辩论阶段→形成趋同意见。基于信息来源和流动的视角考察,网络舆论的生成路径可以归纳为以下三类:[②]

1. 传统媒体报道→网络舆论

在此类型之中,传统媒体报道充当了信息的主要来源,是引发网络舆论的源头。舆情的逐步变化均与传统媒体的报道有关,舆论的最终形成更由传统媒体的报道促成。2008 年的辽宁西丰"警察进京抓记者事件"就是一例。

2008 年 1 月 1 日出版的《法人》杂志(法制日报社主办)刊登记者朱文娜采写的《辽宁西丰:一场官商较量》,报道了西丰县商人赵俊萍遭遇的"短信诽谤案"。1 月 3 日,这篇报道上网。1 月 4 日下午 5 时左右,西丰县公安局多名警察来到杂志社,称朱文娜因"诽谤罪"已经立案,要求向她"了解情况"。警察向其出示了警官证、立案通知及拘传证。1 月 7 日,《中国青年报》头版刊发《报道涉及县委书记　西丰公

---

① 孟波:《新浪微博:一场正在发生的信息传播变革》,《南方传媒研究》总第 21 期。
② 这一划分及以下部分论述主要参考邹军:《虚拟世界的民间表达——中国网络舆论研究》,复旦大学博士论文,2008 年,第 52—57 页。

安进京抓记者》。同日,《新京报》与《南方都市报》同时推出"西丰警察进京抓记者"的报道。网站纷纷予以转载,此事立即成为舆论焦点。1月8日,《中国青年报》继续在头版刊发追踪报道《西丰公安局拒谈"报道诽谤案"》,同时配发两篇相关评论——《"诽谤罪"何以一再成为权力保护伞》和《官媒诉讼:没有恶意,算不得诽谤》。全国其他媒体也介入此事的报道和评论,其中《南方都市报》甚至刊发整版评论。这些报道使得网上舆情更加汹涌,一起关乎媒体监督与公权边界的公共事件由此形成。舆论压力之下,2月4日,县委书记张志国被责令引咎辞职。当年年末,他曾试图"复出",最终未果。2008年11月20日,铁岭电视台晚间播报的《铁岭新闻》称:张志国担任沈(阳)铁(岭)城际轨道(轻轨)交通工程办公室副总指挥。23日,《南方都市报》等媒体对此进行报道,网上一时舆论哗然,网民纷纷追问"引咎辞职县委书记何以升得这么快"。次日,《中国青年报》头版刊发评论《"最牛县委书记"东山再起,很像"报复"舆论》。腾讯网对其进行转载后,新闻跟帖很快达到7190条。26日,铁岭市委发布公告称已责令个别领导撤销重新起用张志国的动议。

当然,传统媒体报道并不能完全决定网络舆论的走向,网民的主动传播可能造成传播的偏向,会使原有的报道偏离预设的轨道,消解传统媒体的议题建构和报道意图。从而,网络舆论与传统媒体的舆论有时并不同步,甚至有时候会出现两个相对独立的舆论场。

2. 网络信息→传统媒体报道→网络舆论

在此类型之中,信息最初源自网络空间,传统媒体介入之后,本来局限于网络空间的议论随即扩散到现实社会,从而进一步刺激网络讨论的热情,在网络媒体、传统媒体和网络讨论的交互作用之下,网络舆论很快出现。2008年的"网民公示个人财产事件"就是一例。

2008年3月10日,财经网刊登记者王和岩的报道《"为什么老百姓不公布财产"》,该文写道,某省前政协主席在被追问"如何看待官员财产公示制度"时,反问:"如果要公布,老百姓为什么不公布财产?那些企业老板的利润为什么不向工人公布?"这一答复迅速传播,传统媒体的转载则让其影响范围更广。3月12日,网民"天乙"在看到新加坡《联合早报》转载的报道后,决定回应:在凯迪社区发帖《网友们，向全社会公示个人财产了》，其中详细列举自己的不动产、存款、现金、购物卡等财产数额及其具体来源，乃至说明"自己有且仅有女友一名"。这一举动在网民中间引发了一股公示个人财产的风潮，截止到 3 月 15 日 22 点 30 分，该帖浏览数达到了 25645 人次，跟帖达到了 26 页 380 条，其中有数十位网民公示自己的财产。3月 16 日，《南方都市报》"网眼"版对此进行了报道——《公民网上公布财产为公仆做榜样》，同时配发漫画《脱吧！到你了！》。该漫画被 4000 多个网站转载，其中凯迪社区在 3 月 20 日转帖，截至 3 月 29 日晚 11 点，该帖点击率超过 78 万、回帖已过千页、顶帖 1.6 万人次。关注度的过高，使得该帖在 4 月 7 日被管理部门要求锁定。在多方合力之下，使得在目前的官员财产申报议题中，通过网络公示个人财产及其来源成为了普通公众最为夺目的参与方式，以反讽的方式表达民众的不满以及抗议。

网络传播具有开放性、低成本和即时性等优点。但是由于网络意见的分散性和非理性，传统媒体在公众中的公信度和影响力远超网络媒体，因而能成为其与现实社会之间的桥梁，并且还充当了自身"影响放大器"的角色。近几年来，以《南方都市报》为代表的"报网互动栏目"①，紧密联系互联网与传统媒体，促成网络热帖转化成传统媒体新闻事件，提升网络舆论的公共化及理性化程度，使一系列公共议题得以兴起。

3. 网络信息→网络舆论

此种类型主要存在两种可能：一是博客或 QQ 群等引发的舆论；二是因所涉议题之故，传统媒体未作报道，相关信息只能在网上流动。不过，随着公民传播力量的日益发展，博客和微博等已成为众多传统媒体和网络媒体的新闻源，其引发的舆论往往不再囿于网络空间，因此，"从网络到网络"的情况还是多见于因各种缘由未经传统媒体报道的议题。2006 年"《冰点》周刊停刊整顿事件"即是一例。

2006 年 1 月 11 日，《中国青年报》的《冰点》周刊刊登中山大学袁伟时教授的《现代化与历史教科书》。此文与现行意识形态的冲突十分严重，兼之此前所累积的其他问题，《冰点》周刊被责令停刊整顿。由于事件本身的敏感与特殊，境内媒体均没有对此事进行报道。不过，国内公众还是通过互联网了解到了相关信息，期间

①　曾繁旭：《"报网互动栏目"的新闻产制与公共议题的生成》，《国际新闻界》2009 年第 10 期。

一些论坛因为转载境外文章而被关闭,不过关于此事件的信息与观点仍然通过电子邮件、即时通讯工具等网络渠道传播开来,网络的强渗透性使得监管部门的控制效果大为减弱,舆论被引发并且几乎呈现出一边倒的同情之势。此种舆论的生成路径与前两种相比,反映了更多的媒介体制、传播控制等政治和社会现实。

　　以上我们探讨了网络舆论的三种生成路径。生成网络舆论,首先需要有网民普遍关心的议题,这些议题或是经过传统媒体报道,或是由网民自行传播。网络媒体和新闻媒体可能会共同关注某一议题,从而形成强烈共鸣效应。不过,二者的关注度通常会存在明显差异,传统媒体置于重要版面或时段的新闻在互联网上可能点击率和转载率低、新闻跟帖寥寥无几;而传统媒体简单甚至不作报道的新闻,可能会在网络上掀起巨大波澜。此外,网民之间需要有讨论和互动。网络舆论主体之间实际上充斥着利益的冲突和博弈,理性交流不易达成,非理性和情绪化往往压制了公共理性精神,当然总体而论这属于非普遍和非持久性的现象。网络舆论的生成有两个标志:其一,统计手段显示相对数量的网民关注某一议题并进行讨论,这可以通过对新闻跟帖、论坛发言、博文内容等进行抽样统计获得。其二,网络讨论被传统媒体报道。

第三节　网络舆论的效能及管理

　　互联网被引入中国并向公众开放,这与发端于西方国家的互联网商业化进程几乎同步。当初它的经济功能最被看好,后来事实证明,普通公众更青睐其社会功能。虽然目前中国互联网的信息供应和意见表达仍是权力主导与资本合谋,但是其信息平台和公共论坛的作用不可否认,从而解放和激发了民间表达。普通公众的议程设置能力增强,"沉默的大多数"中不仅有部分人已不再沉默,而且还成为舆论生态的建构者和政治生态的影响者。网络舆论也逐渐成为一支独立的舆论力量。从而,如何在汲取域外经验和考虑现实国情的基础上,对网络舆论进行科学管理也是亟待探讨的问题。

一、网络舆论的效能

网络舆论的生成首先要有网民普遍关心的议题。有论者进行实证分析指出，网络议题在整体上呈现出如下特征：基本处于分散状态；议题表达的情绪色彩浓厚而理性分析较弱；大多数议题的讨论不能随着时间延续而深入。由此，表现出了网络言论最常见的特质：分散、简单、不够深入。[①] 的确，我们不能迷信技术民主，[②]高估网络舆论的"代表性"及其社会作用，但是它对国家—社会关系转型的促进作用不可忽视。网络舆论表达在培养公民意识、参与公共决策、进行网络动员等方面具有积极表现。

1. 培养公民意识，建构公民社会

市民社会、民间社会和公民社会都是对同一英文词组"civil society"的不同译法。然而，在中文语境中，它们之间却存在着细微差别。其中，"公民社会"是改革开放后引入的新译名，是一个褒义的称谓，它强调"civil society"的政治学意义，即公民的政治参与和对国家权力的制约。[③] 公民社会可视之为"国家或政府系统，以及市场或企业系统之外的，所有民间组织或民间关系的总和，它是官方政治领域和市场经济领域之外的民间公共领域。"[④]

公民社会主要组成部分有三：合格公民、社会团体和公共知识分子。具备一定公民习性（公民精神、公民品质），亦即有公民性（civility），公民方可称之合格。按照美国学者罗伯特·D. 帕特南（Robert David Putnam，1941—   ）的观点，公民性是指在公民共同体（civic community）中，公民对政治平等的追求和对公共事务的积极参与所表现出来的共同体的公共精神。[⑤] 我国缺乏公民文化的历史传统，西

---

① 王辰瑶、方可成：《不应高估网络言论——基于 122 个网络议题的实证分析》，《国际新闻界》2009 年第 5 期。

② 譬如网民发帖，通过重重关卡而成为引发网络舆论的议题并非易事。"要么被卡死、砍死，要么成为众人瞩目的明星帖。这是一个帖子的成名之路，也是网络信息控制的简单脉络。"沈玎：《一个帖子的 7 种命运》，《南都周刊》2009 年 3 月 5 日。

③ 俞可平：《中国公民社会的兴起与治理的变迁》，《中国社会科学季刊》（香港）1999 年秋季号。

④ 俞可平：《对中国公民社会若干问题的管见》，载高丙中、袁瑞军主编：《中国公民社会发展蓝皮书》，北京大学出版社 2008 年版，第 17 页。

⑤ 〔美〕罗伯特·D. 帕特南：《使民主运转起来》，王列、赖海榕译，江西人民出版社 2001 年版，第 100—104 页。

方式公民文化又难以传播,双重因素导致了国人公民意识普遍缺失。如果以"忠诚"和"疏远"来区分个人对待政治系统的态度,以"驯服"和"参与"来区分个人对待参与政治系统的态度,那么"忠诚—驯服"和"疏远—驯服"是国人政治心理的两种基本取向。

网络舆论表达正在改变这一状况,具备参与取向的公民数量正与日俱增。尽管网络公共领域只是局部的呈现,但是互联网的平等、开放、匿名、界面友好、易于进入毕竟降低了公众参与公共事务的成本,况且网络交往的互动性在一定程度上允许真正的对话和协商。尽管网络空间并非自由乐土,但是网络议题的多元、言论表达的尺度远非传统媒体所能比肩。因而诉诸互联网来监督权力、表达利益、传播思想已成为当前中国社会的普遍现象。普通公众通过积极进行网络舆论表达,提升了个人的公民性,公民意识得以培养。

2007 年陕西"周老虎事件"即是一例。网民在事件进程中发挥了关键作用,最先提出质疑、充分进行讨论、多方搜集证据,影响了媒体的报道方向,推动了事件的每一次进展。尤为值得强调的是,在此事件之中,网民远离道德攻伐,彰显了专业和理性,力争用科学的方法来证实或证伪,双方交锋尽量以证据为基础。当然,由于所涉议题、指向对象的不敏感,这一事件有其特殊性,我们不能因此而无限放大乐观情绪。不过,它并非孤例,况且社会的进步正是由个案效应累积而促成的。在处于转型期的中国,网络舆论与公民社会二者之间呈现出互动与提升的关系——前者的发达促进了后者的构建,而后者的发展将带来前者的繁荣。

2. 参与公共决策,推进商议民主

商议民主理论(deliberative democracy)[1]于 20 世纪 90 年代开始勃兴于西方,其着眼点在于面对高度多元的社会,如何通过制度化的机制化解社会冲突,塑造一种公正而有活力的公共生活。它认为民主不仅仅是投票和参与,在投票前应有一个公共审议的过程,使得公民可以透过自由而公开的讨论,深化他们对共同利益的理解。论者认为:商议民主致力于四个相互关联的目标——"力图促进集体决策的

---

[1] 关于"deliberative democracy"一词,目前国内尚无统一译名。该词至少存在以下不同译法:"审议民主"或"审议式民主"、"审议性民主"、"商议民主"或"商议性民主"、"商议民主制"、"协商民主"、"慎议民主"、"商谈民主"、"审慎的民主"、"慎辩熟虑的民主"。谈火生编:《审议民主》,"编选说明",江苏人民出版社2007 年版,第 6—7 页。

合法性","鼓励公民本着公共精神来考虑公共问题","促进决策过程中的相互尊重","纠正失误"。① 商议民主在西方社会中的复兴与发展有其内在逻辑,它是对宪政民主的一种反拨和补充,在民主运作中起到一种辅助性的作用。

在处于转型期的中国,社会话语机制呈现出明显的断裂特征——在社会话语系统中,政治精英占据着制高点;知识精英的话语空间日趋扩张;经济精英用财富支撑其话语权;社会弱势群体的话语权利则往往处于文本的重视与实际的边缘化之间的尴尬境地。作为整合各种话语力量、平衡各阶层利益需求的公共政策,也相应出现了某种程度的偏差和失灵,基层政府相关决策更是如此。当前非常有必要在公共决策,尤其是基层政府决策中引入商议民主,妥善协调各方利益关系。

作为一种治理形式,注重参与是商议民主的基本精神。它的前提在于承认并接受多元社会的现实,以及不同利益主体之间存在的差异和分歧。其核心则是强调基于理性的公共协商,即讨论、审议、对话和交流,从而实现立法和决策的共识。中国普通公众政治参与渠道较为匮乏,互联网对于中国政治最显著的影响之一在于广开言路,其信息平台和公共论坛角色凸显,逐渐成为政策系统中各种利益表达与聚合的公共平台。概而言之,网络舆论拓宽了普通公众政治参与的渠道,他们开始得以主动参与公共决策过程。一个关注新闻时事、在网上直抒胸臆的"新意见阶层"正在崛起,他们被认为具有"巨大的舆论能量"。②

争议"延迟退休年龄"即是一例。2004 年 9 月 8 日,《北京晨报》刊发报道——劳动和社会保障部新闻发言人胡晓义在接受记者采访时表示:他们正在考虑延长职工的法定退休年龄,且首要是女性。由于与公众切身利益相关,这则新闻一石激起千层浪。在新华网"发展论坛",当日早上 7 点 59 分,就有网民发帖讨论,截至晚上 11 点 27 分,已有 330 条回复,其中绝大多数回复对此表示反对。由于舆论倾向趋于否定,9 月 17 日,劳动和社会保障部部长郑斯林对此正式表态——"延长退休年龄并不是当前中国立即需要实行的政策"。这一问题仅仅是暂时告一段落,但其中显露的积极意义值得重视——公众议程、媒体议程和政府议程之间开始渐有良性互动。当然,现实情况和理想情境之间仍相距甚远。囿于社会、政治、文化等因

---

① 〔美〕埃米·古特曼、丹尼斯·汤普森:《审议民主意味着什么》,载谈火生编:《审议民主》,江苏人民出版社 2007 年版,第 7—10 页。
② 周瑞金:《喜看"新意见阶层"的崛起》,《南方都市报》2009 年 1 月 2 日至 3 日。

素,目前网络舆论对于推进审议民主发展,作为还很有限。

3. 进行网络动员,促成社会运动

作为"一种独特的实现大众政治的方式和手段",社会运动于1750年之后在西方发展起来。它的出现源于以下三个要素的开创性结合:一是运动,即"针对目标当局开展群体性的诉求伸张";二是常备剧目,即"一连串的诉求表演";三是WUNC展示,即"价值、统一、规模和奉献的公开表达"。就其作用而言,社会运动"为那些在循规蹈矩的政治生活中'沉默'的一群人、一类人以及无人提及的议题提供了一个至关重要的途径,使之得以在大众政治中获得一席之地"。① 社会运动与大众传媒关系密切,18世纪兴起之初,它就与报纸、杂志、小册子及其他印刷传媒产生勾连。20世纪传播媒介的变革与拓展,使二者关系更加紧密。学者托德·吉特林(Todd Gitlin)甚至认为:"直到今天,所有的运动(或许是所有的政治)面临的一个决定性的因素便是对大众媒介的依赖。"②

分析大众传媒在社会运动中的作为,可从媒介本身和媒介内容两方面进行考察。报纸、广播、电视、互联网的特点不同,所以它们在社会运动的动员和传播中发挥的作用相应有所不同。事实性信息和意见性信息,即新闻报道的内容和媒体表达的舆论,会影响公众的态度和认知,从而主导关于运动的公众舆论。"决定一个国家媒体和公共舆论基本行为的根本因素是这一国家中国家和社会的关系。"③作为新兴媒体的互联网,在身份建构和形象塑造方面功能显著。由于国家—社会关系有别,相较于西方国家,其在中国的社会运动中发挥了更为重要的作用。

民众相对剥夺感的累积、某些社会群体的利益受损以及公民维权意识的不断觉醒,使得当前中国都市和乡村的社会运动呈现增加之势。这在当下仍是敏感话题,多数情况下不允许媒体进行正面报道。传统大众媒体一般或是完全不作报道,或是在事件平息之后才予以报道,或是事件发生之时进行侧面报道,因此,社会运动主要利用互联网和手机等进行组织和动员。这些新兴媒体既是信息发布平台,又是人际交往工具,并且还是最开放的民意表达空间。从而,网络舆论在中国社会

---

① 〔美〕查尔斯·蒂利:《社会运动,1768—2004》,胡位钧译,上海世纪出版集团2009年版,第4—5页、9页、209页。

② 〔美〕托德·吉特林:《新左派运动的媒介镜像》,胡正荣、张锐译,华夏出版社2007年版,第6页。

③ 赵鼎新:《社会与政治运动讲义》,社会科学文献出版社2006年版,第283页。

运动中扮演着特殊角色。其中,网络论坛、博客、QQ群等在运动动员中的作为比较突出。

2007年厦门"PX事件"即是一例。互联网是事件的主要信息源,当地知名的网络论坛"小鱼社区",成为厦门市民获取信息、参与讨论的主要渠道。众多厦门人积极在自己的博客上表达反对PX的立场,专栏作家连岳表现尤为突出。此外,"还我厦门碧水蓝天"QQ群更为一批活跃的市民提供了议事舞台。① 天涯社区等重要网络论坛上也有大量帖子,发帖者基本对PX项目持反对态度,共同形成网络舆论压力。网络论坛依然是最具影响力的网络舆论载体,当其被限制使用时,博客、QQ群等就扮演了更为重要的角色。需要强调的是,与西方国家相比,中国社会运动的确更依赖于互联网等新媒体,它们可以在某些时候绕开国家控制而成为动员和抗争的主要工具。但是,我们不能因此而认为传统大众媒体无所作为。正是由于《中国经营报》的报道,才最早引发厦门市民反对PX项目。随后,传统媒体通过建构集体认同感而在运动中发挥重要作用。② 同时我们还应清楚,当下中国社会运动中的网络舆论表达仅仅才有初步发展。

二、网络舆论的管理

互联网已经凭借其传播优势建构了一个巨大、开放的网络"舆论场"③,从而创新了民意形成和表达的机制。尤其是在中国,"没有哪个西方国家的互联网承载了这么大的显示民意的功能"。④ 网络舆论管理的问题相应提上日程。论者认为:Web 2.0鼓励用户创造内容的特征给管理带来了挑战,因为网络舆论以下特性更加鲜明:多元化加剧;真正的即时与互动性;民意表达的真实性与匿名性;理性与非理性并存的复杂状态。⑤ 互联网的内部治理不同程度地存在于多个国家,美国在经历"9·11"恐怖袭击之后,也明显强化了对互联网的内容监管。我们应当借鉴域

① 曾繁旭、蒋志高:《厦门市民PX的PX战》,《南方人物周刊》2008年第1期。
② 孙玮:《"我们是谁":大众媒介对新社会运动的集体认同感建构——厦门PX项目事件大众媒介报道的个案研究》,《新闻大学》2007年第3期。
③ 舆论场是指"包括若干相互刺激的因素,使许多人共同形成共同意见的时空环境"。刘建明:《社会舆论原理》,华夏出版社2002年版,第53页。
④ 彭晓芸、贺卫方:《中国公众参与的网络依赖症》,《南都周刊》2007年7月6日。
⑤ 匡文波:《论Web 2.0时代网络舆论的管理》,《国际新闻界》2008年第10期。

外有效经验,以宽容与法治为原则和方向,科学管理网络舆论。

1. 我国网络舆论管理现状

我国目前的网络舆论管理,以政府主导立法监管和专项政治社会动员为主,重点集中在内容监管和应用规范两个方面。

中国互联网立法到目前为止可分为三个阶段:其一,1994 年至 1998 年,从中国接入互联网到组建信息产业部,由于处在起步阶段,所以问题相对较少,相关的管理也不多,立法内容比较笼统、模糊。其二,1998 年至 2004 年底,随着互联网的迅速发展,新问题大量涌现,管理权限比较混乱,部门之间利益冲突严重,对一些问题管理的牵头部门时有变化,虽然立法较多,但是仍处于尝试和摸索过程,直到 2004 年 11 月确立起互联网管理的机构分工原则。其三,2005 年至今,网络规制与管理进入到了一个相对平稳、成熟的阶段,基本制度开始形成。[①] 截至 2010 年 4 月,全国人大等 14 个部门制定了 60 余部与互联网相关的法律法规,我国成为世界上该领域法律法规最多的国家。[②] 其中,与网络舆论相关的、内容监管方面的重要法规至少有 16 项。此外,中共中央办公厅、国务院办公厅以文件形式下发了《关于进一步加强互联网宣传和信息内容安全管理工作的意见》(2002 年 3 月 9 日)、《关于进一步加强互联网管理工作的意见》(2004 年 11 月 8 日),其影响力更胜法规。倘若单纯以法律法规覆盖的范围、规定的细密和处罚的力度而言,真可谓是"法网恢恢"。但事实上,其所起的作用,主要是对公众构成普遍事前威慑,在过错严重时才会成为追惩的依据。此外,还存在一些立法缺憾:其一,总体而言,禁止性规范过多,而防范性规范和激励性规范偏少。其二,多部法律规章内容存在大量交叉和重复,部分条文甚至互相冲突,导致立法品质降低。[③]

专项整治社会动员也是我国网络舆论管理的重要手段。当某个领域的问题累积,经由单一事件诱发,监管层的主观判断和民众意愿部分合流之时,专项整治便会出台,通常行动重大并且力道迅猛。诸如:其一,集中整治网吧专项行动。为管理不受欢迎的传播场所,2002 年 7 月起在全国范围铺开整顿网吧等互联网上网服

---

① 胡凌:《1998 年之前的中国互联网立法》,《互联网法律通讯》2008 年第 2 期。

② 相关法律法规的不完整清单可参见 CNNIC 政策法规专栏,http://www.cnnic.net.cn/index/0F/index.htm。

③ 李永刚:《我们的防火墙:网络时代的表达与监管》,广西师范大学出版社 2009 年版,第 75—89 页。

务营业场所行动。其二,打击举报违法网站行动。为治理毒害甚广的内容载体,2004 年 7 月、2009 年 1 月相继开展打击整治网络淫秽色情等有害信息专项行动。其三,实施高校 BBS 实名制行动。2005 年 3 月,信息产业部颁布《非经营性互联网信息服务备案管理办法》,此后不久中国高校 BBS 改为实名制登录访问模式。其四,建立网络警察队伍行动。2006 年 1 月,深圳率先推出网络警察公开上网巡逻,检查网上言论资讯。此项措施被公安部推广,设立网上"虚拟警察"。相关资料显示,中国最早的网络警察出现于 1998 年 2 月,发展之初一直低调而神秘,迄今这支执法队伍渐成体系。其五,开展文明办网自律行动。2006 年 2 月,信息产业部启动"阳光绿色网络工程"行动。同年 4 月,千龙网等签署《北京网络媒体自律公约》,展开自查自纠。2007 年 8 月,新浪、搜狐、网易、腾讯等又共同签署《博客服务自律公约》。2008 年 12 月,全国百余家网站的代表签署通过《建设诚信互联网宣言》。其六,建设网评员机制的行动。2005 年 4 月,江苏宿迁成立该市第一支网评员队伍,他们以普通网友的身份,在互联网上积极发言,引领"正确导向",普及"党和政府的方针政策"。此举并非孤例,之前已有来自纪检监察机关的 127 名网络评论员在北京完成了培训。《青岛晚报》曾于 2007 年 7 月 12 日披露,该市组建了多达百余人的网络评论员队伍。多篇新闻报道证实,全国广泛存在这一机制。[1]

除立法和行政手段之外,中国管理网络舆论的技术手段也已经非常成熟,通过多手段、多途径、多层次、分布式的处理,从被动防御向立体防控演进,将大多数网民能接触到的信息控制在一个政府可以接受的水平上。其主要技术手段有:国家入口网管的 IP 地址阻断、主干路由器关键字阻断、域名过滤、内容发布过滤、网吧监控软件。[2]

2. 走向宽容与法治的治理

如何评判当下中国对网络舆论的管理现状,存在着不同观点。这是因为基本预设和核心偏好之间存在差异,以及选取的参照系不同,所以所得的结论往往大相径庭。

---

[1] 李永刚:《我们的防火墙:网络时代的表达与监管》,广西师范大学出版社 2009 年版,第 89—99 页、125 页。

[2] 同上,第 131—135 页。

广大发展中国家或非英语国家,如突尼斯、叙利亚、沙特阿拉伯、古巴、越南、缅甸、朝鲜等国,出于意识形态、本土文化、民族宗教等多方面的考虑,属注重网络内容监管的国家。韩国和新加坡,也是非常注重网络内容监管的国家。韩国建立了世界上最早的互联网审查专门机构,早在 1995 年就通过了《电子通信商务法》,将"危险通信信息"作为管制对象,设有信息通信道德委员会机构(ICEC,Information and Communication Ethics Communication)。该机构拥有广泛的审查权力,其范围包括 BBS、聊天室以及其他"侵害公众道德的公共领域"、"可能丧失国家主权"或"可能伤害年轻人感情、价值判断能力等的有害信息"。新加坡的广播管理局(SBA)早在 1996 年 1 月 11 日就宣布对互联网实行管制,实施分类许可证(Class License)制度;同年 7 月通过的《网络管理办法》中还规定了"网络内容指导原则"(Internet Content Guidelines)。西方发达国家对互联网内容的管理,总体而言很少动用公权力来直接介入,主要通过市场调节和行业自律的方式来管理。其中,一些发达国家为监管网上信息传播,虽然并不直接制定专门法规,但会从通信法、电子商务法、网上知识产权保护法等领域切入,设立有关条款。不过,德国通过了《信息和传播服务法》(ISCA),以规制网络危害性言论,在其司法实践中,对网络言论自由的限制较为明显。除了观察其他国家之外,还可选择民众切身感受和政府本位立场来进行判断。[①] 基于存在多重价值立场交错的参照系,对中国网络舆论管理现状进行简单判断都有失偏颇。但是我们可以肯定的是,目前的管理模式是动员或运动偏好型,不过政府也正在探索从管理到治理的新的道路。

在未来可见的时间内,我们期待政府对网络舆论的管理能以宽容与法治为原则和方向。要求言论一律,仅仅在认知层面上几乎就是一种乌托邦式的幻想。置诸转型期中国的复杂语境,基于利益分殊这一客观事实,言论更是趋向多元,意见不一是常事。同时,囿于个人学识修养、生存处境尤其是核心利益,其间出现不当乃至可能错误的言论,亦是一种正常现象。在不对国家安全造成明显而即刻危险的情况下,政府应尽可能地宽容网络舆论。"宽容是指一个人虽然具有必要的权力和知识,但是对自己不赞成的行为也不进行阻止、妨碍或干涉的审慎选择。宽容是

---

① 李永刚:《我们的防火墙:网络时代的表达与监管》,广西师范大学出版社 2009 年版,第 100—113 页。

个人、机构和社会的共同属性。"①这一解释包含了三个相互关联的假设——否定反应、干涉能力、克制，此即：虽然持否定性的评价，但是具备干涉能力的行为主体能保持克制，这才可称之为宽容，否则只是冷漠或者顺从。其中，克制是"宽容"概念的决定性因素。在政治哲学语境中，宽容的内核即是权力的自我节制，所谓"宽容是行使权力时的一种禁欲主义的结果"。② 即使公民言论自由权利已被写入庄严法典，但是如果缺乏对言论的宽容，依然只是被悬空的权利，因为"只有当一个社会中存在普遍的宽容文化，权利才能在全社会中有充分的保障"。③ 同时，宽容并非无准则地认同一切，而是应有明确的边界和清楚的底线。否则过犹不及，宽容就会演变成不明智和非正义的行为。对于网络舆论，宽容的限度是法律。"法律必须被信仰，否则它将形同虚设。"虽然已有众多法律法规，但不仅绝大多数网民不熟悉这些略显繁琐的条文，即便是运营机构也未必能把它们牢记在心，而且由于不少判定标准过于宽泛，管理部门在具体操作过程中只能更多地依靠个人理解或权力意志来做判断。因而，如何具体对网络舆论进行法治管理仍需进一步探讨。唯有在宽容与法治的环境中，网络舆论才有可能实现从非理性到建设性、从道德立言到追求真相、从单一抗议到多元诉求、从边缘到主流的良性发展。

【本章小结】

网络舆论是指通过互联网表达的社会舆论，其主体通常会呈现出"群体极化"、道德至上等倾向。它的基本特征为民粹主义、非理性和全球化。网络舆论的存在形态呈现多样化特征，在 Web 1.0 时代，主要有以新闻跟帖、论坛发言为代表的传统形态和以人肉搜索为代表的另类形态；在 Web 2.0 时代，则主要以博客和微博为代表。相较于传统舆论形态，网络舆论的生成是可视化的意见汇聚。基于信息来源和流动的视角考察，其生成路径可以归纳为三类。网络舆论的作用虽然不可高估，但是其对国家—社会关系转型的促进不可忽视，它在培养公民意识、参与公共决策、进行网络动员等方面俱有初步作为。鉴于网络舆论正逐渐成为一支独立的

---

① 〔英〕戴维·米勒、韦农·波格丹诺主编：《布莱克维尔政治学百科全书》，邓正来译，中国政法大学出版社 2002 年版，第 820 页。
② 〔法〕保罗·利科：《宽容的销蚀和不宽容的抵制》，《第欧根尼》1999 年第 1 期。
③ 徐贲：《宽容、权利与法制》，《二十一世纪》（香港）2003 年 8 月号。

舆论力量,应当在汲取域外经验和考虑现实国情的基础上,以宽容与法治为原则和方向,对其进行科学管理。

【思考讨论题】

1. 网络舆论具有哪些基本特征? 这与网络舆论主体的倾向有何关联?

2. 网络舆论的存在形态是否呈现多样化特征? 理解并举例说明。

3. 网络舆论的生成路径是否具有直观性特点? 理解并举例说明。

4. 如何理解网络舆论对于国家—社会关系转型的促进作用?

5. 是否应以宽容与法治为原则和方向对网络舆论进行管理?

第四章 舆论的形成与调控

第一节 影响舆论形成的因素

影响舆论形成的因素是多方面的。日本学者北川隆吉曾经概括:"舆论的形成过程受到下面诸因素的影响:心理的歪曲,感情的反映、陈旧的想法等个人标准在这里起着作用,传统、大众媒介常有的偏见、政治权力的干涉、提供给人们的信息的质和量的制约作用,其中,以报纸为代表的大众媒介的商业性、新闻记者的认识错误等造成的报道不正确、读者大众作为局外人对公共事务的不大关心等也在这里起作用。"①这段话比较全面地概括了具体舆论形成的诸多因素:个体的心理、情感和认知,传统的影响,大众传媒的偏见,政治权力的作用,以及信息传播的质与量。

华人学者潘忠党和美国学者麦克利德(J. McLeod)于 1991 年共同描绘了一种综合性的"联系的四种模型架构"(Four types of relationships),相当动态地从宏观上立体地描绘了舆论的形成。按照这一模型,舆论形成存在两个层次,宏观层次是系统的舆论的变化发展,微观层次是个人意见的变化发展;宏观与微观之间还存在随着时间推移而不断变化发展的互动关系,个人意见不断地汇聚为舆论,现实舆论则时刻影响着个人意见的形成和表达;整个社会的进程、各种社团组织的发展,以及历史上形成的道德习俗,同时对现存和发展着的个人意见产生影响。② 受此启

---

① 〔日〕北川隆吉主编:《现代社会学》(上),中国人民大学出版社 1984 年版,第 120—121 页。

② 陈力丹:《舆论学——舆论导向研究》,中国广播电视出版社 1999 年版,第 42—43 页。

发，以下我们将会从宏观和微观两个层次，探讨并分析影响舆论形成的因素。

一、影响舆论形成的宏观要素

舆论的形成是社会和个体合力的结果。从宏观层面而言，总体公众的变化、总体舆论的变化、现实社会时空情况、现实舆论源流状况，对舆论的形成影响巨大。在这一方面，中国学者提出了几个颇为重要的概念，可以帮助我们从宏观上考察舆论的形成。

1. 公众总体

舆论的主体是公众。为了从整体上把握当下中国公众的状况，孟小平在总结前人论述的基础上，提出了"公众总体"的概念。[①] 这一概念较为抽象，不过其并非哲学意义上的纯粹抽象，通过统计材料以及科学调查，我们还是可以把握它的。一般而言，公众总体的状况是当下舆论环境的质量和特征的"决定性因素"。[②] 只有了解公众总体的变化和基本特征，才可能深刻地理解具体公众在具体问题上的情绪或意见上的变化。

公众总体是多种类、多层次公众的有机整合。一个国家内部，尽管在社会阶层（或地位）、种族（或民族）、年龄、性别、教育程度、经济收入、居住地这七个社会学的基本划分上存在差异，但是公众总体具有某些共同的文化传统和记忆、绝大部分使用共同的文字体系交往、拥有大致相同的生活条件和生活经历，因而在信念系统中存在着共同的文化积淀。在现实之中，公众总体面临着共同的社会变化，尽管不同地区变化进程存在快慢之分，但是发展趋向、整体目标基本相同。公众总体的历史与现实的基本状况和特征，以及公众总体内的联系、协调，利益的融合、分化，都会影响舆论的形成和走向。

公众总体构成了舆论产生的公众环境，[③]其变化会较为直接地影响到舆论环境。以中国公众的教育程度为例，2010 年第六次全国人口普查数据显示：普查登记的内地 31 个省、自治区、直辖市和现役军人的人口共 1339724852 人，其教育程

---

① 孟小平：《揭示公共关系的奥秘——舆论学》，中国新闻出版社 1989 年版，第 60 页。
② 陈力丹：《舆论学——舆论导向研究》，中国广播电视出版社 1999 年版，第 45 页。
③ 参见刘建明：《舆论传播》，清华大学出版社 2001 年版，第 62—63 页。

度分布为——具有大学(指大专以上)文化程度的人口为 119636790 人；具有高中(含中专)文化程度的人口为 187985979 人，具有初中文化程度的人口为 519656445人，具有小学文化程度的人口为 358764003 人。同 2000 年第五次全国人口普查相比，每 10 万人中具有大学文化程度的由 3611 人上升为 8930 人，具有高中文化程度的由 11146 人上升为 14032 人，具有初中文化程度的由 33961 人上升为 38788人，具有小学文化程度的由 35701 人下降为 26779 人，文盲人口减少 30413094 人，文盲率由 6.72％下降为 4.08％。此外，城镇人口占总人口的比重上升了 13.46％，达到了 49.68％。公众教育程度的提升，使中国舆论环境的质量有所提升，并产生出与此相适应的舆论特征。城乡人口的比例变化，同样会影响到舆论环境。当前网络舆论的日益活跃和多元，即是舆论环境变化的一个明显表现。[1]

2. 舆论环境

在舆论学中，"舆论环境"概念是指不同领域、不同层次、不同类别的许多具体舆论的有机总体。[2] 此概念由孟小平提出，同样看似抽象实则可以从观念上加以把握。通常我们感知的舆论都是具体而多样的，不同领域、类别、层次的舆论主体一般是交叉或重叠的，同时又有部分公众之间在观念上对立或是相距甚远。不过，这些具体舆论之间存在相互影响、渗透、对立、转化等有机联系。这意味着当一个新的舆论客体出现时，围绕它形成的舆论，与业已存在的各种舆论有复杂的关联。

现实的舆论环境是对历史舆论环境的继承和延伸，同时不断影响各种原有舆论的消失和新兴舆论的产生。其中，舆论的表层——态度、意见和情绪，是千变万化的；舆论的深层——信念系统，变化则是相当缓慢的，因而相对稳定。我们应当在总体舆论环境中，研究具体舆论间的关联，找寻相同或相近的舆论内核，以便透过舆论多变的表层而把握其变化的规律，从而更深刻地理解现实舆论。[3]

切实了解舆论环境，清晰地认识诸种舆论之间的有机联系，对舆论的有效调控大有裨益。如果对舆论形势的估量存在偏差，舆论调控将难以取得预期的效果。如 2008 年贵州"瓮安事件"中，《贵州日报》起初舆论引导失败便是一例。6 月 28 日

---

[1] 本段所列数据源于中华人民共和国国家统计局：《2010 年第六次全国人口普查主要数据公报(第 1 号)》，2011 年 4 月 28 日。链接：http://www.chinanews.com/gn/2011/04-28/3004638.shtml。

[2] 孟小平：《揭示公共关系的奥秘——舆论学》，中国新闻出版社 1989 年版，第 61 页。

[3] 陈力丹：《舆论学——舆论导向研究》，中国广播电视出版社 1999 年版，第 46 页。

事件发生,该报在 29 日和 30 日的报道重在强调打击不法分子,而对事实本身报道不多。当报道刊发后,一位参与报道的记者便接到数十条愤怒公众发来的辱骂甚至恐吓短信——"说他是在制造假新闻,甚至说要搞死他"。该记者因此遭受极大压力,后来报社不得不请求有关部门对其进行保护。此外,《贵州日报》网站也被黑客攻击造成瘫痪数小时。[①]

舆论环境是一种客观存在,在社会心理、文化传统上制约着各种具体舆论的形成与发展,也制约和影响着人们的现实行动选择。譬如:当一些人士在忙于引导舆论时,由于自身也处于舆论环境中,会自觉或不自觉地受到舆论环境的影响和制约,从而可能采取有些滞后的信念指导行动。又如:在处理部分重大事件或是社会焦点问题时,如果舆情汹涌,相关职能部门也会受到影响,从而可能与民意形成良性的互动。不过也可能出现迎合民意的不当之举。1997 年河南"张金柱案"引发全国关注,舆论环境中充斥"不杀不足以平民愤"的情绪,一审判决肇事者张金柱死刑。最早组织报道此事的《大河报》副总编辑马云龙认为审判结果不妥,当即写就一份内参报送中央政法委等部门,提出张金柱"罪不容赦"但"罪不当诛",虽产生了一定影响,不过河南高院最终还是维持了一审判决。[②]

3. 舆论场——现实时空环境

"场"作为物理学概念,是指特定物质相互作用的空间,此空间本身具有能量、动量和质量,诸如电子场、电磁场、引力场等。被引入社会科学研究后,"场"则是指相互作用的物质的或观念上的空间(有的还包括时间)。[③] 美国社会心理学家库尔特·勒温(Kurt Lewin)是心理学场论的创始人。库尔德·考夫卡(Kurt Koffka)进一步发展了该理论,创造了"环境场"和"行为场"的概念。刘建明提出了"舆论场"的概念,以此来说明具体舆论形成的一种情形。[④] 喻国明对"舆论场"的界定为:"包括若干相互刺激因素,从而能使许多人形成共同意见的时空环境。"[⑤]

---

① 马昌博、丁补之:《6 月 28 日—7 月 14 日:贵州官员瓮安"大考",还原"6·28 事件"中真实的政府反应和政府作为》,《南方周末》2008 年 7 月 17 日。
② 张志安主编:《潜入深海——深度报道 30 年幕后轨迹》,南方日报出版社 2010 年版,第 168—171 页。
③ 陈力丹:《舆论学——舆论导向研究》,中国广播电视出版社 1999 年版,第 47—48 页。
④ 刘建明:《当代舆论学》,陕西人民教育出版社 1990 年版,第 104 页。
⑤ 喻国明、刘夏阳:《中国民意研究》,中国人民大学出版社 1993 年版,第 283 页。

按照刘建明的观点,构成舆论场有三个要素:同一空间的人群密度与交往频率、舆论场的开放度、舆论场的渲染物或渲染气氛。在他看来,同一空间中的人们的相邻密度与交往频率较高、空间的开放度较大、空间的感染力或诱惑程度较强,便可能在这一空间形成舆论场。无数个体的意见在"场"的作用下,经过多方面的交流、协调、组织、扬弃,将会以比一般环境下快得多的速度形成舆论,并有加速蔓延的趋势。① 此处的"场",显然包括时间。因此,提出"舆论场"的概念,有助于观察舆论形成的现实时空环境。

在此基础之上,陈力丹还提出了"中国舆论场"的观点。他认为:如果将舆论场的概念用于指较为宏观的时空环境,那么可以将整个改革开放的中国视为一个巨大的舆论场。② 中国正处于社会转型之中,国家基本政治制度不变,而社会结构和经济结构则在发生巨变。国家对社会的管理,从总体性的全面管理逐步转向以政治领域管理为主的有限管理。社会的不断调整与重构、公众的频繁流动与交往,以及层出不穷的新鲜话题的诱惑,使得当下的中国成为一个产生丰富而变化多端的舆论的"舆论场"。在宏观时空中,尽管具体地区、行业、阶层的舆论存在着差异,但是却都同出于中国舆论场。

此种具体舆论与宏观舆论场之间的关联,有助于我们加深对谣言何以形成的理解。譬如:2004 年一张"协警救人"的照片,在互联网上逐渐被误读为"城管抓小姐"、"协警抓小姐"距今已有多年。期间,尽管拍摄记者和相关媒体对此进行了澄清,却始终无法阻挡谣言的流传。③ 对此,《南方都市报》的社论认为:谣言虽然为杜撰,却反映出一种普遍的社会情绪。照片虽被误读,但人们对于照片背后更广阔的社会生态并没有半点误读。④ 这一观点不难理解——谣言是舆论的特殊形态,一则谣言可能与具体事件本身有出入,但是若将其放在现实的舆论场中观察,它并不显得虚假与突兀,因而让一些公众关注并相信。

4. 舆论波——舆论源流状况

在文化扩散或传播的诸种方式中,有一种被称为"波式传播"(expansion diffu-

---

① 刘建明:《当代舆论学》,陕西人民教育出版社 1990 年版,第 107—110 页。
② 陈力丹:《舆论学——舆论导向研究》,中国广播电视出版社 1999 年版,第 49 页。
③ 张书舟:《一张被不停误读的照片》,《南方都市报》2010 年 4 月 24 日。
④ 《照片被误读,社会生态未被误读》,《南方都市报》"社论",2010 年 4 月 25 日。

sion)，又称"墨渍式扩散"、"扩展式扩散"、"波及式扩散"等。关于这种传播方式的特征，司马云杰认为："就如水中掷了一块石头激起的波纹一样，一层一层地向四周扩散。这种模式基本上是在同一时间的横向传递，所以又可称为横向传播。"①不过，舆论学所指的波式传播，相当程度上是宏观的，所谓"同一时间的横向传递"只能在很小的范围内成立。在更为广阔的范围之内，此种传播具有明显的时间段。

刘建明首先提出了"舆论波"的概念，以说明舆论的流动方式。他将之定义为："舆论波是指具体事件引起的民心波动，它包括人们的意见波和社会行为波两种因素，由舆论中心以扇面形状向四方滚动，并在较短时间内形成大面积的舆论环境。"②对此界定，陈力丹剖析道：该说法"把作为信息形式之一的舆论的传播或扩散，与舆论代表民心从而引起的心理性波动混淆了"，其中的"舆论环境"并非指有机的舆论总体，只能作为"一般意义的精神环境"来理解。③

在进一步论证"舆论波"扩散和传播的特点时，刘建明提出了舆论传播的四种基本方式。第一种是"中心辐射"。在现代社会中，城市往往是产生舆论的多发地，从而成为了无形的舆论中心，且几乎同时向四周进行扩散。第二种是"遍地涌动"。大众媒介的传播使不少舆论客体同时被各地知晓，于是在各个地方的中心城市中几乎同时产生围绕这一客体的舆论，并向四周扩散。第三种是"两点呼应"。一些舆论客体只涉及两个或数个不同地方的关系，于是便会在两地或数地间产生呼应性的舆论，而引起较为强烈的舆论互动。第四种是"多渠道互补"。除大众传播和组织传播外，还有无数社会性的、个人性质的传播渠道。当利益、兴趣、意愿相近时，有关舆论便会在各种渠道中进行相互的弥补、借助和印证，从而迅速扩散。④这些模式对从宏观上把握舆论的源流状况富有启发意义。考察舆论产生的源头与流向，将有助于我们理解某一具体舆论的形成与调控。

二、影响舆论形成的微观要素

舆论不是主体被动接受客体刺激所产生的反应，而是舆论主体和舆论客体相

---

① 司马云杰：《文化社会学》，山东人民出版社 1987 年版，第 350 页。
② 刘建明：《基础舆论学》，中国人民大学出版社 1988 年版，第 91 页。
③ 陈力丹：《舆论学——舆论导向研究》，中国广播电视出版社 1999 年版，第 50 页。
④ 刘建明：《当代舆论学》，陕西人民教育出版社 1990 年版，第 185－189 页。

互作用的结果。主客体的相互作用只有通过心理结构这一中介才能得以实现。①
舆论的主体是公众,公众则是由个人组成的。个体的心理结构,正是影响舆论形成
的微观要素。意见的公开表达是公众舆论形成的基石,意见的基础则是态度。心
理学研究显示,态度是预先的倾向或心理准备状态。通常认为:态度是由认知、情
感和行为意向三个部分组成的。以下我们将通过分析个体的认知、情感和意向,从
微观上考察舆论的形成。

1. 个体的认知

认知(cognition)是指个体对某一对象的认识与理解。认知是舆论发生的前提
性因素和必备条件,没有认识和理解,则很难触发舆论,至多只会是人云亦云的虚
假舆论。当然,真正认识和理解了的,也并非必然引发舆论。可见,舆论不能离开
认知。但是,认知不是导致舆论发生的直接因素。信念是认知的最初元素,态度建
立在信念之上。如图 4—1 所示,意见是态度的表达,而态度的基石则是信念。

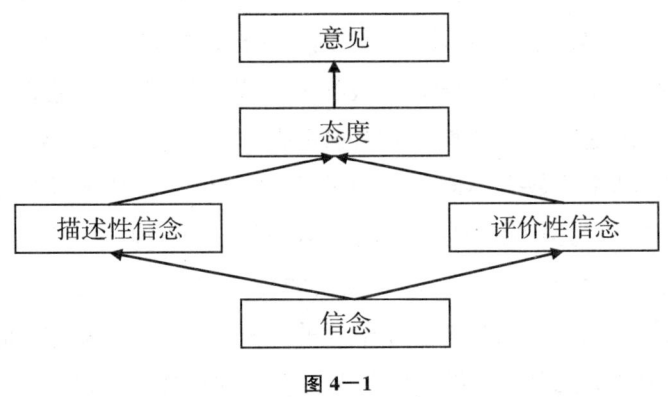

图 4—1

信念(beliefs)是个体所拥有的关于事物或行为的信息,是外部世界"在头脑中
的反映"。因而,个体的信念构成了他对自己及自身所处环境的理解。许多信念常
常彼此结合,构成一个信念体系。信念可以分为两类:一是描述性信念,它以经验
为基础,在事物及其特征之间建立联系。个体可能由此归纳出某一类事物的特征,
诸如"政客是不能相信的"。二是评价性信念,它把价值观和事物联系在一起,诸
如"年轻人应独立自主"。需要指出的是,信念与价值观(values)是不同的。价值观

---

① 参见秦志希、饶德江:《舆论学教程》,武汉大学出版社 1994 年版,第 106—109 页。

是人们努力要实现的目标,是更为普遍的态度,诸如"社会公平正义"、"有尊严的生活"等。①

信念构成了态度的认知基础,也反映了价值观,其对舆论的产生有重要影响。李普曼曾写道:"我们的一些信条在很大程度上决定着我们将看到什么","信念一旦引起任何人入迷,就永远不会停止它的影响"。② 的确,当个体面对一个舆论客体时,就会从原有的信念体系中搜寻相关内容,以作为反应的基础。一般而言,个体会赞成与其信念一致的内容,而反对与其信念不一致的内容。

2005 年韩剧《大长今》受到舆论好评即是一例。剧中主人公是一个身处逆境的小人物长今,虽然并无与生俱来的才华或是显赫的背景,但是她执著、坚毅、乐观、隐忍,不屈不挠地坚持自己的理想、信念与追求,充满热情和诚意并不断勇于创新尝试,最终实现了自己的梦想。这一人物形象身上的传统美德与现代品质交相辉映,符合了众多个体对理想人物的认知。该剧传达出的那种和谐的"传统—现代"价值观,也同样与转型社会背景下多数个体的信念与价值观相契合,从而能在中、日、韩等国掀起收视热潮。③

2. 个体的情感

情感(feeling)是个体对某一对象持有的好恶。情感在社会互动中的意义十分显著,美国学者查戎(Robert Zajonc)认为:"实际上没有一种社会现象不以某种重要的方式反映情感。情感支配着社会互动,情感是社会互动交易中的硬通货。我们日常交谈中的绝大部分包含着关于意见、偏好和评价的信息交换。而交谈中的情感不仅以语言而且以非语言的方式传递,非语言实际上传递着最主要的情感信息。别人究竟说你是朋友(you are a friend),还是说你是魔鬼(you are a fiend)并不重要,而对方是以轻蔑的口气还是以深情的方式来说却非常重要。"④这一观点颇有见地。譬如:人们对国家领导人就某些问题表态中的情感部分往往更为重视,或者至少与意见本身同等重视。

情感作为对客体的体验和心理反应,对于舆论对象的选择性注意和舆论活动

---

① 许静:《舆论学概论》,北京大学出版社 2009 年版,第 74—77 页。
② 〔美〕沃尔特·李普曼:《舆论学》,林珊译,华夏出版社 1989 年版,第 79、146 页。
③ 吴麟:《传播和谐的"传统—现代"价值观》,《电视研究》2006 年第 6 期。
④ 侯玉波编著:《社会心理学》,北京大学出版社 2007 年版,第 104 页。

的发生,当然具有一定关联作用。愤怒、兴奋、激昂等情感能增强舆论行为的活力,犹如风助火势,使舆论借助情绪感染而迅速蔓延开去。郁闷、痛苦、悲伤等情感则会导致舆论活力降低,从而限制舆论的传播及其力度。因此,民意测验通常是在接触两种不同事物:一是已经深思熟虑的人的意见;二是意见还未明确的人的情感。不少研究显示:许多情感实际上是"社会情感",诸如尴尬、自豪、羞耻等,常常产生于与他人的互动中,有赖于他人暗示性的在场和关注,即依赖于别人如何看待自己。此点有助于我们理解舆论中"沉默的螺旋"现象。

针对情感在舆论形成中的作用,曾有论者强调:"情感对于舆论的发生只是一种淡化或强化的作用,只是舆论发生的量的因素,而非质的动因。"[①]这一论断可能需要修正。近些年来,中国内地网络事件层出不穷,其中很多事件涉及重大社会问题,从而引发网络舆论。学者杨国斌认为:网络事件的形成和扩散,所依赖的是能够激发网民的喜怒哀乐等情感的表现形式和内容。网络事件的发生,是一个情感动员的过程。[②] 因而,在一定环境中,情感并非只影响舆论的力度,而有可能是舆论形成的核心要素。

2007 年,山西"黑砖窑事件"的舆论形成就是一例。该事件的导火索是首发于大河网又转帖于天涯杂谈的帖子《400 位父亲泣血呼救:谁来救救我们的孩子?》。事件本身的震撼性以及直击人心的表述方式,使得公众个体的心灵被震撼。事关弱势群体和社会不公,已经触及道德底线,众多网民感觉他们必须表态,于是他们在悲痛和愤怒中发出抗议。这一事件中网络民意汹涌的主要原因就在于,在网络互动的过程中网民的情感表达得到了调动。

3. 个体的意向

意向(intentions)是行为的准备状态。它不是行动本身,而是行动之前的思想倾向。人的大部分行动都是受意识控制的,因此,一个人是否采取某一特定行动,最直接的决定因素是意向。

意向又直接与需求相关联。按照马斯洛(Abraham Harold Maslow)的需求层次理论,人的需求可以分成五种,后来又修订为七种,共三类:基本需求(生理需

---

① 秦志希、饶德江:《舆论学教程》,武汉大学出版社 1994 年版,第 109 页。
② 杨国斌:《悲情与戏谑:网络事件中的情感动员》,《传播与社会学刊》2009 年总第 9 期。

求—安全需求—归属与爱的需求—尊重需求）、心理需求（认知需求—审美需求）和自我实现需求。各层次间的需求像阶梯一样从低到高。不过，这一排序并不严格，会出现各种需求交错的情形。人的一生就是不断"产生需求—满足需求—再产生新的需求"的过程。

按照美国学者费希恩伯（Fishbein）和阿泽恩（Ajzen）于1975年提出的"理性行动理论"（rational action theory），意向取决于两种变量：一是行为者对该行为的态度；二是行为者的主观行为规范，由个体认识的特定行为期待构成。前者取决于信念和行为者对行为结果的评估，而后者则主要体现为社会压力和参照性动机。[①]需要强调两点：其一，此处的态度是指个人对特定行为的态度，而非一般态度。其二，行为虽受个体行为意向的控制，但结果却可能超出个人意向的控制。

意向对舆论的形成发挥着重要作用，它直接促成了舆论行为的发生，是舆论发生的最根本内驱力，同时它也影响着舆论的存在状态和特征。譬如：在处于转型期的中国社会，频发的"群体性事件"是公民为利益表达需求而展开的集体行动，[②]可将其视为一种特殊舆论行为。

在1978年至2008年间，中国社会共有三次集体行动浪潮，其所对应的时间段分别为：20世纪80年代中后期、20世纪90年代中后期和2005年前后。但是，三次舆论主体却有所不同：它们分别是以传统精英为代表的社会类别群体（social categories），以下岗工人和抗税农民为代表的首属社会弱群体（primary minority groups），以保卫居住环境、土地房屋产权和各类经济收益权的地方性居民所构成的地域共同体（spatial communities）。由于三类人群的具体需求不同，所以舆论客体也在相应发生变化：路线合法性资源和一个更为公平的经济分配秩序，支撑产业转型的人力资本以及与之相关的福利资格、农村宝贵的财产资源和现金收入，空间权益（环境质量）、财产权（土地和房屋）和收益权（如租权、经营权等）。[③]

舆论主体的意向基本上是聚焦于经济利益而非政治诉求，这就决定了"群体性事件"这一特殊舆论行为并不必然具有所谓"暴力化"的特征。绝大多数参与者

---

① 周晓虹：《现代社会心理学》，上海人民出版社1997年版，第249页。
② 吴麟：《大众传媒在转型期中国公民集体行动中的作为》，《新闻记者》2009年第4期。
③ 刘能：《当代中国转型社会中的集体行动：对过去三十年间三次集体行动浪潮的一个回顾》，《学海》2009年第4期。

的意向并不是以"政治对抗"为目的,而是由于他们的合理利益诉求未获满足。通常情况下,他们不会选择成本代价相对较高的激烈抗争形式,而是会采取去政治化的行动策略。[1] 基本上只有当他们完全处于困境时,他们才会采取玉石俱焚的"绝望性暴力"去对抗"制度性暴力"。[2]

第二节　舆论形成的过程和模式

舆论的形成是一个动态过程,即从议题发生到诉诸行动的整个过程,其所涵盖的因素都是动态的。由于社会环境、公众心理以及舆论客体存在差异,所以舆论并不存在一个标准化的形成公式。但是,舆论形成的一般过程大致上还是可以把握的。舆论形成的模式是对舆论形成过程的一种直观而简洁的描述。

一、舆论形成的过程

采取不同的研究方法和理论取向,对舆论的形成会有不同解释。在说明舆论如何形成的问题上,存在三个流派——结构流派、法则流派和程序流派。结构流派主要研究舆论形成的宏观结构和微观要素,认为舆论的形成少不了三个重要因素(人、环境及二者之间的交互作用),主张舆论是人与环境互动的产物。法则流派主要研究舆论的形成遵循何种法则或规律。程序流派则主要研究舆论形成的具体程式和步骤。[3] 为了获得对舆论形成鸟瞰式的认识效果,我们将侧重介绍程序流派的观点,以解析舆论的形成过程。

1. 关于舆论形成的观点

关于舆论的形成过程,国内外存在诸多观点。学者柯勒德·金于 1928 年提出

---

① 参见陈映芳:《群体利益的表达如何可能》,《天涯》2004 年第 6 期。
② 关于"制度性暴力"与"绝望性暴力",参见徐贲:《"群体性事件"和暴力问题》,《二十一世纪》2007 年 8 月号。
③ 徐向红:《现代舆论学》,中国国际广播出版社 1991 年版,第 175—177 页。

舆论形成需要四个步骤：①对某种事情产生不满；②产生共同需要；③通过媒介的讨论或争论，议题更加明确具体；④达成结论，做出决定。[①]

学者戴维森（W. P. Davsion）教授于 1958 年提出可将舆论的形成过程划分为十个阶段：①当话题从一个人传到另一个人时，论题开始萌芽；②大家普遍讨论，论题出现，逐渐形成；③热心人士开始处理论题；④政党领袖谈论论题；⑤大众传媒和专业人士加入探讨；⑥简化观念并加以概述；⑦话题引起人们的注意；⑧许多人虽然彼此不认识，但是讨论时持有相同的看法；⑨人们开始面对面讨论，经由亲身接触、其他团体影响、刻板印象的作用，个人的期望予以表达，开始诉诸行动；⑩然而新目标的出现、新的论题产生，或论题研究完成立法，蔚为风尚或成为社会规范时，论题就会逐渐消失。[②]

学者 E. 杰克逊·鲍尔（E. Jackson Baur）于 1960 年提出舆论的形成过程可划分为"三阶段七步骤"。舆论形成分为三个阶段：①大众行为阶段（mass behavior stage）——意见在分散的原团体形成；②公众争论阶段（the stage of public controversy）——新形成的意见扩散到大的次级团体；③组织化决策阶段（institutionalized decision-making stage）。他强调在每个阶段，小的原团体的角色举足轻重。上述三个阶段又可以细分为七个步骤：①许多个人关心一项社会问题，从很多来源汲取概念；②某个有组织的团体提出解决问题的方案，公众（public）因此出现；③另一个有组织的反对团体出现，公众因此完全形成；④反对势力解决因组织而产生的难题以后，团结一致，拉拢中立分子；⑤由于争议的存在，讨论之后，民意形成；⑥民意形成之后，政府机构因之采取行动；⑦最后，主管人士采取行动形成权威性决定。[③]

此外，我们还可以了解一下美国政治学家 J. 布莱士的观点。他在 1889 年出版的《美利坚民主国》一书中指出：舆论是民主政治的基础，舆论的发展和形成可以分为历史和现实两个过程。从现实过程来看，围绕社会公共事件的舆论的形成，大体要经历四个阶段：①基于情绪和期待的印象形成阶段；②单纯地交换信息或获取信息的消极传播阶段；③通过讨论和争论而使舆论得到组织化的积极传播阶段；④形

---

① 徐向红：《现代舆论学》，中国国际广播出版社 1991 年版，第 177 页。
② 王石番：《民意理论与实务》，台北黎明文化事业公司 1995 年版，第 102 页。
③ 同上，第 102－103 页。

成最终合意和付诸行动的阶段。按照他的观点,在舆论形成过程中,报刊所具有的三种重要功能——作为事件的报道者和讲解员的功能、作为政治主张的代言人的功能、反映社会上读者一般意见的"测风标"功能,是其成为合理的、理性的舆论形成的最重要推动力。①

关于舆论的形成问题,国内学者的观点基本上属于程序学派。例如:刘建明提出了四阶段论:①个人意见的多样化及其相互靠拢;②社会讨论和舆论圈的出现;③舆论领袖的评价指导;④获得权威性——舆论形成的最后标志。② 喻国明提出了六阶段论:①问题的发生;②舆论领袖的出现;③意见的发生;④事实和信息意见的传播;⑤意见的互动与整合;⑥舆论的形成。③ 此外,还有郑旷的四阶段论——意见酝酿、意见表达、获得多数、形成舆论,林秉贤的三阶段论——问题的发生、议论的引起、意见的归纳与综合。④

2. 舆论的一般形成过程

在综合和参照众多研究成果的基础上,我们认为舆论的一般形成过程可以划分为四个阶段。需要强调的是,舆论的实际形成情况往往很复杂,并非完全遵循统一标准。在这里,我们仅从逻辑上推演,以大致描绘舆论的形成轮廓。

(1)第一阶段:意见的酝酿、积蓄与显现

一种新舆论的产生,直接来源于外界的信息刺激。这种刺激通常具有公共性、冲突性或反常性,在宏观上可以是社会的变动,诸如革命、社会改革、重大政策调整等;在微观上主要是较大的突发事件,尤其是与多数民众的既有信念相矛盾或是与他们的心理预期相契合的事件,以及一些长期困扰民众的社会问题的显现。一旦它们与公众的物质利益、价值观念发生碰撞,便会激起公众的议论或情绪,从而使意见得以酝酿、积蓄乃至显现。

前文曾述:2004 年一张"协警救人"的照片在互联网上不断地被误读,体现了具体舆论与宏观舆论场之间的关联。其实,该照片之所以引发"城管抓小姐"之类的舆论,在很大程度上是因为照片本身所展现的情景违背了民众关于救人的常识。

---

① 郭庆光:《传播学教程》,中国人民大学出版社 1999 年版,第 121—122 页。
② 刘建明:《基础舆论学》,中国人民大学出版社 1988 年版,第 97 页。
③ 韩运荣、喻国明:《舆论学:原理、方法与应用》,中国传媒大学出版社 2005 年版,第 61—83 页。
④ 徐向红:《现代舆论学》,中国国际广播出版社 1991 年版,第 177 页。

照片中的三位男士,都穿着统一的、代表某种有组织的权力的制服,"提着"一位穿红裙子的青年女子奔走。其中,两名男子分别提着她的两条手臂走在后面,另外一名男子身体前倾、单手提着她的一只脚腕用力向前拖动,这使得该女子处于一种被"倒提"的状态。为了保持身体平衡,她只得将另一条没有着力点的腿向身体弯曲收拢,以致隐私部位暴露,体面与尊严受到损害。对此,一位传媒人士犀利指出:"读者看不出来这是在'救人',是因为世界上没有这样'救人'的道理!"[1]

(2)第二阶段:舆论领袖的出现、关注与引导

即使舆论客体已经出现,意见也有所酝酿、积累与显现,但是并不意味着就一定能形成舆论。原因是多方面的,其中重要的一点是公众对现实议题的关心与参与程度不同。公众可以分为"关注的公众"(attentive public)和"一般公众"(general public)两类。后者在数量上占据总人口的绝大部分,社会现实冲突如果不与自己切身利益直接关联,他们通常是"沉默的大多数",甚至往往显得漠不关心。前者则会主动接触、分析与传播相关信息,积极关注乃至努力参与公共事务。舆论领袖(opinion leaders)通常产生于"关注的公众"之中,他们的出现、关注与引导,有助于促使公共议题的形成。

舆论领袖热衷于传播信息和表达意见,通常具备三种特征:消息灵通、分析能力强、富有人格魅力。他们对于社会现实中发生的问题比较敏感,同时具有独到的分析能力,能够解析问题并且进行表达,而且,其人格力量能维持其说话的信誉与权威。舆论领袖是相对的,具有批判精神的知识分子往往会成为舆论领袖。当然,在某一特定语境中,普通公民也会担当舆论领袖的角色。譬如:安徽省阜阳市太和县一个具有高中文化的农民高政,在得知自己外甥是劣质奶粉的受害者后,不懈地维权和举报劣质奶粉,他的执著最终使得国家有关部门介入,展开2004年全国劣质奶粉打假行动。[2] 成为舆论领袖并不容易,他(她)应能适度地抛开现实的一己之利,对长远的、公共的问题有所关注,并愿意投入热情和精力。譬如:在2008年"三鹿奶粉"事件中,媒体正式点名曝光是在9月11日。之前的5月21日,一位温州泰顺县的网民曾在天涯社区"天涯杂谈"发帖——《这种奶粉能用来救灾吗?!》,

---

① 何三畏:《"城管抓小姐图"的正解》,《南方都市报》2010年5月4日。
② 郑作时:《高政:让妈妈们放心喂奶粉》,《南风窗》2004年第24期。

质疑三鹿奶粉的质量,并表示他于 2 月 25 日已开始与厂家进行交涉,只因为问题迟迟得不到解决,方才上网发帖对其进行揭露。5 月 31 日,该网民忽然要求版主删除该帖,事后据报道称:三鹿公司用四箱奶粉、一纸协议使其"封口"。

(3)第三阶段:意见的传播、互动与整合

舆论领袖出现、关注与引导,会使一个问题成为涉及社会公共利益、公共观念和公共关系的"公共性"问题,公众就会对其产生信息需求,已初步显现的意见会进一步传播,相关的事实性信息和意见性信息会被放大。由于利益的多元化,不同人群会有不同的判断角度和价值标准,人们通过反复的争论与妥协,以进行意见的互动与整合。意见的互动是建立在个体或局部利益基础之上的意见交换过程,争论是其主要表现形式,而意见的整合则是建立在共同利益基础之上的意见求同过程,妥协是其表现形式。最终,意见得以趋同,形成几大意见群落。极端的时候则会形成针锋相对的两大意见群。如果详细考察 2010 年"章子怡诈捐门"事件中舆论的形成与演变,便可清楚感知上述描绘。

意见在传播、互动与整合的过程中,往往会受到权力组织及其领导人和大众传播媒介的影响。陈力丹认为考虑中国舆论形成问题,这两者都是不可忽视的因素——"由于中国执政党和政府具有很大的政治权威,大众传播媒介也具有较强的政治性质,因而它们对个人意见和群体意见的影响比任何国家的都强大"。[①] 党和政府及其领导人的影响,对中国政治舆论的形成是决定性因素,大众传媒往往只起到中介的作用。随着社会转型,在经济、文化尤其是生活领域,舆论开始出现多样化的趋势,大众传媒发挥着更多的影响作用。譬如:在官员财产申报问题上,新疆阿勒泰地区所采取的举措,被称为"公务员财产申报制度破冰之举",一度曾是舆论的焦点。其实,自 2007 年 7 月 15 日起,位于西南边陲的云南省施甸县就曾推行干部财产登记制度,全县 337 名领导干部的土地、住房、各类家具、交通工具、通讯工具、工资、奖金、个人理财、存款、贷款及个人收藏(主要是指金银珠宝首饰、名字名画及古董文物等)都得登记,并将其存入本人的廉政档案,作为监督其廉政情况的重要依据。这一做法与阿勒泰地区的措施相同:只在内部申报,不在大众媒体上公示。但是它们的实施过程都较为低调,当时只有少数当地媒体对两者分别进行了

---

① 陈力丹:《舆论学——舆论导向研究》,中国广播电视出版社 1999 年版,第 55 页。

报道,所以并未引起舆论关注。

(4)第四阶段:舆论的形成

经过传播、互动与整合,当意见具有一定的稳定性和强度时,即争取了相当规模的公众认同、形成了相对稳定的意见结构、确立了有序的状态之时,舆论便已形成。理想的舆论形成过程应是一个基于理性的公共协商过程,此即:承认并接受多元社会的现实,以及不同利益主体之间存在着差异和分歧,在此基础之上,通过讨论、审议、对话和交流以达成共识。按照美国学者詹姆斯·费什金(James Fishkin)和布鲁斯·阿克曼(Bruce Ackerman)的观点,公共舆论可划分为四种基本类型:大众的审议性公共舆论;精英群体的审议性公共舆论;精英群体的自发性公共舆论;大众的自发性公共舆论。其中,大众的审议性公共舆论非常重要。如果能同时保有审议和大众参与,就能周期性地为政治过程输入可以称之为"集体的深思熟虑的同意"。①当然,此种舆论并不容易形成,唯有热情、能力、机会、信息诸条件俱备,公众才有可能按照理想公民的要求行事,才有可能在诸多公共事务上形成大众的审议性公共舆论。

舆论形成之后,如何把握舆论,则需要分析舆论的分布状态。舆论分布主要是从数量角度把握舆论,通常具有三种类型:①"J"形分布——多数人持一致意见;持不同意见者只占较小一部分。②双众数分布——持肯定意见者和持否定意见者都拥有相当多的人群,双方势均力敌;持中立意见、态度者相对较少。③正态分布——持肯定意见者和持否定意见者都占少数,大多数人持中立或者保守意见。对于公共决策而言,舆论呈"J"形分布最为方便与理想,顺应舆论即能获得认同。因为在意见的传播、互动及整合过程之中,一种意见占据主流地位时就已经形成较强势的舆论。当舆论呈双众数分布时,公共决策则会比较困难,可以推迟决策,给予舆论一段自我整合的时间,以形成一种相对而言较为成熟的意见。如果此路不通,即现实利益格局无法通过时间方式予以整合时,可以进行兼容性的模糊决策。当舆论呈正态分布时,则无须对现行政策进行根本性、结构性的变动,因为大多数人是满意的,只要尽可能根据赞成者或反对者的观点,进行细节的磨合与改良即可。②

---

① 谈火生编:《审议民主》,江苏人民出版社 2007 年版,第 142—144 页。
② 韩运荣、喻国明:《舆论学:原理、方法与应用》,中国传媒大学出版社 2005 年版,第 83—99 页。

二、舆论形成的模式

模式是再现现实的一种理论性的、简化的形式。政治学者多伊奇(Deutsch)曾经指出模式具有组织、解释、启发和预测诸功能。具体言之,即:组织功能——模式能将各系统排序并连接起来,还能使我们看到一个很难从其他方法中获得的整体形象。解释功能——模式能用简洁的方式来提供如果改用其他方法则可能相当复杂或含糊的信息。启发功能——模式能引导学生或研究者关注某一过程或系统的核心环节。预测功能——模式有可能对事件的结局或过程进行预测。① 以下是一些有关舆论形成模式的观点。

1. 瀑布模式与沸腾模式

美国政治学者乔万尼·萨托利(Giovanni Sartori)在其经典之作《民主新论》中专门以一节的篇幅讨论"舆论的形成"这一问题。其中指出,舆论形成存在两种模式:瀑布模式和沸腾模式。瀑布模式主要用来描述由精英自上而下引导的舆论的形成。它是指舆论以多阶梯方式从高位向低位流动时,如同多级瀑布一样,会经历一系列的水潭。最上层的水潭由经济和社会精英组成,接下来分别是政治和统治精英的水潭、大众传媒的水潭、舆论领袖的水潭,最后是普通公众的水潭。该模式的解释价值在于:"揭示了舆论形成过程在其下降的每一横向层上都被打断和改造的程度,即它受到水潭内部或水潭内回流影响的程度。"沸腾模式则是描述源自普通公众的舆论在不断加温之后,以强烈的、不可阻挡的态势由下向上蒸腾。瀑布模式是舆论形成的主要模式,而沸腾模式则是对其的补充。②

2. "沉默的螺旋"模式

德国学者伊丽莎白·诺尔—诺依曼(Elisabeth A Noelle -Neumann)提出了"沉默的螺旋"模式。这一概念最早见于 1974 年她在《传播学刊》上发表的一篇论文。1980 年在以德文出版的《沉默的螺旋:舆论——我们社会的皮肤》中,她对该理论进行了全面的概括。"沉默的螺旋"模式显示:大众媒体和人际网络是塑造个

---

① 〔英〕丹尼斯·麦奎尔、〔美〕斯文·温德尔:《大众传播模式论》,祝建华译,上海译文出版社 2008 年版,第 2—3 页。

② 〔美〕乔万尼·萨托利:《民主新论》,冯克利、阎克文译,上海人民出版社 2009 年版,第 108—112 页。

人对主流"意见环境"(climate of opinion)认知的两个重要因素。大众媒体对主流观点的反映、加上人际网络对异常观点的支持不断减少，必会导致出现一个"沉默的螺旋"。这是因为：其一，个人意见的表明是一个社会心理的过程。人作为一种社会动物，在表明自己的观点之时首先会对周围的"意见环境"进行观察，当他们发现自己属于"多数"或"优势"意见时，便会倾向于积极大胆地表明自己的观点；当他们发现自己属于"少数"或"劣势"意见时，一般就会屈从于环境压力而转向沉默或附和。其二，意见的表明和"沉默"的扩散是一个螺旋式的社会传播过程。一方的"沉默"造成另一方意见的增势，使"优势"意见显得更强大，此种强大反过来又迫使更多的持不同意见的人转向"沉默"。如此往复循环，便形成了一个一方越来越大声疾呼、一方越来越沉默的螺旋式过程。其三，大众传播通过营造"意见环境"来影响和制约舆论。从而，舆论的形成不是社会公众的"理性讨论"结果，而是人们迫于"意见环境"压力而对"优势意见"采取趋同行动的不合理产物。这一模式凸显了社会心理机制和大众传播在舆论形成中的重要作用。[①]

3. 平稳模式与爆发模式

刘建明认为社会舆论的形成，归结起来可分为平稳模式和爆发模式。在他看来，平稳模式是指社会议论的普遍化没有伴随着意识冲击，社会舆论的形成呈现平静状态。爆发模式则指某种大规模的社会意见突然形成，像平地刮起旋风一样把大批公众卷入舆论活动。[②] 平稳模式也称"飘雪"模式，是舆论形成的一般模式，它具有普遍性。舆论形成大都有个渐进过程，人们的意识日甚一日地发生变化，最后在一定范围内转化为普遍意见，从而出现舆论。就像下雪一样，意见在公众中悄悄地、渐渐地"飘落在地上，不久大地一片银装"。这种模式的前提是社会矛盾虽未得到妥善解决，但尚且没有发展到不可调和的地步，因而，舆论一般不会高涨，更不会形成急风暴雨式的冲击。爆发模式则有两种，其一是"爆米花模式"，是指"舆论声势浩大，带有突然爆发的意味，给人一种措手不及的感觉"。此类舆论的产生类似于"爆米花"的过程，即在正常情况下社会意识虽然平静，但是由于人们对一些社会

---

① 关于该模式的具体探讨可见〔英〕丹尼斯·麦奎尔、〔美〕斯文·温德尔：《大众传播模式论》，祝建华译，上海译文出版社 2008 年版，第 101—106 页。

② 刘建明：《舆论传播》，清华大学出版社 2001 年版，第 84 页。

问题怀有不满情绪,所以虽然出现了一些议论但是却尚未达到舆论规模。一旦发生某一重要事件,意见将会迅速高涨从而形成舆论热潮,引起整个社会强烈响应。"事件与人们的情绪之间的关系,就像玉米与容器加热的关系一样,当达到一定温度时,就会砰然形成巨大的舆论浪潮。"其二是"风吹浪起"模式,与"爆米花"模式不同的是,"在舆论凸现之前,社会没有任何议论,根本不存在相关意见",由于外界因素的强烈刺激,舆论立刻形成,从刺激到舆论出现没有加温的过程。这一模式的爆发没有任何征兆,只因为"'狂风骤起'才会出现'大浪滔天'"的景象。[①]

4. 公开模式与隐蔽模式

李培元等在《舆论学通论》中认为:舆论形成存在公开和隐蔽两种模式。

其中,公开模式是指:舆论通过大众媒介或者是在公开场合进行的舆论行为而形成。舆论生成的公开化,是舆论正常生成的表现。此种公开性所能达到的程度,反映了一个国家的民主程度。隐蔽模式则指:舆论不见于大众媒介和公开场合,而是存在于隐蔽的人际或非公开的组织之间。这是不正常的舆论生成形态,往往是因权力高压,民众不敢公开议论,但是人心不可违,正确的舆论便以隐蔽形式进行。不过也有可能是因某些舆论本身违背社会公序良俗,从而以潜隐的状态存在。以隐蔽模式形成的舆论在短时间内不会大规模地显现,但是从长期来看则有可能集中爆发。[②]

5. 理性模式与操纵模式

张学洪主编的《舆论传播学》一书提出:对舆论的形成过程,理论界的认识存在着分歧,主要体现为理性模式与操纵模式。主张理性模式的人认为:人类是有理性的,具有较强的理解和分析能力,只有当获得大量的、完整的、有说服力的信息,才能做出明智判断,进而形成某一态度。因此,舆论的形成以个人理性为基础,以公众的合理讨论为中介,最终形成一致意见,其模式可概括为"个人的理性判断→合理讨论→意见一致"。主张操纵模式的人认为:人类是非理性的,理解和分析都很有限,极易受到周围人的影响。因此,有关领域的专门知识是进行正确判断和解决问题的必要条件,形成强大声势和权威力量需要有被组织起来的公论,所以操纵比

---

① 刘建明、纪忠慧、王莉丽:《舆论学概论》,中国传媒大学出版社 2009 年版,第 60—62 页。
② 李培元等:《舆论学通论》,黑龙江人民出版社 1989 年版,第 55—56 页。

讨论更重要,其模式可概括为"立体型的认知→组织领袖对符号的操纵→情绪统一"。这一模式的前提是应对受众有深入和全面的了解,即需要有对受众的立体认知。[①]

除此之外,还有学者采取简单枚举方式,列出了十种舆论形成模式:会议模式、媒介模式、人际模式、人际—媒介互动模式、制造—操纵模式、表决—公意模式、测量—综合模式、征询—反映模式、沉默的舆论模式、舆论宣传模式。[②] 现代舆论形成的过程十分复杂、多变且专业,试图用一种或是数种模式来说明舆论的形成,难免挂一漏万。在舆论形成的问题上,我们应当区分不同类型的舆论,再深入探究其形成模式,以使其具有良好的组织、解释、启发和预测诸功能。

第三节　舆论调控的原则和方法

舆论调控一词作为近些年来我国新闻舆论界的常用术语,从词义上分析,其有两层基本涵义:一是对舆论进行调控,舆论是被执政者调控的对象。此时,舆论是受控者,执政者是施控者。二是执政者以舆论作为调控的手段,对舆论接受者加以影响,即受众是舆论所调控的对象。此时,舆论是施控者,公众是受控者;舆论是联系执政者和公众的中介。[③] 究其实质,舆论调控是指在舆论形成的过程中对舆论进行引导和控制,将其纳入合理的渠道中,以形成调控者所认可的舆论,进而有效影响公众思想。舆论调控有别于法律、制度等刚性控制,它是对社会加以弹性控制的一种方法。任何社会和政府对其都非常重视,古今中外皆是如此。基于风俗、道德、法律的差异,中西舆论调控具有不同的特点。

按照喻国明的观点,对舆论的调控可从三个方面展开:其一,传播的控制。这可分为对事实信息的传播控制和对意见信息的引导。关于前者,在新的社会历史条件下,依靠"压"新闻来控制舆论已经不合时宜,提高信息透明度是必然选择,关

---

① 张学洪主编:《舆论传播学》,南京大学出版社 1992 年版,第 87 页。

② 徐向红:《现代舆论学》,中国国际广播出版社 1991 年版,第 178—193 页。

③ 廖永亮:《舆论调控学》,新华出版社 2003 年版,第 2 页。

键在于打造传媒的公信力。关于后者,则要依据受众的既有立场和文化水平,来决定是运用"一面说",还是运用"两面说"或者"多面说"。其二,对象的控制。这可分为对舆论领袖的控制和对社会普通成员的控制。前者是关键所在,能解决舆论领袖的问题,其实就真正抓住了要点。其三,问题的控制。当舆论问题发生时,通常存在解决问题和转移热点两种方法。舆论永远是一种派生的力量,对问题本身的解决机制才是第一位的;解决问题需要时间,可以通过转移热点的方式以提供时间上的准备。①

按照陈力丹的观点,大众媒介的引导在舆论调控中发挥着重要作用。对不同形态的舆论,媒介的引导原则相应地存在区别——以冷静和理智面对情绪型舆论;用准确的讯息应对模糊的讯息以引导讯息形态的舆论;为观念形态的舆论提供接近性的参照系;面对艺术形态的舆论时应防止舆论共振;引导行为舆论时应扶植正面行为以抑制负面行为。他还指出:媒介还需要根据舆论的特征进行具体引导。由于社会转型时期公众心态的分裂和浮躁以及群体利益的凸显,使得舆论呈现出惶惑、情绪化、分散的特征。因而,应考虑一些宏观的媒介引导思路:扩大正面舆论,展示积极、实在的生活目标;适度社会动员,强调风险、责任;提供更多的社会沟通机会,适当聚合舆论。②

参照既有研究,在综合考虑中国现实国情、传媒运作特征以及其他国家经验的基础上,以下我们主要探讨舆论调控的基本原则和主要方法。

一、舆论调控的基本原则

舆论调控的目的决定了舆论调控的原则。究其本质,舆论调控的目的很明确,即维护思想稳定和社会稳定,从而维护政权稳定。对"稳定"的不同理解,决定了调控原则的不同。稳定并非指社会中不存在矛盾和冲突。如学者孙立平所言:"在一个利益分化和利益主体多元化的社会中,一个好的制度往往并不表现为其中没有

---

① 韩运荣、喻国明:《舆论学:原理、方法与应用》,中国传媒大学出版社 2005 年版,第 100—117 页。所谓"一面说"是指针对某一社会问题或新闻事件,传媒只报道单方面的意见信息,而对其他或反面意见信息不予披露;而"两面说"和"多面说"是指在进行意见传播时,不但要强调传播者自己的主张和观点,同时还要有意识、有计划地安排一些反对意见。

② 陈力丹:《舆论学——舆论导向研究》,中国广播电视出版社 1999 年版,第 104—114 页、137—147 页。

或很少有矛盾或冲突，而是表现为它能够容纳矛盾与冲突，在矛盾和冲突面前不至于显得束手无策或过于脆弱。同时，还要能够表现出很强的解决冲突与纠纷的能力。和谐社会并不是一个没有利益冲突的社会，相反，和谐社会是一个有能力解决与化解冲突，并由此实现利益大体均衡的社会。"①可见，实现稳定在于国家能够不断提高将矛盾和冲突纳入体制轨道的能力。因而，稳定并非一种静止状态，而是一种动态平衡。根据这一对"稳定"的理解，我们认为舆论调控基本原则有二：信息原则和柔性原则。

1. 信息原则

杜俊伟博士基于系统论的视角对舆论进行研究，他认为：舆论可以且必须被看作一个动态系统，舆论的发生、发展过程就是一个公众对信息进行持续化加工和处理的过程。舆论系统在历时性发展过程中具有不可抗拒的自组自稳规律，即舆论系统可以通过自身的运作实现自组织和自稳定，纠正其阶段性发展过程中可能出现的非理性意见状态。在系统舆论观之下，舆论引导的本质是通过信息的提供和调整来促使舆论健康发展，因此应以信息的手段而尽量避免以行政手段来引导舆论。② 笔者认同这一观点，并且提出：信息原则是舆论调控的基本原则。

此处"信息原则"是指主要运用信息手段对舆论进行调控，这意味着：不仅要提供全方位的信息，通过扩充信息总量使公众尽可能了解舆论客体，而且应当优化信息结构，即采取富有创意的方式，将信息予以有机整合后，通过调整信息的供给结构来突出关注重点、提供解读思路，从而影响公众的感受和认知。

2008 年"5·12"汶川大地震发生之后，舆论环境非常复杂。但是由于党和政府采取了开明务实的态度，使得"本次报道的信息透明度和信息提供速度迥异于从前，其报道效果和社会效益之好，表现出了令中外普遍称道的水准"。③ 此次成功的舆论调控正是实践了信息原则，这体现在三个方面——"第一时间公开震情信息，报道抗震救灾情况，占得舆论先机"，"新闻报道全面深入，用信息引导舆论"，"不同的媒体充分发挥自身的信息传播优势，共同消除信息盲点"。

---

① 孙立平：《博弈：断裂社会的利益冲突与和谐》，社会科学文献出版社 2006 年版，第 9—10 页。
② 杜俊伟：《论舆论的自组自稳——基于系统论视角的舆论研究》，"摘要"1 页，华中科技大学博士论文，2009 年。具体论述可见该论文的第二、三、八章。
③ 孙旭培：《新闻传播法学》，复旦大学出版社 2008 年版，第 134 页。

具体言之,其一,5 月 12 日 14 点 46 分,在大地震发生 18 分钟后,新华网便开始滚动发布震灾消息,各大网站随之也在第一时间转发此条新闻。中央电视台新闻频道在 15 点 02 分插播"突发事件"片头,并播报了汶川地震的消息。15 点 12分,中央电视台综合频道和新闻频道并机直播,连线在成都出差的央视记者。而地处灾区的成都广播交通台在 14 点 55 分就已进入直播状态。其二,"以往一些灾害性报道,往往是宏观报道多,细节报道少;领导指示和政策报道多,灾区情况和受灾群众报道少;解读性文字多,现场画面少。"[①]但是此次,信息多点呈现且多层次提供,实际上消弭了公众在抗震救灾各个阶段可能出现的认识障碍和意见偏差,使得社会舆论趋于理性。其三,在此次报道之中,报纸、广播、电视、网络等各类媒体各显其能,因地制宜、因时制宜,在信息提供上进行协作,较好地消除了信息覆盖可能出现的盲点。并且即使是同种类型的媒体,报道的关注点和视角也各有侧重,这在很大程度上突破了以往重大突发事件报道"信息同质化"的问题,从而使得信息在总体上异常丰富。[②]

公众意见形成与改变的根源在于信息的呈现与变动,舆论调控必须以基于信息的方式进行,其着力点应为信息的提供和信息结构的调整。如果仅仅寄希望于以诸种策略和行政手段直接对舆论进行干预和调控,在当前传播技术进步、传播格局演变的现实情境中,将会越来越难奏效。如互联网,既是事件丰富的非传统"信息源",又能迅速整合凝聚与事件相关的所有信息形成强大的"舆论场",从而推动和改变事件的进程。2009 年以来,中国不少地方政府和部门所推行的"网络发言人"制度,可以认为是一种以信息引导舆论的积极尝试。

2. 柔性原则

秦志希等认为:舆论调控可分为硬性与柔性两类。舆论的硬性调控是指运用法律形式、行政手段、经济措施、暴力行为等方式来调控社会舆论,强制性、惩罚性是其基本特征。舆论的软性调控则是指从改变舆论主体的态度和观念着手,通过运用鼓动、诱导、批评等方式来调控社会舆论,攻心为主、征服人心是其基本特征。

---

① 郑保卫、郭平、张惠雯:《汶川大地震——一次成功的舆论引导实践》,《新闻界》2008 年第 3 期。
② 对这一案例的分析,除标注外,具体可见杜俊伟:《论舆论的自组自稳——基于系统论视角的舆论研究》,华中科技大学博士论文,2009 年,第 142—145 页。

舆论调控应以硬性调控为辅,软性调控为主。① 笔者认同这一观点,并且提出:柔性原则是舆论调控的基本原则。

此处"柔性原则"是指主要采取劝导说服的方法对舆论进行调控,这意味着:不仅应当慎用具有强制性、惩罚性的外部力量,而且应研究并重视舆论主体的特征和需求,根据具体情境相应地采取适当的方式,通过转换公众的认知和立场,从而影响他们的态度和行为。劝导说服过程需要交互作用才能奏效,应努力激发公众参与传播的意识,努力以交流的形式实现调控目标。

运用柔性原则,关键在于舆论调控方式能更策略化、更温情、更多地用疏导,继而实现沟通与合作。2010 年 4 月 22 日,云南省委宣传部副部长伍皓在中国人民大学演讲时,现场遭遇被扔一叠五毛钱并被称为"五毛"。② 所谓"五毛"具有特定含义,是在讥讽某些罔顾是非的发帖人,以五毛钱一帖的报酬做"帮闲"。以这一行为艺术对待近些年来在云南尝试"媒体新政"的伍皓,是否有欠公平厚道,起初舆论并不统一。不过,舆论很快转向他。非官方的中国选举与治理网也提出:这样"一概打杀,就彻底关闭了对话的大门,无助于任何建设性努力的达成,同时也是对公共空间的污染,无助于培养公民平等、理性的参与意识"。舆论的支持有赖于伍皓在实际中运用柔性原则,采取一系列举措对舆论进行了有效调控。具体言之,现场遭遇抗议之后,伍皓继续进行演讲,在提到中国逐渐走向进步时,他甚至拿起一张五角纸币作为道具。当晚,他在接受《南方都市报》记者采访时,认为"扔钱"是网民表达意见的一种形式——"有网民向政府人员抗议,这是很正常的事情"。在个人微博上,他将此事形容为"一个很有趣的小插曲",并且带回其中一张五角纸币"留作纪念,当成鞭策"。此外,他还与"掷钱手"短信相约见面对谈。次日,他走进人民网"强国论坛",表示自己不赞同"非理性的表达行为",但是理解"我们这个社会确实需要一些宣泄机制,使群众有出气的地方,有说话的地方,有申诉的地方"。他还主张各级党委政府"对公民的表达权要真心实意地尊重和维护"。③在此事件之中,伍皓的表现被《南方周末》予以肯定——"让民众抗议回到常轨,从而创造条件使执政

---

① 秦志希、饶德江:《舆论学教程》,武汉大学出版社 1994 年版,第 232—236 页。

② 相关报道可见《伍皓演讲被网友扔"五毛"》,中国选举与治理网,2010 年 4 月 23 日,链接为:http://news. chinaelections. org/NewsInfo. asp? NewsID=175156。

③ 祝华新:《如果连伍皓这样的官员也一概打杀》,《中国青年报》2010 年 4 月 27 日。

者跟抗议者可以良性互动……只有能够包容'异见'、包容反对的稳定,才是真正的动态稳定,也才是可持续的稳定、健康的稳定。在这个问题上,伍皓做出了正确的选择。"①

按照意大利思想家维柯(Giovanni Battista Vico)的观点,政治说服过程必须兼顾"正义的外观"和"正义的内涵",才能达到"共通感受"。台湾学者吴介民将之引申为"公共修辞",他指出:公私利益的调解本质上就是情理的辩证。一个公共对话的场域,既需要基于情感召唤的"情感信任",也需要基于说理论辩的"说理信任"。一个好的修辞人需要优游在这两种信任场域之间,进而导向一个寻求共识的社会心理状态。② 根据这一观点启示,进行调控舆论之时,应当尽可能地运用柔性原则,使政府和公众之间能在情感和说理上都能达成信任,最终走向宽容与合作的治理。实践此点非常不易,双方都需要对彼此有信心和耐心。

二、舆论调控的主要方法

舆论调控一般通过大众传播和组织传播等途径展开。从具体的劝导说服角度观察,在信息传播过程中存在明示法、暗示法、连续法、积累法、定位法等具体方法。③ 从宏观的政府管理角度观察,则主要有媒体控制、方针引导和内容督察三种方法。④ 鉴于大众传媒在当前社会与政治发展中的显著功能,我们认为:进行舆论调控,关键在于调控大众传媒,以促使其积极、充分地发挥功能,进而影响乃至建构公众的认知和态度。

1. 政府和社会调控媒体

信息时代的媒体正以惊人的力量全方位地介入政治过程。中国大众传媒在市场经济和科技进步的推动下,已经覆盖了全国人口的大多数,使信息和思想大规模的传播与扩散成为可能。观察分析近些年来诸多公共事件和公共议题可以发现:若无大众传媒以一定的框架(frame)报道和持续密集的评论介入,某一偶发"事件"

---

① 笑蜀:《包容"异见"才有动态稳定》,《南方周末》2010 年 4 月 29 日。
② 吴介民、李丁赞:《传递共通感受:林合小区公共领域修辞模式的分析》,《台湾社会学》2005 年第 9 期。
③ 秦志希、饶德江:《舆论学教程》,武汉大学出版社 1994 年版,第 242—246 页。
④ 廖永亮:《舆论调控学》,新华出版社 2003 年版,第 219—282 页。

(happening)难以成为地区性乃至全国性的公共"事件"(event);若无大众传媒的关注、呈现、传播及加温,某一"话题"(topic)将难以成为地区性乃至全国性的公共"议题"(agenda)。① 因而,对媒体的调控是舆论调控的根本。这包括对媒体的创办程序、经营规范和发展方向等进行控制,其中关键在于设定传播体制。

所谓传播体制,是指一国或地区的大众传播事业的总体结构及其经营方式。它包括了:国家、政府或政党与大众传播事业的关系;国家政权机构与大众传播媒介的关系;大众传播媒介的所有制;政府或政党控制、管理大众传播活动的途径和手段。通常认为世界范围内大致存在三种传播体制:其一,以美国为代表的以私有制为主体的完全商业化的运作模式。政府主要通过法律法规调控,而非采取行政手段。其二,以欧洲、日本为代表的公私并举的双轨制的运作模式。其三,以中国为代表的完全国有的有限商业运作模式。从媒体所具有的政治和经济双重属性出发,当前中国媒体是在坚持党性原则的前提之下实行商业运作。

基于现行传播体制,当前中国对媒体的调控通常以党的决定、决议、指示、文件以及行政法规、部门规章等来实现。譬如:2005 年中共中央下发《关于进一步加强和改进舆论工作的意见》和中共中央宣传部出台《加强和改进舆论监督工作的实施办法》,将舆论监督中需要注意的问题归纳为五个方面,其中一般不作公开批评报道的有"涉及军队和武警部队的,涉及国家安全、国家利益的,涉及民族宗教的,涉及征地、拆迁、移民、国有企业转型、军转干部安置以及重大群体性事件、敏感案件等"。此外,还对媒体履行的社会责任做了十一个方面的规定,其中包括"地方性媒体、都市类媒体不得跨地区进行监督采访报道,专业类媒体不得跨行业进行监督采访报道"。②

除设定传播体制之外,对媒体的调控还可以从经济和人事方面展开。譬如:美国"9·11"事件之后,向来受政府资助的"美国之音"电台不顾政府反对,2001 年 9 月 25 日晚通过短波向全世界播放了塔利班领导人奥马尔 4 分钟的讲话,并将讲话内容刊登在自己的网站上。此后数日,台长惠特沃恩被撤销职务,该机构在欧洲一个发射台的一项约两百多万美元的经费预算也被撤销,主管国际广播局的局长也被解除了职务。又如:2002 年 1 月,有关部门的负责人强调:"中国的新闻媒体由国家经营,不吸

---

① 吴麟:《公众参与的"媒体驱动型"特征》,《学术界》2010 年第 2 期。
② 任贤良:《舆论监督的现状、问题及解决方法思考》,《中国记者》2005 年第 7 期。

收外资和私人资本。根据发展需要,报业集团、出版集团、广电集团的新闻宣传部门经批准,可在新闻出版广播影视部门融资,其经营部门经批准可以有限责任公司或股份有限公司的形式,由集团控股,吸收国有大型企事业单位的资金,投资方不参与宣传业务和经营管理。"①这一"只吸收国有资本,不吸收非国有资本"的融资政策从经济上对新闻媒体进行了根本调控。

通过法治对媒体进行调控是政治文明建设的大趋势。其一,应当尽力保障新闻自由,这对舆论系统的运作和功能实现至关重要。具体言之,"信息自由使舆论系统保持信息结构性均衡与信息流动双向畅通";"新闻自由使舆论系统各控制环节保持相对稳定性与开放理性";"言论自由是提升公众意见质量的必要条件"。其二,应当加强新闻法制建设。为了保证舆论系统能在可控的范围内健康运行,新闻法制体系有必要对一些具体问题加以限定,以避免舆论阶段性发展中可能存在的风险造成实际损失。根据我国的基本国情,舆论系统应当遵循"不得否定党的领导"、"不得侵犯国家领导人的名誉"和"不得亵渎宗教"三项根本原则。此外,还应"不得泄露国家秘密"、"不得侵犯公民隐私权和名誉权"。②

需要强调的是,社会力量也构成了对媒体的调控。这包括了两个方面:一是各种社会组织对媒体的要求;二是既有社会规范对媒体的要求。前者主要包括新闻评议会、各种媒体行业协会和一些富有影响力的民间组织。后者主要是指社会公序良俗,即公共秩序与善良风俗,会对媒体形成一种弹性制约。通过社会力量的督促和规范,有利于促使媒体自我监督、约束、提升与完善,从而达到管理和调控的基本目标。

2. 媒体影响或建构舆论

大众传媒在现代舆论中占据重要地位。对此,陈力丹强调道:"没有现代大众传播媒介,就谈不上现代舆论及其不息的流动。"因为大众传媒"迫使人们超越自身狭隘的经验,学会更多地凭借大众媒介提供的间接信息和话题去认识世界,勾勒、修改头脑里的关于现实世界的图像"。③ 的确如此,较大范围内舆论的产生和消

---

① 《中宣部、广电总局、新闻出版总署负责人谈进一步深化新闻出版广播影视业改革》,《中华新闻报》2002 年 1 月 17 日。
② 杜俊伟:《论舆论的自组自稳——基于系统论视角的舆论研究》,华中科技大学博士论文,2009 年,第 110—132 页。
③ 陈力丹:《舆论学——舆论导向研究》,中国广播电视出版社 1999 年版,第 59 页。

失，往往是大众传媒信息传播和引导公众的结果。

　　大众传媒一般通过议程设置（agenda-setting）来影响或建构舆论。美国政治学者科恩（Cohen）1963 年提出："报纸或许不能直接告诉读者怎样去想（what to think），却可以告诉读者应该想些什么（what to think about）。"这一论断言简意赅地说明了议程设置论的理念。[①] 美国传播学者马克斯维尔·E. 麦库姆斯（Maxwell E. McCombs）和唐纳德·L. 肖（Donald L. Shaw）于 1972 年在《舆论季刊》上发表论文《大众传播的议程设置功能》，最早提出"议程设置"这一理论假说。该文章认为：大众传播具有一种为公众设置"议事日程"的功能，媒体的新闻报道和信息传达活动以赋予各种"议题"不同程度显著性（salience）的方式，影响着人们对周围世界的"大事"及其重要性的判断。[②]

　　大众传媒的议程设置功能有三个层次：①媒体报道或不报道哪些议题，会影响公众对这些议题的"感知"。②媒体是否突出强调某些议题，会影响公众对这些议题的"重视"。③媒体如何对强调的"议题"进行排序，会影响公众对这些议题重要性的"判断"。这是一个影响和效果依次累积的过程。公众议题在本质上会受到传媒议题的影响。不同性质媒体的议程设置具有不同特点。研究发现，报纸的议程设置对较长期议题的"重要性顺序排列"影响较大，而电视的"热点化效果"（spot-lighting）比较突出；报纸的新闻报道形成"议程"的基本框架，而电视新闻报道则挑选出"议程"中若干最主要的议题加以突出强调；电视的主要影响是提供"谈话议题"，而报纸则可以进一步对"个人议题"产生较深刻的影响。[③] 此外，议程设置不仅存在于媒体与公众之间，而且也存在于不同媒介之间。精英媒体或全国性的媒体扮演着"意见领袖媒体"的角色，它们的报道或观点经常被其他媒体所引用，从而可以影响整个媒介体系，引导不同媒体的报道方式和内容，形成一种"媒体共鸣"的景观。

---

① 李彬：《传播学引论》，新华出版社 1993 年版，第 142 页。
② 目前的议程设置理论已经涵盖了不同的理论范畴，并跨越地域和政治的限制，成为一个为全世界的新闻传播学者关注的研究领域。可参见蔡雯、戴佳：《议程设置研究的历史、现状与未来——与麦库姆斯教授的对话》，《国际新闻界》2006 年第 2 期。议程设置理论目前至少有五个研究领域：议程设置的基本效果，属性议程设置、议程设置效果的心理学、媒介议程的来源、议程设置效果的后果。可参见［美］麦库姆斯：《议程设置理论概览：过去、现在与未来》，郭镇之、邓理峰译，《新闻大学》2007 年第 3 期。
③ 郭庆光：《传播学教程》，中国人民大学出版社 1999 年版，第 216—217 页。

虽然议程设置的主观性有限,公众对议题的经验程度、对媒介信息的接触量以及公众原有信念、态度、兴趣、水平等因素,都会对其功能发挥形成制约,但在较广阔的范围之内,媒体根据目标需要以及自身特征,充分、积极、睿智地进行议程的设置,在影响或建构舆论方面往往效果显著。至于中国媒体如何具体设置议题,喻国明提出的"传受互动方格"模型(如下表所示)富有启发意义,"提供了一个设置什么、不设置什么的思路"。①

受传者	传播者		
	A1:感兴趣的可传部分	A2:不感兴趣的可传部分	A3:不予传播的部分
B1:自觉需要的部分	①传播兴奋区	④潜在兴奋区	⑦不予满足的兴奋区
B2:不自觉需要的部分	②传播开发区	⑤潜在开发区	⑧非开发区
B3:不需要的部分	③传播无效区	⑥潜在无效区	⑨非传播区

具体言之,在"传播兴奋区"——传受双方共同感兴趣的区域,媒体进行议程设置将产生较大的传播效果。在"传播开发区"——传播者需要引导而受传者可能非自觉需要的区域,这是议程设置重点所在,媒体需要研究具体公众的接受特征,以决定是否及如何设置议程。在"传播无效区"——传播者单方面感兴趣而受传者并不需要的区域,媒体的议程设置也往往难以奏效。学者范东生曾援引并分析1976年周总理逝世前后"四人帮"的舆论操纵和"四五"事件,指出"新闻媒介并没有随心所欲地为公众'设置议程'的力量"。② 至于"潜在兴奋区"和"潜在开发区",得益于新媒体技术发展,公民个体传播力量日益增强,公众议题有可能影响到媒体议题;之后,媒体再根据具体情境考虑如何设置议程以回应公众。而"不予满足的兴奋区",如果媒体主动予以满足,通常是受经济利益驱动,主观上并不是为了调控舆论,但客观上其负面影响无法回避。

需要强调的是,由于现实中存在"沉默的螺旋"现象,对于媒体影响或建构舆论

① 陈力丹:《舆论学——舆论导向研究》,中国广播电视出版社1999年版,第212—213页。此处对模型图稍作变更。

② 范东生、张雅宾:《传播学原理》,北京出版社1990年版,第402—403页。

的效果要保持清醒和审慎。因为很可能会出现公众"公开的意见"与"自己的意见"不一致的情形。如果出现此种状况,即使表面上舆论显得相当一致和平稳,但是公众情绪和社会意识往往暗流汹涌和危机潜伏。因而,利用媒体对舆论进行调控时,首先必须尊重公众,深刻理解已有舆论;然后媒体在进行议程设置时应当注意主观性和客观性的统一,努力使"公开意见"真正内化为公众"自己的意见"。唯此,才能实现社会的长远稳定,切实达成舆论调控目的。

【本章小结】

　　舆论形成受到多种因素的影响。其中,宏观层面的因素包括公众总体、舆论环境、舆论场、舆论波;微观层面的因素则是个体的认知、情感和意向。舆论的形成是一个动态过程,实际情况往往非常复杂。从逻辑上推演,其流程一般可划分为四个阶段:意见的酝酿、积蓄与显现;舆论领袖的出现、关注与引导;意见的传播、互动与整合;舆论的形成。舆论形成之后,通常具有"J"形分布、双众数分布、正态分布三种分布状态。舆论的形成模式也是一个值得探究的问题,目前存在瀑布模式与沸腾模式、"沉默的螺旋"模式、平稳模式与爆发模式、公开模式与隐蔽模式、理性模式与操纵模式等观点,相关研究还有待进一步深入。舆论调控的根本目的在于维护稳定,稳定并非静止状态而是一种动态平衡,因此信息原则和柔性原则是舆论调控的基本原则。鉴于大众传媒在当前社会与政治发展中的显著功能,舆论调控的主要方法是:其一,政府和社会调控媒体,其中通过法治而非行政手段进行调控是政治文明建设的大趋势。其二,媒体影响或建构舆论,主要是通过充分、积极、睿智地进行议程设置来实现。

【思考讨论题】

1.影响舆论形成的宏观因素和微观因素分别是什么?

2.舆论形成的一般过程可分为几个阶段? 理解并举例说明。

3.如何理解"沉默的螺旋"这一舆论形成模式?

4.为何信息原则和柔性原则是舆论调控的基本原则?

5.政府和社会应该如何对媒体进行调控?

6.媒体该如何通过议程设置以影响或建构舆论?

第五章 舆论的测量(上)

第一节   舆论测量基础

舆论是社会重要的力量,组成形态也多种多样,表现形式十分丰富。如何对舆论进行正确的描述和判断,以便进行决策和反馈民众反映,是舆论研究的重要方面。早期的舆论研究主要集中在定性方面。此后,随着研究的深入,定量研究方法开始引入,研究者们主要使用量化的研究手段,通过对舆论进行量化的分析,把握舆论。在这一阶段,民意测验的方法被广泛应用,民意测验机构遍及世界主要国家和地区。

一、什么是测量

测量,本是一个自然科学的术语,如测定空间中各种物体的形状、大小、位置等。社会学意义的测量即对所确定的研究内容或调查指标进行有效的观测和量度,根据一定的规则将数字或符号分派于研究对象的特征(即研究变量)之上,从而使社会现象数量化或类型化。例如,对个人的身高进行测量,或者在选举中对选票数量进行计数,都是一种测量。现代社会中,舆论的影响越来越大,对舆论除了进行定性研究之外,对其进行量化的把握也越来越重要。在舆论学研究中,对舆论的测量即是按照某种规律,用数据来描述考察舆论,并作出量化描述。

二、舆论测量的意义

舆论反映了公众的意愿,对舆论进行测量,对于正确把握舆论具有重要意义。舆论测量的结果对于公众和政府的行为具有指示作用。一般说,通过舆论测量,可以监测社会、提供决策参考、促进社会沟通。

首先,测量舆论可以帮助监测社会,了解民意。现代社会瞬息万变,对于决策机构或者个人而言,可以通过舆论测量及时了解公众的思想动向、态度立场和价值取向,可以随时监测到社会动向与民意。对于民众来说,自己的意愿和利益可以通过舆论得到及时反映,也可以推进民主建设。可以说,现代社会无论是民主政治还是市场经济,都需要密切关注民心的向背,反馈民众的喜怒哀乐。如对城市居民家庭消费倾向进行调查、对消费者信心指数进行监测、对居民生活质量进行评价与比较,以及调查市民对医疗/教育改革的看法、对市民心态进行跟踪调查等,都可以有效地指导相关决策机构作出决策。有的调查结果更是成为全社会的关注热点,引发新一轮的舆论热议,反映最新民情的变化。如 2008 年,北京大学中国国情研究中心设计并实施大型概率抽样调查项目"中国公民意识年度调查",是影响比较大的一次调查,内容涉及改革开放三十年来社会公众对我国政治、经济和社会发展的认知状况,对于研究社会转型过程中人们的观念、行为和变化及其与政治、经济、社会、文化诸方面的相互关系,具有重要意义,也为了解中国公民意识的发展状况提供了参考,可以作为政府、民间机构和国际机构认识中国国情的参考材料。

其次,舆论测量有助于决策参考。现代社会不管个人、公司还是政府机构,在决策之前,都要进行公众意愿的调查,了解公众对该政策是反对还是同意;政策推行后,则了解社会对该政策的反映和评价。可以说,政策制定前的舆论调查和政策执行后的公众反馈,已经是当代社会决策中必不可少的程序。美国历任总统都非常重视舆论。1940 年,罗斯福总统率先运用调查机构收集到的民意情况进行公共决策。1960 年,约翰·肯尼迪成为第一位将民意测验作为其竞选策略基础的美国总统候选人。他在 1959—1960 年总统竞选过程中,起用民意调查顾问评估自己的优势与差距,并以此制定其选举策略。肯尼迪通过民意测验的方法来确定副总统候选人以求取得最好的效果;用什么方法、在什么问题上可以反击而赢得公众;

选取什么议题能更吸引公众的兴趣。由于肯尼迪是罗马天主教徒,民意测验结果显示,许多基督教徒不支持他,竞选的关键州是基督徒占优势的西弗吉尼亚州。肯尼迪竞选团队随即调整了竞选战略,集中人力物力在该州进行竞选宣传。1976年,卡特任用民意调查专家作为其竞选顾问,现在所有总统候选人的竞选班底中都有民意测验的专家。

在我国,民意调查已经不再是统计部门的专利,媒体以及相关机构出于决策需要都常常展开调查,社情民意调查被形象地喻为经济社会的"体温表",成为政府决策的重要参考。例如,低收入家庭状况调查,其结果为市政府制定低保标准提供了参考依据。近年我国兴起的对地方政府的绩效评价,则通过对地方政府整体绩效做出及时评价起到监督政府的作用。

第三,舆论测量帮助公众了解社会多元性的意见,供不同的利益群体之间互相了解和沟通,促进社会和谐,其中主流性的观点更会起到主导作用。现代社会由于各个阶层利益各不相同,面对贫富冲突、劳资矛盾、城市拆迁、农村土地流转等问题,各社会群体诉求不一,通过舆情监测,可以了解每种代表性意见背后是什么人群,细分他们的社会阶层和不同的利益诉求。同时各个利益群体也可以获知其他群体或阶层的意见,加强了解,减少隔膜。当面对贫富冲突、劳资矛盾、城市拆迁、环境污染、医疗教育等问题的时候,各社会群体的意见可以通过舆论调查及时得到表达,通过讨论或争论,可以得出一个大致能够被社会大部分人群接受的主导意见。据社会学家的分析,人们更倾向于站在大多数人一边,由此,舆论测量的结果也可以改变人们的既定行为,树立行为模范或道德标准。

舆论测量本身是中性的,它可以为不同的目的服务。西方国家在这方面起步较早。我国由于改革开放之前实行计划经济,信息渠道相对封闭,舆论相对单一,改革开放后,尤其是20世纪90年代中后期,随着信息时代的来临和网络的普及,互联网、手机、卫星等信息传播工具的出现,极大地丰富了舆论传播的渠道,改变了由国家完全掌控所有媒体的格局。特别是像互联网和手机这样的新媒体的出现,使每个人都可以成为信息的生产者和传播者,进而成为舆论的制造者。另外,由于信息传播渠道的畅通,大规模、全国性的舆论可以在很短的时间内产生,舆论对于社会的影响日渐重要,这就对舆论测量工作提出了更高的要求。

三、舆论测量的基础

舆论测量的技术基础主要包括以下几个方面：

第一，统计学基础。统计是依小量数据(样本)所提供的资料以估计预测某研究对象总体的方法。在不确定情况下，统计学为决策制定提供了科学的方法。高尔顿 Nature Inheritance 一书于 1899 年的出版是现代统计学诞生的标志。杰出的统计学家卡尔·皮尔逊还由此书产生了对统计学的浓厚兴趣。此前，皮尔逊只是在伦敦大学执教的数学教员。当时，"所有知识都基于统计"的想法吸引了他。1890 年他在格里辛学院讲授的课程题目是《现代科学的范围与概念》。授课时，他越来越强调科学定律的统计基础，最后完全致力于统计理论的研究。经他的提倡，人们越来越深信对统计数据的分析能为许多重要的问题提供解答方法。1908 年爱尔兰贵尼斯酿酒厂的一位统计工作者威廉司·来·哥司特，第一个认识到从小样本导出可靠数据的重要性以及可能性，从而创立了以小样本代替大样本的方法，并以笔名"学生"(Student)发表了许多篇关于以抽样得来的资料解释总体(也就是现在常用的"t一分布")的文章。这一方法后来为英国剑桥大学教授朗奈德·阿·费暄及其同事所推广，为抽样统计方法的发展提供了坚实的理论基础。

第二，认知心理学基础。1879 年，冯特在德国莱比锡大学建立了世界上第一个心理实验室，心理学开始走上科学发展的道路。到了 20 世纪 60 年代，在美国出现了人本主义心理学，主张心理学应是人化的心理学，强调研究人的本性、价值、尊严和自由。与此同时，认知心理学成为心理学研究的新方向，它认为人的行为主要决定于认识活动，强调心理学主要应研究人类认识的信息加工过程，这一新方向使得心理学在民意研究以及市场研究中得到了极大的应用。由此，人们认识到，从对舆论的统计可以预测人们的行为和社会的动态。

第三，现代计算机技术。现代计算机技术大大简化了统计程序，降低了成本。可以说，现代计算机技术为舆论测量的广泛运用和普及开了方便之门，舆论测量本身也在舆论学研究中占据越来越重要的地位。

四、舆论测量的方法

舆论主要通过两种方法把握，一是定性研究法，二是定量研究法。在测量技术没有发展之前，只能依靠研究者或决策者的经验和智慧来把握民意，比如采取私访、采风等探问民情的方法深入了解社会。这种方法属于定性研究，具有以下缺陷：第一，社会成员数量巨大且分散，无法探知全体成员的意见，只能够获知具体个人的意见。第二，社会成员观点不一，即使获知了公众不同的观点，也无法确知具体观点在社会中的分布情况。最后，面对面地收集意见，往往使得公众受情境影响和出于保护个体需要，不能真实表达意见。这些缺陷使得舆论的测量不够准确，不能够真实反映社会的民意。测量技术发展起来后，舆论测量可以用定量研究方法来把握，具有和定性研究不同的特点，主要体现在以下两点：第一，作为定量调查，舆论测量在技术上保证了民意的客观性。第二，定量调查可以精确地反映舆论的结构，具体说，即舆论的分布和强度。舆论测量在科研中和定性研究互相补充、互相深化，加强了人们对舆论的理解和洞察。

舆论测量从调查方法划分，可以分为直接调查和间接调查，前者指直接访问，分为访问法、问卷法；后者指以问卷资料为依据，研究事件或者社会现象。按调查性质划分，舆论测量可以分为量的调查和质的调查，其中量的调查一般又叫描述性调查，以收集一定数量的资料为目的，以数量分析为重点，目的在于描述舆论的目前状态。质的调查即推断性调查，注重制度、功能、关系、行为的调查，突出质的问题，不断追踪研究，以了解整个现象，试图解释为何某种状态存在。

一般说来，现代舆论测量的常用方法有以下几种：民意调查法、焦点小组讨论法、控制实验法、内容分析法。其中，民意调查法最为重要，由于该部分内容较多，本书将在下一章专章讨论，在此主要探讨后三种方法。

第二节　内容分析法

内容分析法是舆论测量中较常使用的一种方法。它最早产生于传播学领域。第二次世界大战期间，美国学者 H. D. 拉斯韦尔等人开展了名为"战时通讯研究"的工作，以德国公开出版的报纸为分析对象，获取军政机密情报。该项工作使内容分析法初见成效，在方法上也建立了自己的一套模式。20 世纪 50 年代，美国学者贝雷尔森出版专著《传播研究的内容分析》,进一步确立了内容分析法的地位。此后奈斯比特运用内容分析法,主持出版"趋势报告",并以这些报告为基础写成《大趋势》一书,真正使内容分析方法系统化。

一、什么是内容分析法

内容分析法,顾名思义,是指一种对于传播内容进行客观、系统和定量描述的研究方法。它不仅对媒介内容进行系统、量化的研究,也包括诠释性的分析。其实质是对传播内容所含信息量及其变化的分析,即由表征的有意义的词句推断出隐含的准确意义。如美国曾经进行过一项内容分析调查,调查出现在《人物》杂志封面故事中的名人的变化,发现几十年间封面人物明显地向负面的方向发展。在创刊的第一年里,只有不到3％的名人是因为吸毒、酗酒、虐待儿童或暴力犯罪等负面原因而出现的;大部分名人出现在封面上是因为他们实现了正面目标——解决了个人的问题或是实现了事业的成功。但是从1988年开始该杂志的模式表现出与之前基本相反的风格,有几乎一半的封面故事不再聚焦于名人的正面成就,而是着眼于他们的负面特点,在《人物》杂志封面上出现音乐家、运动员和政治人物的同时,也首次出现了谋杀犯和强奸犯。

内容分析法和文本分析、话语分析有所不同,三者研究的重点不同。就分析的侧重点来看,内容分析法既可以着重于材料的内容,也可以着重于材料的结构,或对两者都予以分析。另外,内容分析法适用范围比较广泛,既适用于文字材料,又适用于非文字材料,如广播、电视节目、录音、录像等,如把杂志内的广告分类,或数算一本杂志内有多少条纤体广告;分析某一电视剧中特定的一类人物,如大学生、律师、有色人种的遭遇,统计电影对某些关系的描述,如父子关系、医患关系等。文本分析主要是分析电视剧剧情或者流行歌曲歌词,研究这些媒体如何塑造角色、演员或歌手的形象,以及这些作品所隐藏的某些对人、对事的看法,如报章标题的用字、字体、大小、版面放置、占用的空间,广告的用色、配乐、选角、桥段等。话语分析主要考察参与者关于事件(记忆、描述、表达)的谈话版本是如何被建构出来的,以发挥交流互动的作用。它的分析重点是谈话内容、谈话主题及其社会组织。该方法把心理现象(如记忆、认知)当作社会和话语现象来分析。其分析的重点是在报告、媒体和话语体系中各种版本的事件的建构,常用来对日常会话进行分析,也用来分析其他类型的材料,如访谈、媒体报告。从研究方法上来看,内容分析法更多的是一种量化分析,而文本分析和话语分析更多的是一种定性分析。

二、内容分析法的特点

内容分析法作为一种重要的舆论测量方法,具有几个明显的特点,正是这些特点决定了内容分析法在舆论测量领域的独特性和不可替代性。

第一,客观性。内容分析法过程客观、结论客观。该方法不以人为对象而以事物为对象,不存在研究对象与研究者的互动,研究者的主观态度不影响研究结果,不同的研究者或同一研究者在不同时间里重复这个过程都可以得到相同的结论,且结论便于量化与统计分析,便于用计算机处理数据。

第二,标准化和易控制性。该分析法对类目定义和操作规则十分明确与全面。它要求研究者根据预先设定的计划按步骤进行,目标明确,对分析过程高度控制。所有的参与者按照事先设定的方法、程序操作执行,有效预防了研究者在选取材料时偏向于选择支持自己观点的材料。

第三,定量与定性结合。这是内容分析法最根本的优点。它以定性研究为前提,找出能反映文献内容一定本质的量的特征,并将它转化为定量的数据。因此该方法将讯息属性与传播者以及受传者的特性联系起来进行分析,以获得具有科学价值和理论意义的结果,而非对现象的简单描述。

第四,成本较低。一般分析材料比较容易得到,相对来说也比较便宜,并能很快地获取。

第五,能够揭示文献的隐性内容。内容分析法应用较广,通过定性分析,能够达到对文献所反映的内容更深刻、更全面的认识,得出科学、普遍的结论,获得一般从定性分析中难以找到的联系和规律。它既可以通过对历史文献的研究分析,查明多年来某专题的客观事实和变化趋势,追溯学术发展的轨迹,描述学术发展的历程,又可以依据标准鉴别文献内容的优劣;既可以揭示宣传的技巧、策略,衡量文献内容的可读性,发现作者的个人风格,分辨不同时期文献体裁的类型特征,反映个人与团体的态度、兴趣变迁,获取政治、军事和经济情报,又可以揭示大众关注的焦点及其变化等。

总体而言,内容分析法适于分析具有能重复操作、能够被人的感官直接体验、意义明显、可以直接理解等特征的内容。对不具备这样特点的潜在、深层的内容不适于采用内容分析法进行研究,否则难以保证结果的准确性和客观性。在具体运用中,内容分析法常常借助计算机进行数据的分析处理。内容分析法的种类可归纳为:实用语义分析、语义分析和符号载体分析。

三、内容分析法的程序

内容分析法的一般过程如下:

第一,确立研究目标;

第二,确定研究总体和选择分析单位;

第三,设计分析维度体系;

第四,抽样和量化分析材料;

第五,进行评判记录;

第六,分析推论。

下面就来具体说说这六个步骤。

1. 确立研究目标

一般来说,内容分析法的目标主要是以下四种:

趋势分析:试图通过对内容进行分析得出一段时期以来的趋势。如对近 20 年来《人民日报》头条变化的分析,可以了解一段时间的议题设置的趋势。也可以研究一个时期的学术文献,从而了解一段时期对某一领域的研究的最新发展状况。最著名的例子就是美国学者奈斯比特,他通过研究文本内容并对其进行分析,写出了《大趋势》一书,对社会发展大趋势做了一个预言。

现状分析:通过对当前的媒体内容进行分析,以获知媒体舆论的现状。如对某一新闻事件,需要探知公众舆论,就可以通过内容分析来了解媒体的大致状况。

比较分析:可以是对时下不同媒体内容的分析,如对 2011 年发生的温州动车事件,各媒体都作了及时报道,但每家媒体在具体报道处理上又存在微妙区别,这就需要对各家媒体的内容进行分析,从而了解各家媒体的立场、报道的口径有何不同,进而展开分析。也可以是历史的比较分析,如对近 20 年来艾滋病的报道进行分析,比较其报道口径、报道主题、报道比重、报道角度等方面的变化。美国得克萨斯大学新闻系教授梅里尔曾经用内容分析法分析《时代》周刊对杜鲁门、艾森豪威尔、肯尼迪三位总统的态度,分析该杂志对三位总统说了什么,以及报道评论总统的具体方法。分析结果显示:该杂志通过对事实有意识的取舍及把报道对象和名声不佳者相联系等方法,对三位总统采取了不同的报道立场。其中,共褒扬艾森豪威尔 92 次,贬 1 次;褒扬肯尼迪 31 次,贬 14 次,对于艾森豪威尔持明显支持态度。通过分析,该杂志的政治立场就一清二楚了。

意向分析:通过对媒体内容进行分析,了解其背后的价值观和倾向性意见。如迈克尔·韦尔奇、梅莉莎·芬威克和梅雷迪思·罗伯茨对从 1992 年到 1995 年间发表在《纽约时报》、《华盛顿邮报》、《洛杉矶时报》和《芝加哥论坛报》上的关于犯罪学专家谈话的特写文章进行了内容分析。研究者们发现,这四份报纸关于犯罪的报道呈现了扭曲的图像:白领、社会团体的犯罪和政治性犯罪几乎完全被忽略了,相反,大部分的文章集中在谋杀、袭击和抢劫等由低收入个人从事的街头犯罪上。另外,大部分政治官员和执法人员的谈话都支持采取强硬的控制犯罪的政策,相反,教授和研究者的谈话则倾向于探讨造成犯罪的社会和经济原因,及倡导罪犯改造、消除歧视、枪支控制以及司法改革。

2. 确定分析单位

是指在内容分析法中描述或解释研究对象时,所使用的最小、最基本单位。当分析单位比较大时,常常需要选择一些与其有关的中、小层次的分析单位来加以描述、说明和解释。选择分析单位与具体的研究目标、研究总体密切相关,并以它们作为确定和选择的基础。分析单位是为分析目标服务的。

3. 设计分析维度及体系

分析的维度,又叫分析的类目,是根据研究需要而设计的将资料内容进行分类的项目和标准。设计分析维度、类别的方法主要有两种,一是采用现成的分析维度系统,二是研究者根据研究目标自行设计。

第一种方法,需要保证的是操作中不被误解,以免出现理解不一致,导致结果出现较大误差。一般是先让两人根据同一标准,独立编录同样用途的维度、类别,然后计算两者之间的信度,并据此共同讨论标准,再进行编录,直到对分析维度系统有基本一致的理解为止。最后,还需要让两者用该系统编录几个新材料,并计算信度,如果结果满意,则可用于编录其余的材料。

第二种方法难度更大,研究者需要首先熟悉、分析有关材料,并在此基础上制定初步的分析维度,然后对其进行试用,了解其可行性、适用性与合理性,之后再进行修订、试用,直至发展出客观性较强的分析维度为止。

不管是哪一种方法,分析维度必须有明确的操作定义。研究者在进行分析时,不能出现一个分析单位既可以归类为 a 类又可以归类为 b 类的情况。

设计分析维度要遵守以下五项基本原则:

①分类必须完全、彻底,能适合于所有分析材料,使所有分析单位都可归入相应的类别,不能出现无处可归的现象。

②在分类中,应当使用同一个分类标准,即只能从众多属性中选取一个作为分类依据。

③分类的层次必须明确,逐级展开,不能越级和出现层次混淆的现象。

④分析类别(维度)必须在进行具体评判记录前事先确定。

⑤在设计分析维度时应考虑如何对内容分析结果进行定量分析,即考虑到使结果适合数据处理的问题。

4. 抽取分析材料(抽样)和量化处理

抽样决定分析深度与工作效率。抽样工作包括:一是界定总体,二是从总体中抽取有代表性的样本。目前,国外对报纸进行内容分析时常用的三种抽样方式是:来源取样、日期抽样和分析单位取样。

抽样完成后需要进行量化处理。量化处理是把样本从形式上转化为数据化形式的过程,包括做评判记录和进行信度分析两部分内容。内容分析法的信度指两个或两个以上的研究者按照相同的分析维度,对同一材料进行评判结果的一致性程度,它是保证内容分析结果具有可靠性、客观性的重要指标。信度分析一般就是计算平均相互同意度。所谓平均相互同意度是指两个评判者之间相互同意的程度。

信度分析的基本过程如下:

·对评判者进行培训;

·由两个或两个以上的评判者,按照相同的分析维度,对同一材料独立进行评判分析;

·对他们各自的评判结果使用信度公式进行信度系数计算;

·根据评判与计算结果修订分析维度(即评判系统)或对评判者进行培训;

·重复评判过程,直到取得可接受的信度为止。

5. 进行评判记录

评判记录是根据已确定的分析维度(类目)和分析单位对样本中的信息做分类记录,登记每一个分析单位中分析维度(类目)是否存在和出现的频率。

评判记录工作需要注意以下几点:

第一,按照分析维度(类目)用量化方式记录研究对象在各分析维度(类目)的量化数据(例如,有、无、数字形式、百分比)。

第二,采用事先设计好的易于统计分析的评判记录表记录。

第三,相同分析维度的评判必须有两个以上的评判员分别做记录,以便进行信度检验。评判记录的结果必须是数字形式。

第四,在根据类目出现频数进行评判记录时,不要忽略基数。

6. 统计处理

对评判结果(所获数据)进行统计处理。描述各分析维度(类目)的特征及相互关系,并根据研究目标进行比较,得出关于研究对象的趋势、特征或异同点等方面的结论。

第三节　焦点小组讨论法

舆论复杂多变,相应地具有多种测量方法,焦点小组讨论就是舆论测量中常用的一种定性研究方法,也是一种比较重要的测量研究方法。

一、关于焦点小组(Focus Group)讨论法

焦点小组讨论又叫焦点小组座谈,具体来说,指的是由一个经过训练的主持人以一种无结构的自然的形式与一个小组的被调查者交谈。主持人负责组织成员对某一主题或观念进行深入讨论。焦点小组讨论法的主要目的,是通过倾听一组从调研目标群体中选择出来的被调查者的讨论,从而了解和理解人们心中的想法及其原因。

焦点小组讨论法源于精神病医生所用的群体疗法。焦点小组讨论建立在群体动力(Group Dynamics)效应的基础上。群体动力所提供的互动作用是焦点小组讨论法成功的关键。群体动力是指焦点小组成员之间存在交互作用,相互影响,不同于一问一答式的面访。因为是多人讨论,在有经验的主持人的主持下,焦点小组成员间有一个互动作用,一个人的反应会成为对其他人的刺激,这种互动作用会产生比同样数量的人做单独陈述时所能提供的更多的信息。任何一个成员的观点都会影响其他成员的反应,任何成员的观点和意见都建立在其他成员的观点和意见的基础上。小组讨论成功的关键是,使参与者对主题进行充分和详尽的讨论,故而,焦点小组讨论常可以得到意想不到的发现,而这也正是这种方法的价值所在。该方法"允许个人提出尝试性的解释,随后其他人可以进行否决;允许以强凌弱者们将他们自己的观点强加到别人头上;由于人们的爱憎情感,解释被模式化与扭曲化,而这些都是现实生活中经常发生的事情"。

焦点小组讨论对于成员来说是自由开放的、没有特定框架约束的,虽然实际上主持人通常是按照预先计划的内容提出问题。焦点小组调研的目的在于了解和理解人们对于某一主题的看法以及影响这种看法的背后的原因,由于它的自由开放,焦点小组讨论法特别适合探索性目的的舆论,如为问卷调查等定量方法收集问题,在市场研究、竞选咨询等方面也起着重要的作用。

焦点小组讨论法是一种定性方法,因此要避免通过焦点小组讨论法收集定量数据,在数据呈现过程中也要避免用定量的方式呈现结果。比如对于 A 和 B 两种设计方案,10 个成员中有 6 个赞成 A 方案,那么在报告中说有 60% 的用户赞成 A 方案这种说法是不科学的。因为焦点小组只是小样本,此时我们可以表述为 10 个

成员中有 6 个成员赞成 A 方案。焦点小组讨论法如果要获取定量的信息,通常会在讨论之后结合大样本调查。焦点小组讨论法与作为定量研究方法的民意调查法(问卷调查法)相比存在很大的差别,具体见表 5—1:

表 5—1　焦点小组讨论法和问卷调查法之间存在的差异

	焦点小组讨论法	问卷调查法
调查方法	(1)讨论是开放的,不限定成员讨论 (2)小组成员间存在互动,可以互相激发想法	(1)是封闭式的,被调查者只需要回答具体的问题,回答范围受限制 (2)被调查的对象是孤立的,排除了他人的影响
调查程序	(1)成员间要有尽量多的相似特征,以促进讨论 (2)主持人需要灵活,保证讨论自由开放和不偏离主题 (3)讨论主题需要避免隐私等	(1)被调查的对象要尽量多样 (2)调查工作人员的调查是标准化的 (3)经过设计,可以询问一些涉及隐私的问题
调查报告	不适合收集定量数据和用定量的方法呈现数据	一般用来收集定量数据和用定量的方法呈现数据

　　在实践中,焦点小组讨论法常常和传统民意调查、参与式观察、控制实验等方法同时使用,作为其他舆论调查方法的校验或补充,并反映舆论形成中被传统调查方法忽视的方面。

二、实施焦点小组讨论法的步骤

　　1.准备焦点小组讨论

　　(1)环境

　　一般是有一个焦点小组测试室,主要设备应包括:话筒、单向镜、室温控制器、摄像机。室内布置要求使参与者放松,可以允许人们一定程度的自由活动。有时候,讨论甚至会在研究者或某位讨论者的家中进行。

　　(2)征选参与者

　　拥有合格的受访者和一个优秀的主持人是焦点小组讨论法成功的关键因素。

研究者要根据舆论调查目标和计划,确定组织多少次焦点小组讨论。一个小组一般包括 6—10 名参与者,最少可以是 4 人,最多不超过 12 人。参与人数根据小组的类型而定,经历性的小组比分析性的小组所需的受访者要多。参与讨论的人一般不会从目标人群中随机抽取,而是经过了有意识的选择。一个焦点讨论小组,一般选择的成员要求具有特定人口或态度特征,如按照年龄、地域、阶层和职业地位进行分层,组成不同的讨论组,以保证参与者在表达自己的观点时,减少羞涩和防御心理,增加彼此间的互动。例如,分析对性别角色的态度时,一般倾向于把女性和男性分别设置在不同的焦点讨论组中。

(3)选择主持人

焦点小组对主持人的要求是:第一,主持人必须能恰当地组织一个小组。第二,主持人必须具有良好的沟通和组织讨论的技巧,以便有效地与成员进行互动。主持人要在不限制参与者自由发表观点和评论的前提下,确保谈论的内容不偏离主题。同时主持人还要让每个成员都能积极地参与到讨论中,避免出现部分成员主导讨论,部分成员较少参与讨论的情形。

2.编制讨论指南

焦点小组讨论一般会持续一到两小时,实施之前,通常需要列出讨论计划,包括讨论指南(即关于小组会中所要涉及的话题概要)及各类数据收集目标(主要是最基本的人口及态度信息资料)。主持人应以讨论计划为参考,以保证在讨论结束时计划的主要问题都被提及。

编制讨论指南一般采用团队协作方式,讨论指南要保证按一定顺序逐一讨论所有突出的话题。讨论一般包括三个阶段:第一阶段,建立友好关系,解释小组中的规则,并提出讨论的个体。第二阶段,由主持人激发深入的讨论。第三阶段,总结重要的结论,对讨论进行评估。

3. 编写焦点小组讨论报告

正式的报告主要结构包括开头和结尾。

开头:通常解释调研目的,申明所调查的主要问题,描述小组参与者的个人情况,并说明征选参与者的过程。

结尾:总结调研发现,并提出建议,通常为 2—3 页的篇幅。先列出第一个主

题,然后总结对这一主题的重要观点,最后使用小组成员的真实记录(逐字逐句地记录)进一步阐明这些主要观点。随后,以同样的方式——总结所有的主题。

三、焦点小组讨论法的优缺点

焦点小组讨论法作为一种定性研究,侧重观察舆论形成的过程,揭示舆论形成过程的特点,可以发现用其他传统民意调查方法无法发现的舆论的其他特点。焦点小组讨论法最大的优点在于能保证参与者彼此间的互动,而不是对问题的简单反应,参与者之间的互动作用可以激发新的思考和想法,因此,研究者可以从焦点小组讨论分析中得出一些新的意想不到的结论。此外,研究者可以在单向镜后观察到参与者的反应并加以记录和研究。总的来说,焦点小组讨论法容易实施,在时间、花费、效率等方面都表现出了优势;通过焦点小组的交互作用可以获得更多丰富的信息;焦点小组讨论法在理解成员态度、信念、观点等方面也有突出的优势,通过互动可以避免研究者的预期对舆论表达的影响。与其他舆论调查方法相比,焦点小组讨论法鼓励人们思考和说出自己内心隐藏的观点,因此成为了观察意见形成的窗户。在舆论研究中,焦点小组讨论法主要用来考察在意见表达和形成过程中社会互动的作用,特别适合考察态度和意见形成中的变化机制。

但是,和其他研究方法相比,焦点小组讨论法也有其自身的缺陷。焦点小组讨论法对主持人要求较高,通常会因为主持人的原因产生较大的偏差;其结果会受到成员强势和消极的影响,观点不一定都具有代表性;与深度访谈相比并不能揭示深层次的信息;研究场合不如参与式观察自然;研究者的控制能力弱于深度访谈或控制实验;研究结果不如民意调查结果那么容易分析和得出结论;而且焦点小组讨论法容易出现保守主义倾向,中国人尤其如此。

四、焦点小组讨论法的发展趋势

目前,焦点小组讨论法出现了一些新的发展,大大降低了研究的时间和成本,扩大了研究的范围。主要趋势如下:

第一种趋势是电话焦点小组讨论法。该方法兴起的原因主要是因为某种类型的小组受访者,如律师、高层管理人员等,很难征集。使用这种方法,受访者就不必再到测试室去了。

第二种趋势就是双向焦点小组讨论法。这种方法是让目标小组观察另一个相关小组。

第三种趋势是电视会议焦点小组讨论法。运用电视手段,可以进行远程讨论。

第四种趋势是在某些情况下使用名义编组会议取代焦点小组讨论。名义编组会议是根据目标受访者认为的重点问题进行讨论,而不是让受访者讨论调研者所认为的重点问题。该方法对于编制调研问卷和测定调研范围特别有用。

第五种趋势是组织儿童焦点小组讨论。由于儿童比成年人更容易产生怀疑,更为真诚,更少拘束,所以可以得到一些在成人讨论中得不到的信息。

第六种趋势是运用计算机进行讨论,又叫联机焦点小组讨论法或计算机焦点小组讨论法。

第四节　控制实验法

在传播学研究中,人们最关心的一个方面就是传播效果。在研究因果关系中,常常用控制实验法,利用实验室的控制方式,测试特定的信息刺激或环境条件与人的心理或行为反应类型之间的因果关系。

一、关于控制实验法

所谓控制实验,即根据一定目的,人为设计一个特定的环境,在被控制的条件下,对于被测试者的反应进行监测和比较。控制实验的真正目的是对自变量加以控制,保留需要观测的自变量,以了解这些自变量产生的影响。控制实验法的核心是控制。在传播学研究中,研究者通过小心地控制实验场合、设计实验步骤,控制外部环境变数和实验对象,减少外界干扰,测试实验对象在不同的实验条件下的反应、实验对象的态度差异,推导影响态度差异的原因。

控制实验法源于心理学。自上个世纪 40 年代开始,心理学家们便尝试用实验室实验和现场实验的办法考察人们政治态度的转变。二战期间,由卢因(有时译为勒温)和霍夫兰两位传播学先驱从实验心理学引入传播研究领域,用其研究传播效果。当时,卡普拉电影公司受命拍摄了系列影片《我们为何而战》,用于训练新兵,提高士气。霍夫兰小组受命对影片的宣传效果进行评估,在研究中运用了许多心理学理论和方法。在很多实验中,新兵们被分成实验组和控制组。实验组观看影片,接受特定"刺激",控制组则不观看影片。在实验组观看电影的前后,两组成员都回答问卷。结果显示,影片确实能够说服士兵为国家献身,并能够促进士兵了解战争中发生的重大事件。但是影片并未激发士气。然而从此以后,心理学家得到了灵感,开始研究大众媒介如何改变态度,并以实验室为主开展研究。

二、控制实验法的优缺点

控制实验法的优缺点都十分明显。控制实验法逻辑程序严密,研究者可以对实验因素加以控制,从而突出某些变量的作用。这种方法适用于微观的、探究因果关系的研究。实验可以使研究者紧密控制项目和实验对象。研究者本人能够决定对实验对象的选择、试验步骤的安排以及对态度的测定。研究者可以推断出变量之间存在的因果关系。

但是,控制实验法的缺点也是明显的:

首先,控制实验法主要是探求少数变量与传播效果之间的因果关系,其研究对象通常只有数十人,因而与动辄发放几千几万份问卷的民意调查法的"大样本"相比,控制实验法被称为是"小样本"。样本少,会影响到样本的代表性。

其次,控制实验法每次只能考虑有限的变量,其内在和外在的合理性经常出现问题。此外,实验对象可能出于礼貌和合作而不会诚实地回答问题。

最后,研究环境是在实验室人为的环境中,由于实验环境终究是人为设置的,与实际生活中复杂多变的状况有一定的距离,所以实验的结果往往会有误差。实验只记录短期效果,实验对象或者在实验后立即被询问,或者在几周之内被询问,但是研究者很难知道一种说服传播(新闻节目或政治广告)是否具有长期效果?实验对象离开实验室以后还有效果吗?这就是实验研究面临的最大挑战。

为弥补这一缺陷,近年来控制实验法开始转向室外,即将整个社会环境作为

"实验室",采用多元分析的方法来进行控制实验。

三、控制实验法的原理和方法

控制实验的目的是为了测试特定条件的作用,为了测试引起某种特定反应需要什么样的特定条件,所以核心是控制,即对实验条件加以严格控制。具体地讲,控制实验主要是控制以下三个条件:

1. 控制实验环境

为了尽可能地排除外部因素的干扰,研究者可以根据研究需要对实验环境进行控制,通过设计特定的实验环境,如场所、噪音等,来创造特定的环境条件,避免现实中可能影响实验结果的因素。

2. 控制研究变量

控制实验法能主动引发所要研究的现象,研究者可以控制自变量和因变量的数目、类型、刺激强度、操作方式等,以观察到特定条件下的变化。具体控制的变量如下:

(1)信源的条件——测试信源可信性与传播效果之间的关系。

(2)信息内容的条件——测试不同的信息内容是否会导致不同的认知和行为反应。如 1995 年,威斯康星大学的乔安妮·坎托、柯尔斯腾·哈里森、马丽娜·柯克玛做了一个实验来研究美国的电影分级制度对儿童决定是否观看某部电影的影响。实验让一群被抽中的年龄从 10 岁到 14 岁男孩从三部事先被判定为有同等吸引力的电影中挑选一部希望观看的电影,以此来操控自变量电影分级。[①] 有两部电影的分级为 PG 级,而第三部电影《爱琴海历险记》的分级则有所变化,在随机的基础上,有四分之一的男孩被告知它的分级是 G 级,四分之一的男孩被告知是

———————————

① 美国的电影分级为:G 级(普通观众,General(Audiences-All Ages Admitted):适合所有观众,少数片段的对话也许欠礼貌,但并未超出日常生活的范围。PG 级(建议由家长指导,Parental Guidance Suggested):若干内容也许对孩子并不合适,但没有很明显的性场面与吸毒场面,恐怖与暴力的场面不会超出允许的范围。PG-13 级(家长应非常小心,Parents Strongly Cautioned):家长应陪同 13 岁以下的子女观看,片中一般没有裸体镜头和持续的暴力镜头,可能有一些吸毒的镜头或有关性的露骨词句。R 级(17 岁以下限制观看,Restricted):17 岁以下儿童需要家长或成年人陪伴观看,含有一定的暴力、性或吸毒的场面。——编者注

PG 级,四分之一的男孩被告知是 PG-13 级,四分之一的男孩被告知是 R 级。如果电影的分级不影响他们的偏好的话,应该有 33％的男孩选《爱琴海历险记》,而不管它的分级是什么。结果却显示出了一些别的东西:当《爱琴海历险记》的级别是 G 级时,没有男孩选择它,当它的级别是 PG 级时,有 38.9％的男孩选择了它,超过了其他两部电影;但是当它的级别是 PG-13 级或 R 级时,至少有 50％的男孩想看它而不选择看其他两部电影。结果显示,对于 10 岁到 14 岁的男孩来说,宣布一部电影"过了界限"或"限制观看"会使得它更具吸引力。而将一部电影评为 G 级只会减弱它的流行程度。通过同样的实验程序,研究者们发现被抽取的同年龄段的女孩们明显地不受所谓"禁果"的影响。只有 11％的女孩在《爱琴海历险记》被说成是 R 级时选择了它,而有超过 29％的女孩在电影是 G 级时选择了它。

一般来说,要了解某条件是否导致某结果,在实验室的控制条件下比在实验室之外的环境更容易得到正确结论,原因在于实验室之外的环境有大量的其他因素,会影响到结果。在媒介效果研究中,该方法常被用到,就是因为排除干扰的实验室环境可以让研究者更清晰地观察到传播过程。

(3)传播方法和技巧的条件——测试不同的内容提示法、说理法和诉求法各自具有什么样的说服效果。有一项研究考察人们从电视、新闻杂志或报纸上是否能获知更多的政治议题。结果发现实验对象能从电视和新闻杂志上比从报纸上获知更多知识。这一发现可能是源于不同媒介记者所使用的不同的新闻技术,也可能和人们对媒介的实际使用有关。

3. 控制实验对象

控制实验法可以通过控制实验对象的人数、类型、结构等,以及控制特定的实验情境,使实验结果更加有效。可以具体控制以下几个方面:

(1)实验对象的社会条件——测试实验对象的各种社会属性、群体归属关系、群体规范等对他们接收信息的影响。

(2)实验对象的个性条件——测试个人的信息处理方式和习惯、自信心的强弱等个性特征对他们的信息处理过程及其结果的影响等。

如麦格劳(M. McGraw)和哈伯德(C. Hubbard)的实验主要观测人们如何处理与政府官员的传播过程,特别是关于公民的预存立场和人格特点如何影响他们解读官员的说服性信息。在实验中,实验对象被随机分配到不同的群体中,得到包含说服内容的材料,以及一些关于其知识水平、成熟度和人格特征的测试表。实验室环境可以控制实验对象的听和看,从而测量他们对这些刺激材料的反应,了解政治说服中的影响因素,即什么讯息能说服哪些人和为什么。

四、控制实验法的实施步骤

具体实施控制实验法一般遵循以下步骤:

1. 确定假设命题

如关于失业报道,记者们或者对失业趋势和数据进行深入的分析,强调政策的变化;或者聚焦纽约市一个失业的、无家可归的人的动人故事。第一类报道使观众思考关于失业的公共政策,第二类报道则作用于观众的情绪并强调个人的苦难。那么,究竟哪一类报道类型对受众最有教育意义呢? 哪一个故事又能使公民更受教育呢? 可以假定更有意义的报道类型应该使得受众更关心国家政策、更关心社会公共事务。这种媒介效果在实验室的控制条件下比实验室之外的环境更容易研究,因为实验室之外的环境有大量的其他因素发挥作用,研究者无法分辨出受众态度的改变是源于报道类型的不同还是其他因素。

2. 简化因素,确定变量

在传播的诸多因素中依实验目的并参照有关理论或定论,选择一对与研究目的相符的因果关系因素来作为实验变量。

在上面的例子中,可以将关心国家政策和社会公共事务简化为几个指标,如:对国家大事更关心;愿意参加社会公益活动等。具体到测试项目上,可以简化为考察阅读不同报道后读者对于失业者的态度、对相关政策的看法、对帮助失业者的公益项目的支持度等方面。

3. 准备经过特殊设计的专门的实验室

实验室内应配有阅读机、录音机、放映机以及各种记录、测量反应的仪器,对实验室的形状、灯光、色彩等也会有特殊的要求,以便实验进行时能够人为地控制某些变量以观察特殊变量与传播效果之间的因果关系。

4. 控制与实验

将选择的研究对象分为两个组——"实验组"和"控制组",尽量保持两组成员人数、年龄、性别、教育程度等变量的相同以排除这些变量在实验中可能产生的影响。在实验过程中,这两个组的唯一区别是两组成员接触的包含自变量的材料不同,以此来计算因变量是否会产生相应的变化。

在上面的例子中,可以通过给两组成员提供不同的阅读材料,之后让两组成员回答相关问卷,以观察读者的认知倾向、情绪变化等。

5. 统计分析

对实验所得的大量数据进行整理、分析,从中推出某些发现、结论,同时对实验的假设进行验证。

【本章小结】

舆论测量是按照某种规律,用数据来考察舆论,并作出量化描述。舆论测量比较客观,并可以精确地反映舆论的分布和强度。舆论测量在科研中,和定性研究互相补充、互相深化,这加强了我们对舆论的理解和洞察。一般说来,现代舆论测量中以下几种方法比较常用:民意调查法、焦点小组讨论法、控制实验法、内容分析法。其中,民意调查法最为重要。

【思考讨论题】

1. 什么是舆论测量?舆论测量的方法中比较重要的有哪几种?

2. 什么是内容分析法?为什么要进行该分析?媒介内容反映的是新闻记者的意见还是舆论?内容分析法主要运用于什么情况?理解并举例说明。

3. 请对近十年来《人民日报》的头版头条做一个内容分析的设计,要求列出研究目标、研究具体步骤,并请具体实行。要求对分析结果能够进行检验。

4. 请问:内容分析是定量研究,涉及抽样,分析的结果要推广到总体,是否要检验?又该如何检验?

5. 请就大学生留学问题组织一次焦点小组讨论。

6. 为研究相亲节目对人们婚恋观的影响,请设计一个控制实验。

第六章 舆论的测量(下)

民意调查是目前最为重要的舆论测量方法。该测量方法经过了一百余年的发展,目前已经形成了较为成熟的程序和实施方法,对于测知公众动向、描述舆论形态的分布发挥了重要作用,对现代社会的各个方面都有重要影响。在本章中,我们将重点介绍民意调查这种舆论测量的方法。

第一节 民意调查方法概述

民意调查对于我们了解公众观点、监测社会意识动向非常重要。本节我们重点了解民意调查的一些基础知识。

民意调查是一种定量研究,具有和定性研究不同的特点,具体体现在以下两条:第一,作为定量调查,舆论测量在技术上保证了民意的客观性。第二,定量调查可以精确反映舆论的结构,具体来说,即舆论的分布和强度。在科研中,民意调查和定性研究互相补充、互相深化,加强了对舆论的理解和洞察。

民意调查的最大优点在于调查更广泛、更专业、更规范,结果更为准确且全面,而且政府居于主动地位了解民意,对政府一些决策更有参考价值。现代社会,政府决策越来越复杂,越来越依赖于知识而非简单的经验,民意调查能让决策者客观地获得关于决策事项所包含的丰富信息,为政府科学、民主、依法执政带来新的契机。在此基础上,畅通社情民意通道,了解民意所向,决策者才能最大限度地做出正确决策。

中国共产党在十六届四中全会上强调:"要建立社会舆情汇集和分析机制,畅通社情民意反映渠道。"胡锦涛总书记指出:"完善深入了解民情,充分反映民意,广泛集中民智,切实珍惜民力的决策机制。"首先,民意调查可增强政策执行的可行性和操作性;其次,收集充分的民意可以看到民意的未来走向,以便于政府尽快做出政策调整,包括建立预警体系;第三,收集民意可多角度保证政策的合理性。

当前,我国正处在社会转型期,群众利益诉求、意见表达及价值判断呈现多元化特征,各种社会矛盾日益凸显。因此,政府需要倾听民众呼声以了解民意,同时民众也希望获得对政府工作的知情权、参与权、表达权、监督权。在这种情况下,社情民意调查对各级党委、政府而言,显得十分迫切而又必要。

一、民意调查方法的发展轨迹

该调查方法发端于国外。早在 19 世纪早期,在欧美等地就出现了民意调查。1824 年,美国就有报刊对选民进行调查以了解选民对亚当斯、杰克逊等四位当时的总统候选人的态度。然而,彼时的民意调查与其说是一种科学,不如说是一种吸引大众的手段。在实际运用中,调查的结果很少被视为科学和严肃的,不管是公众抑或决策者,都不把民意调查列入认真考量的范畴。到 19 世纪末,民意调查已经成为多数报刊吸引和娱乐公众的重要手段,各大报刊在选举前都会展开民意调查,发布调查结果。20 世纪三三十年代,收音机在西方得到普及,广播开始成为重要的新闻媒介和娱乐手段。由此,受众收听率的调查成为舆论调查的主要方面,直接刺激了对大规模群体行为和态度的预测和监测,抽样调查成为普遍运用的调查方法。其中,《文学文摘》因为采用抽样调查法,成功预测了 1924 年、1928 年和 1932 年三次美国总统大选结果而名声大噪。然而,彼时的民意调查仍然不是成熟的调查方法,直到 1935 年乔治·盖洛普创建"美国民意测验所",摒弃传统样本越多越精确的观点,对以往的测验方法进行了重大改进,民意调查方法才开始走向成熟。盖洛普的改进主要表现在以下几个方面:采用配额等比抽样,依照调查对象的性别、年龄、居住地、种族、社会阶层和收入等进行配额等比抽取,从而使得较小的样本群就能够比较科学地代表调查的总体。此外,改革访问方式,放弃邮寄调查方法,采用面访法,有效地提高了问卷回收率和问卷填写质量。1936 年,《文学文摘》

和盖洛普都对当年的总统大选结果做出了预测。当时《文学文摘》共发出 2000 多万张选票,回收了 237 万张,根据统计结果预测,兰登将当选总统。盖洛普访问对象 50000 人,预测罗斯福将击败兰登。最终大选结果是,罗斯福大获全胜,《文学文摘》的声誉就此一落千丈,盖洛普民意测验研究所成了美国当时最具权威性的民意测验机构,从此,配额抽样法得到广泛推广,民意调查的发展进入成熟阶段,被视为科学的舆论测量方法,成为衡量政治与经济的一个重要工具,并逐渐发展成为一个产业,涌现出一批著名的民意调查机构,如哈里斯兄弟民意测验所、密歇根大学调查研究中心,以及丹佛大学的全国舆论研究中心等。一批新闻媒介机构也开始设立自己的舆论调查机构,如哥伦比亚广播公司和《纽约时报》都分别建立了自己的民意测验机构,为新闻报道和受众调查服务。20 世纪 60 年代以后,伴随着数学模型、统计分析方法的发展和计算机技术的日益成熟,市场调查数据的分析、研究方式、解读方法的增加,使得市场调查的研究色彩日益加重,广告公司、营销部门日益将民意调查作为重要程序,民意调查被大量运用于市场研究环节,如产品市场研究和区域、行业市场调查,催生出庞大的市场调查业。

二、我国民意调查的历史和现状

在中国,民意调查也经过了一个发展的过程,深受西方民意调查方法的影响。早在 1922 年 11 月,我国就举行了第一次民意测验,由留美归国的心理学硕士张耀翔主持,在北京高等师范成立 14 周年纪念系列活动中,该校心理学研究室就当时部分时政热点对来宾进行了一次民意调查。调查采用了匿名问卷的形式,内容涉及总统选举、宗教信仰、社会风俗、公共管理等问题,调查结果在《晨报》上予以公布。1923 年 12 月,北京大学教师也在校庆纪念日,对来宾进行了类似的民意测验。此后,类似的民意调查不断出现,其间有三次民意测验活动影响较大。一次是 1936 年底至 1937 年初"上海报纸和上海读者调查",由当时上海民治新闻专科学校校长顾执中先生主持。此次民意测验首次采用派访问员入户面访的调查方式,调查结果首次被直接用于指导社会实践。第二次是 1938 年重庆《新华日报》连续两次刊登读者意见调查表,调查读者对报纸内容的评价、意见及改进办法。这是中国共产党主持的第一次民意调查活动。第三次也是影响最大的一次是《大公报》在

1942 年发起的关于中国民众对抗战前途问题看法的民意调查,共回收调查答卷 1230 份。这批早期的民意调查开我国民意调查的先河,但其社会影响力很小,调查结果也未受到充分重视。从 1922 年首次进行民意测验到 1949 年,中国没有专门的民意调查机构,也没有进行过一次全国性的民意调查。

1949 年,新中国成立。然而由于当时对西方定量研究的不重视和"左"的思想的影响,民意调查始终处于被忽视的状态。从 1949 年到 1979 年 9 月,中国没有举办过一次民意调查。一直到中国共产党十一届三中全会后,1979 年 9 月,《北京日报》内参部才在北京维尼纶厂进行了新中国成立后的第一次民意调查。这次调查的目的主要是了解企业职工对一些重大问题的看法,如对实现四个现代化的信心、对真理标准问题讨论的看法、最反感和最感兴趣的事情、我国目前有哪些急需解决的问题等。此后,民意调查迅速发展,专业民意调查机构相继诞生,并且由以学术性机构为主导向以商业机构为主导转变。1986 年 10 月中国人民大学舆论所成立,1986 年 12 月中国社会调查所成立,1992 年零点调查成立,1998 年中国民意调查和市场研究第一次行业代表大会召开,2000 年中国市场调查行业分会成立。目前舆论调查已经发展成为一个具有巨大经济效益和社会影响力的产业,不少部门就公众关注的热点问题开展调查,有的媒体还定期刊登公众调查的调查报告。网上调查、电话调查在我国也得到了健康发展。有关抽样调查的理论,如非抽样误差控制的研究也得到了广泛重视。

三、民意调查的基本程序

民意调查一般包括下列几个步骤:

首先,把握调研的目的和内容。这一步骤是方案设计的第一步,实质是规定设计问卷所需的信息。对于直接参与调研方案设计的研究者来说,可以跳过这一步骤。但是,对于未参与方案设计的研究者来说,首要的工作是了解调研的目的和内容。为此需要认真讨论调研的目的、主题和理论假设,并细读研究方案,向方案设计者咨询并与之讨论,将问题具体化、条理化和可操作化,以变成一系列可以测量的变量或指标。

其次,围绕调查目的搜集有关研究课题的资料,加深对所调查研究问题和调查对象的认识。收集相关资料为问题设计提供参考,开阔思路,明确哪些问题值得提问,以及从哪些角度提问。同时通过对个别调查对象进行深入访问,以帮助了解调查对象的经历、习惯、文化水平,以及对调查课题的了解程度等,以便能够根据受访者的类型设计问卷。例如大学生关注的问题家庭主妇未必关心,适用于大学生的问题不一定适合家庭主妇,因此需要根据调查对象的类型加以设计。此外,还可以根据实际情况设计合乎需要的问题和选项。

第三,确定调查方法的类型。不同类型的调查方式会影响到问卷的设计。如面访调查中,被调查者可以看到问题并可以与调查人员进行面对面的交谈,因此可以向被调查者询问较长的、复杂的和各种类型的问题。而在电话访问中,被调查者虽然可以与调查人员交谈,但是却看不到问卷,这就决定了调查人员只能问被调查者一些短的和比较简单的问题。邮寄问卷是被调查者独自填写的,缺少面对面的交流,因此问题设计应简单些并要给出必要的回答问题的指导。而在网络调查中,则可以实现较复杂的跳答和随机化安排问题,以减小由顺序造成的偏差。

第四,确定问卷结构和内容。根据调查的目的和方法,对问卷进行精心设计和修订,以确定每个问答题的内容,确保问卷能够实现调查目的。

第五,将调查问卷定稿投入大规模实地调查中。

第六,对调查问卷答案进行编码,运用统计软件(多为 SPSS 软件)进行数据输入和统计分析。

第七,撰写调查报告。

四、民意调查的团队

民意调查一般是按照团队集体作业的形式展开工作。团队一般包括研究员、分析员、督导员、访问员四种成员,尽管在实际调查项目中具体名称可能不同,但是其基本承担的工作可以分为这四类。其中研究员是调查项目的灵魂和核心,从选题到最终研究结论的形成,研究员始终是项目的主持者和第一责任人,因此他不仅需要具有相关研究背景,同时更关键的是要具有掌控全局的能力。在商业性的市场调查中,一般由项目经理承担主揽全局的任务。其次是分析员,分析员主要负责对获得的数据进行统计分析,以保证项目数据统计的科学性和准确性。三是督导员,一般较大型的民意调查团队中都会配有多位督导员,负责培训访问员、管理访问员,并为访问员提供现场支持,以保证访问的质量。最后是访问员,访问员负责直接的访问,获得基础数据。访问员一般需要通过基础访问技巧培训,并针对具体项目进行必要的项目培训,才能够保证任务完成的质量。这四种成员各自独立,各司其职,同时又相互支持。在具体调查研究中,有时候不一定明显区分四者,如不少调查项目中,分析员和研究员合二为一。在一些小型调查中,甚至是一人身兼数职,一个人既负责选题和调查方案设计,承担数据分析,同时也负责具体的访问。

第二节　调查问卷设计

调查问卷又称调查表或询问表,是以问题的形式系统地记载调查内容的一种问卷。调查问卷是一种当代最常用的社会调查手段。美国社会学家艾尔·巴比认为"问卷是社会调查的支柱"。设计问卷,也是舆论调查的关键。一份好的问卷能将问题准确传达给调查对象,使调查对象乐于及容易回答,这样调查者可以以较小的代价获得准确的信息,为决策服务。

一般而言,要设计一份好的问卷,需要遵循以下几点原则:

第一,提问合理、科学。

第二,结构合理,逻辑性强。问题的排列应有一定的逻辑顺序,符合调查对象的思维程序,一般是先易后难、先简后繁、先具体后抽象。

第三,控制问卷的难度。问卷语言应该通俗易懂,使调查对象一目了然,并愿意如实回答。措词要符合调查对象的理解能力和认识能力,避免使用专业术语。问题回答难度不要太大。

第四,控制问卷的长度。回答问卷的时间最好控制在 20 分钟左右,只问必要的问题。如果是自填式问卷,最好在一页内能够完成问卷。

第五,问卷必须易于管理,既方便调查者记录下调查对象的回答,又便于资料的校验、数据的整理和统计。

实施问卷调查的具体步骤如下:

首先,根据调查的目的和方法,对问卷进行精心设计,以确定问卷的类型和结构。一般结构是固定的,根据具体的调查目标和调查对象可以加以修订。

其次,确定问题的内容和问题的形式,包括问哪几个方面的问题、如何提问、具体问题是否明晰、每个答案选项是否严谨和全面,以保证整个问卷是否全面与切中要害。同时问卷篇幅不宜太长,以免调查对象失去耐心。总之,目的就是确保调查对象完成问卷,并能够实现调查目的。例如,调查西方国家对中国的看法,大体可以分为四个方面提问,即对中国和中国文化的情绪和兴趣、对中国和中国文化的了解程度、对中国政治和社会制度的认同、实际的利益认同。一般情况下,这四个方面可以涵盖西方国家对中国看法的方方面面,提问就要有意识地针对这四个方面展开。再如调查国人对同性恋的态度,可以大致从对同性恋的了解程度、对同性恋的情感态度、对与同性恋人士的社会交往态度等几个方面提问。

第三,修订问题的措辞。

第四,确定问题的先后顺序。

第五,对问卷进行测试,并根据结果修订问卷,统一格式和排版,最后制成正式问卷。对调查问卷初稿进行测试,试着在小范围内进行一次调查,根据调查结果,对问卷进行修订,改正不合适或容易引起歧义的问题,增补或删除一些问题,以确保问卷更好地为调查目的服务。

以上五个部分是问卷设计的基本步骤,下面我们来分别讲述一下。

一、确定问卷的类型

按照问卷的用途分,可以分为甄别问卷、调查问卷和回访问卷(复核问卷)。

1. 甄别问卷

为了保证调查对象确实是调查的目标群体而设计的一组问题。如调查美国总统大选,不在选民之列的自然就在范围之外。调查大学生文化消费情况,那么非大学生群体自然就被排除在外。在市场调查中,该类型问卷使用较多,以保证调查者是产品的目标消费者,一般包括对个体自然状态变量的排除、对产品适用性的排除、对产品使用频率的排除、对产品评价有特殊影响状态的排除等方面。对个体自然状态的排除主要是为了甄别调查对象的自然状态(年龄、性别、文化程度、收入等)是否符合产品的目标定位。如男用防脱发洗发水的消费者要排除女性和少年。假设该产品只适用于油性头皮,那么产品适用性的甄别问题可以为:

您的头皮是:油性 继续; 混合型 继续; 干性 中止访问

此外,还可以设计问题排除产品使用频率过低的消费者和有偏见的消费者,这样就可以确保抽样框合适,获得的数据是有效的数据,而不至于被来自调查范围外的数据干扰。

2. 调查问卷

是民意调查的主体形式。任何调查,可以没有甄别问卷,也可以没有回访问卷,但是必须有调查问卷,因为它是分析的基础。

3. 回访问卷

又称复核问卷,是为了检查访问员是否按要求进行调查而设计的一种监督形式的问卷。它由卷首语、甄别问卷的所有问题和调查问卷中一些关键性问题组成。

调查问卷,按照问卷填答者的不同,可分为自填式问卷调查和代填式问卷调查。其中,自填式问卷调查,按照问卷传递方式的不同,可分为报刊型问卷、邮寄型问卷、发送型问卷和网络型问卷;代填式问卷调查,按照与被调查者交谈方式的不同,可分为访问型问卷调查和电话型问卷调查。访问型问卷调查是调查员通过面对面采访调查对象,由访问员根据调查对象的回答填写的问卷。电话型问卷调查主要是通过电话采访获得信息。这两种问卷的调查虽然成本高、费时长,但是回收率却是最高的,一般要求在90%以上,填答的结果相较于其他调查方式更可靠。

自填式问卷是由调查对象自己填写的问卷。由于自填式问卷是由调查对象自己填写,所以在问卷中需要对调查对象作一些答题的必要指导,问题要求更明晰,并且可以告知调查对象保密和匿名原则,以确保消除调查对象的顾虑。自填式问卷由于发送方式的不同又可以分为发送型问卷、报刊型问卷和邮寄型问卷。发送型问卷是由调查员直接将问卷送到调查对象手中,并由调查员直接回收的调查方式。该调查方式成本高于直接访问,回收率介于邮寄型问卷和访问型问卷之间,回收率一般要求在67%以上,问卷结果的可靠程度也介于两者之间。邮寄型问卷是由调查单位直接邮寄给调查对象,调查对象自己填答后,再邮寄回调查单位的调查方式。报刊型问卷是随报刊发放的问卷,请报刊读者对问卷做出书面回答,然后按规定的时间将问卷通过邮局寄回报刊编辑部。这两种问卷的回收率低,一般而言,回收率要求在 50％左右。样本的缺少会导致样本出现偏差,影响样本对总体的判断,同时调查过程难以控制会导致问卷结果的可信性与有效性都较低。再加上报刊型问卷由于已经规定了调查范围局限于报刊读者,所以调查样本也容易出现误差。

目前还出现了网络型问卷,其优点是方便、快捷、成本低、匿名性好,但是调查对象的范围不容易控制,回收率也难以保证。

二、确定调查问卷的结构

调查问卷的结构一般包括六个部分:标题、卷首语、主体、编码号、结束语和调查记录。

1. 标题

每份问卷都有一个研究主题,问卷应确定标题以反映这一研究主题,使人一目了然,增强调查对象的兴趣和责任感。例如,"中国政府信息透明化状况及趋势调查",这一问卷的标题,把调查的内容和范围都反映出来了。再如,"当代大学生文化消费情况调查"这一标题,把调查对象和调查中心内容和盘托出,十分鲜明。

2. 卷首语

一般放在问卷的开头,篇幅宜小不宜大。访问型问卷的开头一般非常简短,而自填式问卷的开头可以长一些,但一般以不超过两三百字为佳。

可以是一封致调查对象的信,也可以是指导语,说明这一调查的目的、意义,以及填答问卷的要求和注意事项,同时注明调查单位名称和时间。一般包括以下内容:

自我介绍:简单说明本次调查活动的目的、意义,让调查对象了解调查者想调查什么,告诉对方本次调查的组织单位、调查结果的使用者,使调查对象更愿意接受调查。

回收问卷的时间、方式及其他事项:应确保调查的匿名性和保密性原则,以便消除调查对象的顾虑并感谢调查对象的配合。其目的在于引起调查对象对填答问卷的重视和兴趣,使其对调查给予积极支持和配合。

答卷的注意事项等：对于某些比较复杂的问卷或者调查对象文化水平较低，则需要特别说明答卷的注意事项，告诉调查对象如何填写问卷，包括对某种定义、标题的限定和示范举例等内容。

对调查对象的支持表达谢意：有时这部分内容也可以单独放在卷尾致谢语部分。

需要指出的是，在卷首语部分，不一定涵盖以上所有内容，可以根据需要有所侧重。

例如：本项调查主要想了解大家对学校食堂的看法，包括卫生、价格、口味等方面，以便于我们提高服务。

或者也可以是：您好，谢谢您参加我们针对食堂服务质量的调查！本次调查只占用您两分钟的时间。为了保证调查结果的准确性，请您如实回答所有问题。您的回答对于我们得出客观的结论很重要，希望您能配合和支持我们，谢谢！

3. 主体

正文部分是问卷的主体部分，主要包括问题和答案，是组织单位将所要调查了解的内容，具体化为一些问题和备选答案。该部分内容一般采用选择题的形式，少量题目采用问答的形式，一般要求问题清晰，容易理解和回答。

4. 编码号

编码号可以在设计问卷的时候就确定下来，也可以在回收问卷后进行编码。如果是规模较大又需要运用电子计算机进行统计分析的调查，在用 SPSS 软件进行分析时，要求所有的资料数量化，与此相应，问卷就要增加编码号，以保证每个答案都有一个单独的编码号相对应。

5. 结束语

一般放在调查问卷的最后，简单向调查对象强调本次调查活动的重要性并再次表达谢意。但是如果前面的卷首语已经有表示感谢的话语，则此外可以省略。如果是邮寄型问卷，也可以在此处写明回收问卷的时间，有些问卷设计者也会将这部分内容放在卷首语中。

6. 调查记录

用以记录调查完成的情况，调查访问员在上面签写姓名和日期。有些问卷则会省略该部分,但是调查组内部应该清楚是谁做的调查、调查地点等。

三、确定问题的内容和形式

问题和答案是问卷的核心部分。从内容上看,问卷中要询问的问题,大体上可以分为四类:

第一类,背景性的问题,主要目的是获取调查对象个人的基本信息,是调查问卷的必备项目,也是对问卷进行分析研究的重要依据。调查对象的信息一般包括:性别、年龄、职业、收入、家庭状况、居住环境、受教育程度等。这些问题又被称为"分类性问题",因为可根据所获得的资料将调查对象分类。通过对这些内容的分类和统计,可以了解不同年龄、不同性别、不同文化程度的个体的态度、行为和观点差异,在调查分析时能提供重要的参考作用,并能针对不同群体写出多篇有针对性的调查报告。在调查中,该类问题多置于问卷之首,以便对调查对象进行分类、分析。

在这类问题中,有一种特殊类型叫相倚问题。在问卷中常遇到有些问题只适用于调查样本中的一部分人,某一调查对象是否应该回答这一问题常常要根据他对前面某一问题的回答结果所定。这样的问题,我们称为相倚问题,而前面的那个问题则称为渗透式问题(或过滤问题、筛选问题),目的是过滤掉对问题不在意或者不了解的人。某一调查对象是否应该回答这一问题要根据他对过滤问题(筛选问题)的回答情况来决定。例如,对于过滤问题"是否使用过博客",有两种可能的回答:是和否;相倚问题"你一周使用几次博客",只适合前面问题选择"是"的部分调查对象回答。

相倚问题一定要具有显著的标志,以与一般问题区分。

第二类,客观性问题,是指已经发生和正在发生的各种事实和行为,主要是要求调查对象回答一些有关事实的问题。行为问题测量的是调查对象过去发生的或正在进行的某些行为和事件。特征问题与行为问题统称为事实问题,它们是有关调查对象的客观事实;事实性问题的主要目的在于求取事实资料,因此问题中的字眼、定义必须清楚,以便调查对象了解后能正确回答。

第三类,主观性问题,是指关于人们的思想、感情、态度、认识、意愿等主观因素的问题,目的是了解某现象产生的直接原因和历史原因。例如:你是否喜欢日本文化? 这类问题事实上即态度调查问题。问题设计的重点是保证调查对象愿意表达真正的态度;此外,要能够从答案中对态度的强弱加以程度区分。在实际调查中,由于问题是主观的,调查对象回答时常常会受到提问所用字眼和问题次序的影响,导致对同样问题所作的回答有所不同。因此该类问题的设计较为困难,通常设计者有以下几种处理方法:其一是对该类问题的答案只用百分比表示,例如同意某一看法的人占多少比例等。其二是将答案化成分数,以衡量调查对象的态度强弱。其三是有意识地对该类问题及答案选项次序加以颠倒,做成不同版本的内容相同、次序不一致的问卷,这样在调查中可以抵消问题次序的影响。

主观性问题有时候以探查式问题的形式出现,以寻求对回答的更详尽的理解,例如:"还有吗?""为什么?"等。有许多问题是先假定一种情况,然后询问调查对象在该种情况下会采取什么行动。例如:"如果《××晚报》涨价至 2 元,你是否将改看另一种未涨价的晚报?""如果××牌洗衣粉跌价 1 元,你是否愿意用它?""你是否愿意加薪?""你是否赞成公共汽车公司改善服务?"调查对象对这种问题多数会答"是"。调查对象的答案事实上没有多大意义,因为多数人都愿意尝试一种新事物,或获得一些新经验。

第四类,检验性问题,为检验回答是否真实、准确而设计的问题。这类问题,一般安排在问卷的不同位置,通过互相检验来判断回答的真实性和准确性。

四类问题中,背景性问题是任何问卷都不可缺少的。因为,背景情况是对调查对象分类和不同类型调查对象进行对比研究的重要依据。至于其他三类问题,一种问卷中不一定必须同时具备。

按问题答案划分,可以分为封闭式问题、半封闭式问题、开放式问题三种基本类型。

1. 封闭式问题

通常也称为闭口式问题,它提供调查者设计的几种不同的答案选项,这些答案选项既可能相互排斥,也可能彼此共存,调查对象可以根据自己的实际情况在答案中作出选择。封闭式问题又可分为:

(1)填空式,一般是在问题的最后划一横线或留一括号,由调查对象直接填写。

例如：

您的年龄是（　　　）周岁？

您主要通过什么渠道获取新闻资讯？（　　　）

填空式问题一般比较简单，通常只需填写数字即可。

（2）是否式，即问题的答案只有"是"和"否"两种情况，调查对象可以根据实际情况选择。例如：

您家订阅报纸吗？　1. 是　　2. 否

您是否同意我国网络实行实名制？　1. 是　　2. 否

该类问题的特点是答案明确，容易区分。缺点是所得信息量较少，难以分析两种极端回答之间差别形成的原因。

（3）多项选择式，即给出的答案选项在两个以上，回答者根据实际选择一个或多个，这是调查问卷中运用最多的一种问题形式。例如：

影响您选择洗发水的原因是什么？

价格　质量　气味　包装　口碑　其他

您是否同意我国网络实行实名制？

非常同意　一般同意　中立　不同意　非常不同意

（4）量表式（表格式），即将同一类型的问题集中到一起，构成一种问题形式，这种形式多用于各种量表。

您认为下列新闻媒介最能体现出下列哪些特点：

新闻媒体	迅速	真实	全面	客观	公正	生动	方便	印象深
报纸	1	2	3	4	5	6	7	8
电视	1	2	3	4	5	6	7	8
广播	1	2	3	4	5	6	7	8

量表式问题的优点是能够节省问卷的篇幅，回答较为方便。但是在一份问卷中不宜用得过多，以免影响答题效果。

封闭式问题的优点包括以下几个方面：第一，答案是标准化的，对答案进行编码和分析都比较容易；第二，回答者易于作答，有利于提高问卷的回收率；第三，问题的含义比较清楚，因为所提供的答案有助于理解题意，这样就可以避免调查对象由于不理解题意而拒绝回答。

封闭式问题的缺点有:第一,如果调查对象对题目理解不正确的话,也难以觉察出来。第二,可能产生"顺序偏差"或"位置偏差",即调查对象选择的答案可能与该答案的排列位置有关。多年的调查实践表明,调查对象对陈述性答案趋向于选择第一个答案或最后一个答案,特别是第一个答案,而对一组数字(数量或价格)则趋向于选择中间位置的选项。为了减少顺序偏差,可以准备几种形式的问卷,每种问卷答案排列的顺序都不同。第三,有可能存在不在选项中的答案。封闭式问题由于答案本身限制了问题回答的范围和方式,可能会导致一些重要信息丧失,问卷所获得的信息的价值很大程度上取决于问卷设计自身的科学性、全面性,对问卷设计者要求较高。

对于封闭式问题,问题答案的设计直接关系到调查的成功与否。答案的设计,除了要与所提问题一致外,还应注意答案的穷尽性与互斥性原则。所谓答案的穷尽性,指的是现有答案中包括了所有可能的情况。如:您的性别是:(1)男(2)女。对于调查对象来说,该问题的答案中总有一个是符合他的情况的,即调查对象总有答案可选。

如果某个调查对象无法在答案中发现适合他的选项,那么这一问题的答案就是不穷尽的。如有一些问题调查者可能并不熟悉或者答案非常分散,为了保证答案的穷尽性,在答案选项的最后一般会加上一项"其他",从而包含了所有可能的情况。如:

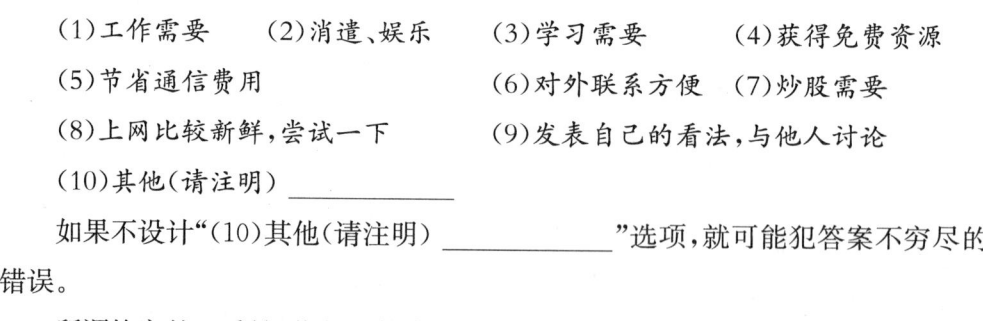

您上网是为了:(限选 2 项)

(1)工作需要　　(2)消遣、娱乐　　(3)学习需要　　　(4)获得免费资源

(5)节省通信费用　　　　(6)对外联系方便　(7)炒股需要

(8)上网比较新鲜,尝试一下　　(9)发表自己的看法,与他人讨论

(10)其他(请注明)＿＿＿＿＿＿

如果不设计"(10)其他(请注明)＿＿＿＿＿＿"选项,就可能犯答案不穷尽的错误。

所谓答案的互斥性,指的是答案之间不交叉重叠或互相包含,即对于调查对象来说,某个问题的答案只有一个,如果有两个或多个答案,就说明这一问题的答案是不互斥的。比如下面就是答案不互斥的一个典型例子:

您的婚姻状况是:(1)单身　(2)离异　(3)已婚　(4)未婚　(5)丧偶

其中,单身包含了未婚、离异没有再婚、丧偶没有再婚三种情况,离异、丧偶和已婚也是不互斥的。

这样的答案设计,会使得调查对象无所适从,理解发生歧义,调查者就会得不到准确的数据。

在封闭式问题中尤其要注意避免选项重复。例如:

你购买××牌洗衣粉的主要原因是:

a. 洗衣较洁白　　　b. 售价较低廉　　　c. 容易买到　　　d. 不伤手

e. 价格与已有的牌子相同,但量较多　　　f. 朋友推荐

该答案选项中,b 和 e 意思是重复的。

2. 开放式问题

也称为开口式问题,这类问题不设置标准的答案,让调查对象用他们自己的语言自由回答,不具体提供选择答案。例如:"您为什么喜欢日本的动漫?""您对国产电影现状有何看法?"

开放式问题可以让调查对象充分地表达自己的看法和理由,有时可获得研究者始料未及的答案。

当然开放式问题亦有其缺点。第一,资料整理与分析困难。由于答案各不相同,所用字眼各异,再加上答案中无用信息较多,难以统计分析,所以整个过程相当耗费时间。此外,对答案分类分析时容易受整理者个人偏见影响。第二,面访时调查员的态度会直接影响到调查结果,容易出现偏差。例如调查受个人立场的影响,容易导致记录答案时歪曲调查对象的本意。当然,这些不足可运用录音机来弥补。第三,在实际调查中,由于问题回答起来比较麻烦,可能会遭到调查对象的拒答。

在实际运用中,开放性问题多用于小规模探索性调研,在大规模的抽样调查中,一般限制使用。通常而言,面访中第一个问题一般采用开放式问题,以便让调查对象有机会尽量发表意见,制造有利的调查气氛,缩短调查者与调查对象之间的距离。此外,开放性问题由于回答难度较大,也常常放在最后,以防由于调查对象一开始就放弃回答而导致问卷作废。同时,在大规模调查中,该类问题的数量一般控制在1—2道,以控制问卷回答的难度和时间。

3. 半封闭式问题

该类问题介于封闭式问题和开放式问题之间,比开放式问题容易回答,但又为

调查对象提供了一定的自由度,避免了答案和选项中的答案不一致的情况。在统计分析上,半封闭式问题要比开放式问题便捷。例如:

您选择购买住房时考虑的主要因素是什么?

(A)价格　　(B)面积　　(C)交通情况　　(D)周边环境

(E)户型　　(F)施工质量　　(G)其他(请注明)＿＿＿＿＿

四、问题设计的原则

在问题的设计中,有几个要注意的原则:

1.设计的问题必须符合调查对象的客观实际情况

问卷要根据调查主题和调查对象,从实际出发拟题,问题目的明确、重点突出。

首先在主题上要和调查对象相关,能够激发调查对象的兴趣和回答热情。一般而言,当调查主题与调查对象无关时,调查对象便会倾向于拒绝参与调查。当调查对象对题目感兴趣或当他们感到问题回答起来不会太困难时,一般倾向于回答问卷。如调查对于中国文化产业的看法,如果调查对象是农民,一般很难得到他们的配合。调查问卷的问题也必须和主题相关,如:调查主题是"某洗发水品牌的用户消费感受",从主题出发,结合一定的行业经验与商业知识,基本能够确定问题分布的方面:

一是使用者(可认定为购买者)。包括她(他)的基本情况(自然状况:如性别、年龄、头发性质等);使用洗发水的情况(是否使用过该品牌的洗发水、使用周期、使用洗发水的日常习惯等)。

二是购买力和购买欲。包括她(他)的社会状况,比如收入水平、受教育程度、职业等;洗发水消费特点(品牌、包装、价位、产品外观等);使用该品牌洗发水的效果,对产品价格、使用效果、心理满足等方面的评价等。

三是产品本身。包括对包装与商标的评价、广告等促销手段的影响力、与市场上同类产品的横向比较……

这样几个方面的问题对于调查主题的结果是有直接帮助的。调查对象通过这些问题比较容易了解调查员的意图,从而予以配合。如果在提问中涉及一些与调查主题无关的问题就会导致调查对象的拒答。

其次,问卷应该针对调查对象设计,如对儿童进行调查的问卷应当使用儿童的语言表述,对成人进行调查的问卷应当使用成人的语言,针对文化水平较低的人群进行调查的问卷应该使用较为简单的语言。问卷应该避免使用专业术语和可能被调查对象误解的词语,最好使用简单的日常用语。

第三,一份问卷要在各种情景和环境条件下实施,所以应考虑问卷访问的环境,问题的设计应该是容易回答的,问题不要过于复杂,开放式问题也不宜太多。

2. 只问必要的问题

问卷的主要目的就是收集满足调查目的所需的信息,如果问题数量过少、过于简略,便无法获得所需信息;如果问题数量过多、过于繁杂,则会大大增加工作量和调查成本,而且还会降低调查对象的回答质量,降低问卷的回复率和有效率,也不利于数据的进一步分析和说明问题。因此,问题需要遵循必要性原则,问卷中的每一个问题都要对所需的信息有所贡献,或服务于某些特定的目的。如果从一个问题中得不到需要的信息,那么就应该取消或修改这个问题。在具体操作中,应该做到针对每个问题,都应反问两个问题:第一,这个问题有必要吗? 第二,是需要几个问答题还是只需要一个就可以获得该信息? 有时候一个问题就可以得到所需要的信息,有时候为了准确获取所需的信息,需要同时询问几个问题。例如,关于鞋子选择方面的"为什么"问题都涉及两方面的内容:①"不好看,但舒适性还可以",②"不舒适,但好看",③"既不好看,也不舒适"。此处为了获取所需的信息,应该询问两个不同的问题:①"您是否认为××品牌的鞋好看?"②"您是否认为××品牌的鞋穿着舒适?"

对于该两问的问题则要避免一问两答,例如:"你对未婚同居和同性恋持反对态度吗?"正确的提问应该是分解为两个问题:"你对未婚同居持反对态度吗?""你对同性恋持反对态度吗?"因为同性恋和未婚同居并不是一回事,很大可能是调查对象反对其中一个而支持另外一个,如果放在一起提问,只会让调查对象无所适从,难以回答,导致答案无效。

3. 避免向调查对象提出"不能答"的问题

凡调查对象不可能如实回答的问题,调查对象多半不予理睬或者随便回答,因此一般都不宜正面提出。"不能答"情况的发生,可能是调查对象"不知道"、"回忆

不起来"或是"不会表达"。

第一,对于"不知道"的情况应在提问前先问一些"过滤问题",即测量一下过去的经验、熟悉程度,从而将那些不了解情况的调查对象过滤掉。例如:"你每天抽多少支香烟?"事实上这名调查对象极可能根本不抽烟,这种问题调查对象往往会觉得为难。正确处理这种问题的方法是在断定性问题之前加一个"过滤"问题。例如:"你抽烟吗?"如果调查对象回答"是",用断定问题继续问下去才有意义,否则在过滤问题后就应停止。

第二,当调查对象对有些调查内容回忆不起来时,可以在问卷中进行提示,帮助对方进入回忆。当今研究结果表明,回忆一个事件的能力受三个因素的影响:第一,事件本身;第二,事件发生的时间跨度;第三,有无可能帮助记忆的其他事件。如果没有适当提示帮助对方进入记忆,会导致调查对象低估实际情况。例如:提问"您是通过什么途径了解我们的产品的?"调查对象往往想不起来。但是,如果在选项中列出电视广告、口耳相传、报刊广告、户外广告等渠道,然后问:"您是通过下列哪些途径了解我们的产品的?"这就给出了提示来刺激调查对象的记忆。

第三,防备记忆误差。人具有选择性注意的倾向,可能导致有些问题调查对象会无意识地进行删改和修正。如一般人对于某些数字有天然的倾向性,比如调查消费者每天吸烟的支数,消费者一般会回答5支、10支、1包等,而类似于3支、4支的回答则非常少。解决的方法一般有两个,一是控制调查周期,二是对于记忆类的问题一般问"上次"比问"平均"要精确得多。比如问"您上次饮用了几瓶啤酒"比"您平均一年饮用几瓶啤酒"效果要好。

第四,对有些类型的问题调查对象较难表达其答案,调查问卷违背了"明确性"的原则,将导致回答困难和有效信息的流失。所以调查者提问要明确,以保证调查对象能够清楚地知道问题的含义,并且明确回答。

如"您通常几点上班?"是一个不明确的问题。这到底是指你何时离家还是在办公地点何时正式开始工作?不仅不明确、难以说明问题,而且令调查对象很难作答。问题应改为"通常情况下你几点离家去上班?"

问题:您的婚姻状况:

答案:Ⅰ.已婚　　Ⅱ.未婚

显而易见,此题还有第三种答案(离婚/丧偶/分居)。

再如,对问题"你有几个孩子?"可以有各种各样的解释方式。有的调查对象认为仅仅是居住在家里的孩子,然而,另一位调查对象可能会把上次婚姻所生的孩子也包括进去。这个问题应改为:"你有几个 18 岁以下并居住在家里的孩子?"

另外,提问应该避免用"一般"、"大约"或"经常"等模糊性词语,例如:

你是否经常和老师交流孩子的学习、生活情况?

A.经常(　) 　B.有过几次(　) 　C.很少(　) 　D.从不(　)

上面这道题目在选项中出现的"经常"就不太合适,因为不同的调查对象与调查者对"经常"的理解都有可能出现不一致,从而导致资料出现偏差。

第五,避免抽象问题。例如,询问调查对象喜欢到有着什么气氛的饭店吃饭,调查对象往往很难准确地表达。不过如果给调查对象提供一些描绘饭店气氛的可供选择的答案,调查对象就可以指出他们最喜欢的那一种。否则如果他们不能表达,他们就可能忽视该问题并拒绝回答问卷的其余部分,因此应当为他们提供一些帮助,如图片、地图、描述性词汇等,来协助他们回答。

4.避免向调查对象提出他们"不愿回答"的问题

调查对象不愿回答的问题多是敏感性问题和易使他们陷入困境的问题,一般指涉及个人隐私的问题,或不为一般社会道德所接纳的行为、态度,有碍个人声誉的问题。这类问题容易导致调查对象拒绝回答问题或者得到虚假答案。例如:"你的收入是多少?""你除了工作收入之外,还有其他收入吗?""你有无婚外情?"如果想获得真实回答,可采用以下方法:

第一,在卷首语中说明调查目的和保密原则。

第二,将敏感和易导致调查对象陷入困境的问题放在问卷的最后。此时,调查对象的戒备心理已大大减弱,一般愿意提供信息。

第三,给问答题加上说明,说明有关问题(尤其是敏感问题)的背景和共性,以克服调查对象担心自己的行为不符合社会规范的心理。如:"现在婚前同居比较普遍,请问,你有婚前同居的行为吗?"

第四,利用"第三者"技术来提问题,即不直接询问调查对象对某事项的观点,而改问他认为其他人对该事项的看法如何,用间接问题旨在套取调查对象回答认为是旁人观点的问题。如:"你如何看待身边熟人或朋友的婚外情?"

第五，降低回答问题的难度。可以将敏感性问题设计为封闭性问题，如："你对婚外情的态度是：赞同、同情、反对、中立"，这样可以降低调查对象的抵触心理。

第六，尽量设计为自填式问卷，如果避免不了访问代填，在面访中，可以将困窘性问题的答案分为"是"与"否"两类。调查员可暂时回避，让调查对象自己取卡片投入箱中，以化解困窘气氛。

最后，为确保答案的真实性，应该在问卷设计之初，就要让调查对象相信不存在标准答案，他的回答对于调查来说是至关重要的，同时应使调查对象相信调查是匿名的，他的回答将是保密和安全的。尤其是针对某些敏感问题的调查，在这一点上要做更多工作。

5.避免诱导问题

主要有两种情况：

其一，提问诱导：提问不能够参与提示或主观臆断。

如："鉴于核泄漏事故，你是否支持核电站建设？"这样的问题，由于调查者预设了立场，容易造成调查对象不表达自己真实的意见。

再如："你一天抽多少支烟？"则容易导致调查对象提供虚假答案，因为有很大一部分人是不抽烟的，直接问则调查对象倾向于随便选择一个数字回答。

再如采用"对于这个问题你同意还是不同意？"问法而不是"这个问题你同意吗？"才能使措辞平衡，无诱导性。

不仅问题，答案选项也要防止诱导性、暗示性的语言，以免影响调查对象的思考。例如：

问题：你认为这种洗发水对你的吸引力在哪里？

答案选项为：a. 色泽；　b. 气味；　c. 使用效果；　d. 包装；　e. 价格；
　　　　　　f. ……

这种选项设置是客观中立的。若换选项为：a. 迷人的色泽；b. 怡人的香味；c. 满意的效果；d. 精美的包装……则具有了诱导性和暗示性。

其二，权威诱导：美国曾经做过一个实验，对一个问题的两种提法导致了两种不同的结果，一种问法是"艾森豪威尔将军说，陆军部和海军部应当合并为统一的作战部"，结果同意的比例为49%，另外一种问法则把艾森豪威尔的名字去掉，结果同意的比例为 29%,可见权威的意见产生了诱导的作用。

例如:"国家外贸财政部部长认为今年我国经济形势较好,外贸出口将持续发展,你是否同意该判断?"这样的提问暗含诱导,会使得意志不坚定的调查对象改变答案。

五、确定问题的排列组合方式

为了便于调查对象回答问题,同时也便于调查者获取资料,在排列问题顺序时一般遵循四个原则:

第一,设计的问题一般按复杂程度或困难程度排列。一般地说,应该先易后难,由浅入深。具体地说,就是容易回答的问题放前面,较难回答的问题放稍后面一些,困窘性问题放最后面。例如,开放式问题往往需要时间来考虑答案和组织语言,放在前面会引起调查对象的畏难情绪,所以一般把封闭式问题放前面,而将开放式问题放后面。这样安排,可以让调查对象不容易产生反感或抗拒心理。如果出现调查对象对于后面的敏感性强、威胁性大的问题拒绝回答的情况,也可以确保问卷前面部分的信息有效,而不至于发生整张问卷弃答的现象。

第二,要注意问题的逻辑顺序,按问题的性质或类别排列。比如背景性问题放在一起,了解主观态度的问题也放在一起,不要将它们混在一处。如果问题有时间顺序,则应该按问题的时间顺序排列,无论是由远到近还是由近及远,问题的排列在时间顺序上都应该具有连续性、渐进性,而不应该来回跳跃,以免打乱调查对象回答问题的思路。在特殊情况下,也不排除对某些问题做非逻辑安排。

问卷的设计要有整体感,这种整体感即是问题与问题之间要有逻辑性,独立的问题本身也不能出现逻辑上的谬误,从而使问卷成为一个相对完善的小系统。如:

问题:

1)你通常每日读几份报纸?

　　a.不读报;　　　　b.1 份;　　　　　c.2 份;　　　　d.3 份以上;

2)你通常用多长时间读报?

　　a.10 分钟以内;　　b.半小时左右;　　c.1 小时;　　　d. 1 小时以上;

3)你经常读的是下面哪类(或几类) 报纸?

a.《×市晚报》；　　 b.《×省日报》；　　 c.《人民日报》；　 d.《参考消息》；

e.《中央广播电视报》；　　　　　　　 f.《足球》；　　……

在以上的几个问题中，由于问题设置比较紧密，因而能够获得比较完整的信息，调查对象也会感到问题集中、提问有章法。相反，假如问题是发散的、带有意识流痕迹的，问卷就会给人以随意性而不是严谨性的感觉。

因此，逻辑性的要求即是与问卷的条理性、程序性分不开的。我们已经看到，在一个综合性的问卷中，调查者将差异较大的问题分块设置，从而保证了每个"分块"的问题都密切相关。

第三，检验性问题应分别设计在问卷的不同部位，否则就难以起到检验作用。

第四，避免出现回答的倾向性。如连续好几个问题答案都是 a 或者是"是"，则调查对象容易形成回答惯性，会不假思索地选择一个答案，从而影响回答的准确性。解决方法是问题错开或者准备两种答案序号不同的问卷，消除回答的惯性思维。

六、修改问题的措辞

问题的措辞与语言直接影响调查的效果。

第一，语言与措辞要浅显易懂，使用常用词，对专业术语必须加以解释。尽量使用短句、简单句，不要用过于复杂的句子，如果句子过于复杂，调查对象出错的潜在可能性就比较大。因为调查对象文化水平不等，必须保证他们能够正确理解问卷，降低阅读的难度。如："假设你注意到你的汽车的启动功能并不像你刚买回来时的启动效果那样好了，于是打算去修理一下，遇到这些情况，你脑子里会有一些什么顾虑？"就不如改为"若你的汽车启动存在问题，你会怎样解决？"再如："你认为我国近年经济发展的一大原因是人口红利吗？"这一问题要求调查对象知道什么是人口红利，并能把它和经济发展联系起来，对调查对象的文化素质要求较高，所以建议改为："我国青壮年劳动力较多是否推动了我国经济的发展？"

第二，提问要避免歧义。提问必须非常明确，语意表达要准确，不能模棱两可，确保所有的调查对象应对问题理解一致。

第三，防备记忆误差。人具有选择性倾向，所以有些调查对象会无意识地对问题进行删改和修正。如一般人对于某些数字有天然的倾向性,比如调查每天吸烟的支数,调查对象一般会回答 5 支、10 支、1 包等,而类似于 3 支、4 支的回答则非常少。解决的方法一般有两个,一是控制调查周期,二是对于记忆类的问题一般问"上次"比问"平均"要精确得多。比如问"您上次饮用了几瓶啤酒"比问"您平均一年饮用几瓶啤酒"效果要好。

七、对问卷进行测试,并根据结果修订问卷,统一格式和排版,制成正式问卷

对调查问卷初稿进行测试,试着在小范围内进行一次调查,再根据调查结果对问卷进行修订,改正不合适或容易产生歧义的问题,增补或删除一些问题,确保问卷更好地为调查目的服务。修订问卷主要的工作包括以下几个方面:

第一,删除不必要的问题,避免一般性问题。如果问题的本来目的是获得某种特定资料,但是由于问题过于一般化,就会使调查对象所提供的答案资料无太大意义。

例如:某酒店想了解旅客对该酒店房租与服务是否满意,因而作以下询问:"你对本酒店是否感到满意?"

这样的问题,显然不具体。由于所需资料牵涉房租与服务两个问题,故应分别询问,以免出现混乱,如:"你对本酒店的房租是否满意?""你对本酒店的服务是否满意?"这样可以保证每个问题都获得有效信息。在调查中,还有一类问题可有可无,比如答案大同小异的问题,可以删除,因为回答这些问题的意义不大。

第二,增加问题。在调查中如果发现始料未及的回答,可以根据调查目的适当增加问题。

第三,如果在调查中发现调查对象"不愿答"的问题,应根据具体情况进行处理。有几种情况,其一是调查对象要花大力气来提供资料;其二是调查的某些问题与调查的背景不太符合(例如普通商品的消费与个人隐私问题放在同一问卷中就不相符);其三是调查对象不愿意配合没有合理目的的调查;其四是敏感和易使调查对象陷入困境的问题。

同时要发现由于提问原因导致调查对象无法回答的问题,并根据前面讲过的几种情况加以改正。

第四,增加或者减少选项。

问题:你是通过什么渠道了解我们公司的?

答案选项是:a.报纸;   b.电视;   c.杂志;   d.广播;   e.其他

也可以是: a.报纸;   b.车票;   c.电视;   d.墙体广告;   e.气球;

           f.大巴士;   g.广告衫;   h.楼宇电视广告

如果我们的调查目标只是了解以后是否应该加强电视、报纸、杂志广告的投放,统计指标就没有必要那么细,某些问题的回答实际上对调查没有什么帮助,反而增加了调查的费用和时间。

此外,还要避免常识性错误。例如:

问题:你拥有哪一种信用卡?

答案:a.长城卡;   b.牡丹卡;   c.龙卡;   d.维萨卡;   e.金穗卡

其中"d"选项的设置是错误的,应该避免。

第五,便于整理、分析。成功的问卷设计除了要考虑到紧密结合调查主题与方便信息收集外,还要考虑到调查结果是否容易得出和调查结果是否具有说服力,这就需要留意问卷在调查后的整理与分析工作。首先,这要求调查指标是能够累加和便于累加的;其次,指标的累计与相对数的计算是有意义的;第三,能够通过数据清楚明了地说明所要调查的问题。只有这样,调查工作才能收到预期的效果。

第三节   抽样方案的设计

调查问卷设计完成之后,就进入了实质性的抽样调查阶段。在这一阶段,最关键的是抽取样本的质量,样本质量直接决定了抽样分析结果的科学性。样本选择是民意调查中非常重要的环节,取样不科学,样本就不能很好地代表整体,结论也不会科学。样本代表总体特性的程度,是由抽样方法决定的,不同的抽样方法会有不同程度的总体代表性。因此,设计科学的抽样方案在很大程度上决定了调查能否得出科学的结论。

抽样方案设计的主要程序如下:首先,界定总体,并确定调查总体。一般情况下,调查总体就是研究总体,如全国人口普查,调查对象就是研究对象。但有的时候,调查总体只是研究总体的一部分,例如要考察全国大学师资的情况,全国大学的师资是研究对象,但在实际调查中,很难展开如此大规模的调查,所以一般是抽取部分具有代表性的院校作为调查总体。第二步,确定样本规模,包括确定抽取多少样本,以及采取何种抽样方法。第三步,实施抽样。

常用的抽样方法一般是随机抽样和非随机抽样,前者是按照随机原则从总体中抽取一定数目个体作为样本,总体中每一个个体被抽中的可能性是一样大的。随机抽样可估算出抽样误差,调查结果可较准确地代表总体。例如,在随机抽样调查中,如果有 5% 的调查对象给出了某种特定回答,那么,就可以以这一百分比再结合抽样误差推出总体情况。该抽样方法避免了人为因素,虽然科学但是却费时费力,成本较高。非随机抽样是研究人员根据主观判断或者从方便出发抽取样本,误差较大。在实际操作中,人们多使用随机抽样。

一、随机抽样

随机抽样中,在一个合适的抽样框确定之后,研究人员选择样本时对任何样本的特征都不带偏见,在抽样框内任何单位被抽中的概率是一样的。因此,抽样是否科学取决于抽样框的适当性。如果在抽样中,有些单位被重复列入抽样框,它们被抽中的概率就会加大,如果有些单位被遗漏,则这些单位就完全不可能被选中了。在这两种情况下,按照定义来说这里的抽样就不是随机的了,抽样的结果也就容易出现误差。例如在 1936 年,美国《文学文摘》对当年的总统大选结果做出了预测。当时《文学文摘》共发出 2000 多万张选票,回收了 237 万张,根据回收问卷得出结论,认为戈登将当选总统。结果最后却是罗斯福当选。这次预测失败关键在于它的抽样不是在全美选民中抽取,而是以电话簿和俱乐部名单作为取样范围,而当时美国有电话和参加俱乐部的大部分是比较富裕的家庭,该抽样忽略了平民选民,未能代表全美选民,故而产生了误差。

在随机抽样中,应用最多的有简单随机抽样、等距随机抽样、分层随机抽样、整群随机抽样几种抽样技术。其中,简单随机抽样和分层随机抽样最常用,整群随机抽样有时候很有用,而等距随机抽样则较少使用。下面分别介绍以下四种随机抽样:

1. 简单随机抽样

又叫纯随机抽样,要求个体被选中的几率在抽样中的每一个阶段都是相同的。抽样时,采用概率原理,当样体数量＝n 时,总体中每一个个体都有 1/n 的机会被选中。例如:要从一个总量为 1000 人的样体中抽取样本,开始的时候每个人会有 1/1000 被抽中的几率,但第二个人只有 1/999 的几率,第三个人有 1/998 的几率,到第 100 个人被选中之后,剩下的每个人只有 1/900 被选中的几率。

在具体操作中,抽样可通过抽签进行,也可用乱数表决定,一般为了方便起见,多采用乱数表来进行。乱数表是一种将 0 至 9 十个数字随机排列而成的数表,一般是由电子计算机编制的,表内任何号码均有可能出现,应用时可任意从表中一个数字开始,或自左向右,或自上而下,或是按行,或隔行或隔数行,顺序抽取。如果抽到相同号数,不要用它,如果一个数字比抽样范畴中的数字大,也不要用它,继续这个程序,直到获得想要的样本数为止。

下面我们就以学校毕业生就业状况调查为例说明随机抽样步骤。

第一步,确定总体,即学校今年毕业的本科学生,假设为 5000 人。

第二步,确定样本规模,选择总体的 1/10,即 500 人。

第三步,将 5000 人的花名册每人给予一个代码,从 0000 一直到 4999 号。

第四步,在乱数表上选择一列数码,如总体数为 90,采用后两位数码,现为 5000,则采用后四位数码。设在乱数表中选出一列数字如下:39045,17899,76637,42738,41670,18974,38901。

第五步,设先选定第二个 7899 号样本,下一个随机数 76637 超过 5000,故予以放弃,接下来顺序选出 2738、1670 号样本,18974、38901 超过 5000,放弃。之后继续从 38910 以后的数码中选择,直到选满 500 个样本为止。

2. 等距随机抽样

是纯随机抽样的变种,也叫系统抽样、机械抽样、间隔抽样。它是一种首先将总体中的各单位按一定顺序排列,根据样本数要求确定抽选间隔,然后随机确定起点,每隔一定的间隔抽取一个单位的抽样方式。在具体操作中,先将总体从 1—N 相继编号,并计算抽样距离 K＝N/n。其中 N 为总体单位数,n 为样本容量。然后在 1—K 中随机抽取一个数 k1,作为样本的第一个单位,接着抽取 k1＋K,k1＋2K……直至抽够 n 个单位为止。

下面以学校毕业生就业状况调查为例说明等距抽样步骤。

第一步,确定总体,即学校今年毕业的本科学生,假设为 5000 人。

第二步,确定样本规模,选择总体的 1/10,即 500 人。

第三步,将 5000 人的花名册排出。

第四步,取 K 值,一般是总体数除以样本规模,此处为 K=5000/500=10。

第五步,随机抽取花名册第一个样本,如第 3 个学生,则依次的样本为 13、23、33、43、53……

如果遇到不是整数的情况,可以先从总体中随机去掉几个个体,使得总体中剩余的个体数能被样本数整除。如某高校大一的 504 名学生已经编号为 1、2……504,为了了解学生的学习情况,拟从中用系统抽样方法抽取 50 名学生作为样本。由于 504 不能被 50 整除,所以应首先从 504 名学生中随机去掉 4 人,再按照系统抽样的方法进行抽样。

等距抽样方式相对于简单随机抽样方式来说最主要的优势就是经济性。它比简单随机抽样更为简单,花的时间和财力更少。等距抽样要注意防止周期性偏差,因为这会降低样本的代表性。例如,军队人员名单通常按班排列,10 人一班,班长排第 1 名,若抽样距离也取 10 时,则样本或全由士兵组成或全由班长组成。

3. 分层随机抽样

又叫类型随机抽样,在抽样前先对整体按照某些特征分成若干层或者类型,再根据各类型单位数与总体单位数的比例,确定从各类型中抽取样本单位的数量。最后,按照随机原则从各类型中抽取样本。

比如,我们要了解全国 500 所高校的师资情况,决定采取类型随机抽样法抽取 50 所高校作为样本进行调查,其具体做法是:首先,将这 500 所高校按一本、二本、三本(也可按行政区划、规模大小等)分为三类,假定一本院校 50 所,二本院校 300 所,三本院校 150 所。然后,按各类院校在总体中的比重,确定各类院校抽取样本单位的数量。其中,一本院校占总体的 10%,按比例应抽取样本院校 5 所;二本院校中应抽取样本院校 30 所,三本院校中应抽取样本院校 15 所。最后,采用简单随机抽样或等距随机抽样方法,从各类院校中抽出上述数量的样本单位。

分层随机抽样适用于总体单位数量较多、内部差异较大的调查对象。此时,由于一个总体内可能包括若干类型(组、层)的人或物,而且差别较大,如不分别抽样,则样本可能集中在某一类型上,或漏掉某种类型,从而影响调查结果的准确性。因此,在这种情况下,为提高样体的代表性,并保证调查结果的准确性,应采用分层抽样。与简单随机抽样和等距随机抽样相比,在样本数量相同时,该方法的抽样误差较小;在抽样误差的要求相同时,它所需的样本数量较少。做好分层随机抽样的关键,是分类的标准要科学、要符合实际情况。分类的结果必须是每一个单位都归属于某一类,而不允许一个单位既可属于这一类,又可属于那一类,也不允许单位互相交叉或有所遗漏;必须是各类型单位的数量之和等于总体单位的数量,而不允许大于或小于总体单位的数量。因此,分层之前,必须对总体各单位的情况有较多了解,才能保证作出科学的分类。

4. 整群随机抽样

又叫聚类抽样,是先将总体中各单位归并成若干个互不交叉、互不重复的集合,称之为群;然后按简单随机抽样的方式,从这些群体中抽取若干群体作为样本进行调查的一种抽样方式。在整体随机抽样中,群与群之间的性质是相似的,而每一群体内部各单位之间的性质却是不同的。这一点是整群随机抽样与分层随机抽样的区别所在。在分层抽样中,所有分总体都分别抽取样本,整群随机抽样将性质类似的分总体聚为群,然后从群中抽取样本。

整群随机抽样适用于调查对象较为分散,或调查对象的总数难以精确计算的情况。应用整群随机抽样时,要求各群有较好的代表性,即群内各单位之间的差异要大,群与群之间的差异则要小。如果调查总体数量巨大且分布范围很广时,研究者往往不可能得到总体中所有成员的信息,或者难以接触某些成员,这时就可以采用整体随机抽样,在中间层次设立群并从中抽取样本,而不是像分层随机抽样那样各分总体均匀分布样本。比起分层随机抽样,整群随机抽样要节省人力和财力。但是它的缺点是,所选择的样本分布不均匀,代表性差。

例如,采用整群随机抽样方法调查 A 市商业的经营状态。

第一步,确定调查总体,设定调查范围为全市 10000 家商店。

第二步,确定样本规模,设为 1000 家商店。

第三步,界定群,以街道作为群,全市较重要的商业街大致为 50 条。每条商业街商店的数目在 50—200 家之间,平均每条街道的商店数目为 100 家。大概需要选择 10 条商业街,即可达成调查数目。

第四步,随机选定 10 条街道作为调查对象。

第五步,选择这 10 条街道上的全部商店作为样本,集中进行分析调查。

我们可以看到,在这一调查中,可能出现某条街道经营好的商店较为集中,抽样不能够很好地代表该市商业的运营情况。解决的办法一是增加抽样的群,即增加抽样的街道数目;二是将各商店按照经济效益的好坏分为好、一般、亏损三种情况,再从 10 条街道中按各类经济效益不同的商店选择样本,每条街道可以各自选取 100/3 家经营好、一般和差的商店,展开调查。这里要注意的一点是,在实际生活中,商店运营的好坏程度未必是 1∶1∶1 的分布,此处按照该比例选取样本,只是为了说明商店运营类型的具体情况,而不是对商店运营好坏比例进行统计。

二、非随机抽样

这是一种或多或少依靠调查人员的控制与判断来选择样本的抽样方法,即调查人员在其认为特性无差异的调查总体中,任意选出若干样本进行调查。在采用这种抽样方法时,总体中的每个个体并不具有同等被抽中的机会,因此调查人员无法估计抽样的误差和调查结果的准确程度。该方法适用于收集初步信息,以及对某项事务征询预测、估计和评议。它的优点是时效快,易于选择样本,操作成本低,缺点是准确性往往较差。较小规模的调查常常使用非随机抽样法。非随机抽样法有以下几种常用形式:

1. 方便抽样

调查人员根据自己的方便,选择所调查人口中最容易接触的成员以获得信息。例如,要了解消费者对产品的意见,可在本企业的销售部向来购买商品的顾客询问、调查。此方法的优点是灵活、方便、节省开支,缺点是可靠性较差。此方法常用于干预试验或预调查时,也可用于调查收尾时补缺。

2. 判断抽样

也叫立意抽样、目的抽样,调查人员根据主观经验从总体样本中选择那些被判断为最能代表总体的单位作为样本的抽样方法。该类抽样结果受调查人员的主观影响非常大,一旦研究人员主观判断出现偏差,则易导致抽样偏差,故要求调查人员对被调查对象的总体特征有相当了解,以保证抽取样本能够有效代表整体。判断抽样适用于总体较大,且构成单位之间的差异较大,样本数很小,同时设计调查者对总体的有关特征具有相当的了解(明白研究的具体指向)的情况。如调查江西省的旅游市场状况,可以选择庐山、井冈山、景德镇、婺源等几个地方作为样本调查。再如,要调查某种食品或饮料的口味,也多半采用判断抽样。

判断抽样法具有简便易行、操作成本低的优点,可以充分利用调查样本的已知资料,而且调查对象配合较好,资料回收率也非常高。缺点就是主观性较强,如果调查人员对研究对象不了解或者不客观,调查结果的准确性就会不高。要发挥判断抽样法的积极作用,需要调查人员对总体的基本特征相当清楚,只有这样才可能使所选定的样本具有代表性、典型性,从而才能通过样本了解、掌握总体的情况。

历史记录通常可以作为判断抽样的标准。民意测验机构在美国总统选举预测方面往往关注美国几个州的预选,因为这几个州的预选结果历来和最后选举结果接近。再如 2010 年世界杯期间著名的"章鱼保罗",由于它成功预测了好几场比赛的结果,所以最后各个媒体都十分关注它的每一次预测。

3. 配额抽样

是一种最为常用的非随机抽样方法。该抽样方法类似于分层随机抽样,也是按一定的标准如地区、年龄、性别及收入等,将调查总体分类,调查人员在每一个类型的总体中按照所规定的人数去寻找和访问调查对象。每种类型中所规定的调查对象数,按各类调查对象在总体中的比例进行分配。样本按照方便抽样或判断抽样来选取,由于抽样前先进行了分层处理,所以抽得的样本代表性比方便抽样要好。该方法在确定调查人数的时候分为两步:第一步,把调查总体按照阶层、职业、党派、种族、年龄、性别、身份、国籍等属性进行分层。第二步,每一个层别的人数按照总体的比例进行抽样,比如,总体有 47% 的女性,那么,样本中也应该有 47% 的女性。配额抽样存在的问题是,无法确定应该按照哪一属性来对调查总体进行分层。例如,在调查洗发水的消费市场时,民族、宗教等因素的影响相对较小,如果按照这些属性来分层,那么未必能够得到真实的数据,反而会使部分数据流失。但是在调查政治观点时,民族、宗教等因素的影响就很大。1948年美国总统大选时,盖洛普测验就因此而出现了预测错误。当时盖洛普继续采用以前的配额抽样法,对5万人进行了调查,据此预测,杜威将以52.8%的优势获胜。但是最终,杜威的得票率只有44.5%。这次抽样的问题在于,对所有选民按照教育程度、国籍、种族等分类的时候,不能确定哪些要素对选民的态度影响最大,如果分类的时候忽视了那些能产生很大影响的要素,结果就不会准确。此外,在一个类别之内,调查人员在选择调查对象方面有一定自主权,容易导致对一些偏远地区选民的忽略,这些都会影响到数据的准确性。

4.滚雪球抽样

以若干个具有所需特征的人作为最初的调查对象,然后依靠他们提供认识的合格的调查对象,再由这些人提供第三批调查对象……依次类推,样本如同滚雪球般由小变大。滚雪球抽样多用于总体单位的信息不足或观察性研究的情况。该抽样方法中如果有些分子最后无法找到,或者有些分子被提供者漏而不提,都可能造成误差。该方法的优点是可以较快地找到合格的调查对象,但是却需要调查对象愿意提供相关线索。如调查同性恋者的生活状况,由于该调查涉及隐私,所以很难获取足够的调查对象,这时候通过滚雪球抽样就可以较快地获得信息。

三、采用抽样调查法应注意的方面

第一,决定正确的调查总体,即该向什么人调查。例如,在某洗发水厂家的市场反馈调查中,调查人员应该调查男性顾客还是女性顾客,还是两者兼有? 应该调查年轻人还是所有年龄层? 如果调查对象选择不适当,那么必然会影响调查结果。

第二,决定样本大小。随机抽样的基本原则是:样本量越大,抽样误差就越小,而样本量越大,则成本越高。根据数理统计规律,样本量呈直线递增的情况下(样本量增加一倍,成本也增加一倍),抽样误差只是样本量相对增长速度的平方根递减。因此,样本量的设计并不是越大越好,通常会受到经济条件的制约。按照统计学的理论,调查对象越多,结果越准确,但是有一个最佳范围,超过这一范围后,调查对象增加得再多,预测的准确性也不会有明显增加。例如调查10

万人中有多少人是大学毕业,95％准确度要 384 个样本,98％准确度要 2345 个样本,因此,没有必要盲目追求大样本,只要采取了可信的抽样程序,小样本也能够提供可靠的结论。最佳设计是那种在一定的精确度要求下费用最少或在一定费用的限制下精确度最高的设计。一般而言,美国现在的民意调查都控制在1500—3000 人之间。

第三,决定抽样程序。这是要回答应该怎样选择调查对象的问题。为了获取有代表性的样本,应该采用概率抽样的方法。概率抽样可以计算出抽样误差的置信限度。当概率抽样的成本太高或所需的时间太长时,可采用非概率抽样。

第四节　调查的实施和误差控制

问卷设计完成后,下面就要正式开始进行调查访问了。在这一阶段,仍然有很多变数发生,如果不对调查过程进行科学的控制,很可能会产生始料未及的误差。在实际操作中,出于经济和时间的考虑,对误差往往采取容忍的态度,通过一系列科学的手段将误差控制在一定范围内即可。在实践中,要保证民意测验结果的可靠性和科学性,就需要对误差进行控制。

一、误差的概念和种类

在舆论调查中,误差是一个关键的概念,也是影响民意测验质量的关键要素。所谓误差,即指一个量的观测值或计算值与其真实值之差。在民意测验中,误差一般分为抽样误差与非抽样误差两大类,二者合称总误差。其中,抽样误差是指原始样本指标的真正的平均值与总体指标的真正的平均值之间的变差。在抽样调查中,由于个体之间总是或多或少地存在差异,同时样本与总体范围之间也存在差异,因此用样本的统计值去推断总体的参数值时,总会存在误差。不管采用哪种抽样方式,都不可避免产生抽样误差。抽样误差的产生与抽样调查的方式和样本数量之间存在密切关系。科学的抽样可以降低抽样误差。在统计上抽样误差是可以计算的,并可以在一定范围内得到控制。一般来说,样本所含个体越多,代表性就越高,随机抽样误差也就越小;反之,样本数越少,代表性就越低,随机抽样误差也就越大。此外,在样本数目一致的情况下,总体异质性程度越高,抽样误差就越大;反之,则抽样误差越小。

非抽样误差是指在实际进行抽样调查时所造成的误差,是除抽样误差以外所有的误差的总和。引起非抽样误差的原因很多,比如抽样框不齐全、调查人员工作经验有限、调查对象不配合访问导致虚假无效的回答、问卷设计本身存在缺陷等。

在民意调查中,由于误差的来源是多方面的,因此不仅要注意减少某种误差,而且还要致力于使总误差最小化。一般来讲,在总误差中非抽样误差常常占了主要部分,而抽样误差相对来说是较小的一部分。因此重要的是总误差,在某些情况下,调查人员为降低总误差,甚至不惜增加某一类的误差,以减少其他误差。很多调查人员只注意通过大样本来控制抽样误差,然而,增加样本量尽管可以减少抽样误差,但是由于增加了访问环节,调查人员容易出错而增加了非抽样误差。如果我们不能减少非抽样误差,那么样本数到了一定程度再进一步减少抽样误差就毫无意义,反而会增加调查成本。同样,如果为了最大限度地减少非抽样误差而选取的样本量过小,也会因为样本量过小导致更大的抽样误差。所以民意测验应当在抽样误差与非抽样误差之间保持适当的平衡。

二、民意调查中误差的来源

对于误差的控制是民意调查中重要的组成部分。下面就从民意调查的各个环节入手,分析误差产生的来源,以控制误差。

1. 问卷设计环节产生的误差

问卷设计环节是调查的第一个环节,也是许多误差产生的地方。这些误差大致可以分为以下几类:

第一类,问卷不能实现调查目的。由于问卷设计者对问卷的设计出现问题,导致问卷所获信息不能说明需要调查的问题。例如,调查本来需要的是关于学生对于课堂教学质量的评价,但得到的却是学生对于课程设置的意见。

第二类,调查总体定义错误产生偏差,即调查的真正总体和实际总体之间的误

差。例如,要了解某运动品牌在消费者心目中的形象,真正的总体应当是该品牌消费者,但调查人员却定义成了全体居民。

第三类,样本不能很好地代表总体导致的偏差。例如,很多民意调查以电话簿作为抽样框,然而这一抽样框并不能代表潜在居民的总体,因为电话的普及率在某些地区并不高,或者有些电话号码没有入电话簿,又有些号码联系不上(不在家或其他原因),还有不少号码是已经不能使用的(已搬迁等)。这方面最著名的就是《文学文摘》案例。此前,该杂志曾经成功预测过四次大选结果,在 1936 年美国总统大选时,它同样进行了预测。当时它的调查对象大多数是从电话簿以及汽车登记册上得到的,如果有人没有汽车或者没有电话的话,就不会被抽查到。所以,即使回收了两百多万张票,还是不能反映总体的情况。当时,美国有电话的家庭只占全国人口的四分之一左右,有汽车的家庭则更少。由于它的整个抽样方法排除了穷人,所以它的调查结果没有反映穷人的愿望,而 1936 年,美国经济刚刚度过最艰难的时刻,富人和穷人对两党政策的态度存在很大的差异,导致绝大多数穷人投民主党的票,而富有的人则倾向于共和党。在此前,穷人和富人之间的差异没有这么大,所以《文学文摘》前四次可以预测成功,而这一次却完全失败了。

第四类,数据分析误差,指的是分析阶段,对原始数据分析得出结论的时候部分数据分析出现问题,产生误差。

2. 调查实施环节产生的误差

这部分误差可以分为调查人员导致的误差和由于调查对象的原因产生的误差。

调查人员导致的误差主要有三类:

问答误差:指询问调查对象时产生的误差,或是在需要更多的信息却没有进一步询问的情况下产生的误差。例如,在调查过程中没有完全按照问卷中的措辞来提问,导致调查问题出现歧义或者调查对象发生理解错误。

记录误差:指在听、理解和记录调查对象的回答时造成的误差。

欺骗误差:指调查人员伪造部分或全部答案造成的误差。

由调查对象造成的误差主要有两类:

第一,由于调查对象不能提供准确的答案而造成的误差。调查对象提供不准确答案的原因可能有：不熟悉、劳累、厌烦、想不起来、问题的格式不好、问题的内容不清楚以及其他一些因素。

第二，由于调查对象不愿意提供准确的信息造成的误差。调查对象不愿如实回答的原因可能是想避免麻烦或者非议，或者出于其他利益方面的考量。例如，对于个人收入，部分人出于不愿露富的目的而低报收入，也有一部分人会出于虚荣的目的而高报收入。另外，有些人的收入来源不正当，出于安全和避免麻烦的考量，有意瞒报或者少报收入。

三、民意调查中误差的控制

民意调查要准确反映民意，就必须在方案设计阶段对误差的产生有所预见，事先规定控制误差的措施，力争主动，避免被动。应该意识到，民意测验过程中的每一个环节都可能产生误差。

其中，抽样方案与问卷设计对总误差影响巨大，在控制误差时尤其值得注意。

1. 调查方案设计阶段误差的控制

（1）通过设计合理的抽样方案控制误差。抽样方法不同，抽样误差也会有所不同。在抽样方法中，简单随机抽样是最简单的方法，也是其他抽样方法的基础。理论上各种抽样方法各有优缺点，每次调查规模的大小以及对统计的精度要求不同，方案设计者可以根据具体情况设计最合理的抽样方案，必要时可以将几种抽样方法结合起来使用。

（2）增加样本数目。样本规模增加，可以有效代表总体，可以有效提高调查正确率，尤其是在总体元素存在较大差异的情况下，保持一定的样本数，可以大幅度提高准确性。

（3）通过问卷设计防止误差。明确问卷目的，确保问卷设计能够实现调查目的，围绕问卷目的设计问卷，避免所问的问题无法获得所要的信息。提问设计科学，降低问题的弃答、误答概率。如对敏感问题做好处理，文字表达不得产生歧义，专业用词不要过多以防调查对象难以理解，问卷中不得出现倾向性和诱导性的用词或问法等。

此外，还要注意不同问题的顺序和间隔。有些问题彼此之间必须按一定的顺序出现，否则就会导致数据失实。而有的问题则必须保持一定的间隔，否则也会产生

误差。

问卷设计不得过长,以免调查对象疲劳而导致数据失真。一般来说,民意测验的访问时间不宜超过 30 分钟。

2. 调查实施阶段误差的控制

(1)明确调查的群体,保证调查的总体和研究总体一致。如果调查防脱发洗发水产品的口碑,就要保证调查的人群是防脱发洗发水产品的消费者,而非一般洗发水产品的消费者;如果调查航空公司的服务口碑,就需要明确是调查它的忠实消费者还是目标消费者;如果是调查学校的教育水平,就要明确是调查学生群体的评价还是社会评价。

(2)保证合适的抽样框,避免抽样误差,确保样本能够很好地代表总体。例如,很多民意调查以电话簿作为抽样框,然而因为电话的普及率在某些地区并不高,可能会导致有些总体单位在抽样时被遗漏。如果抽样框过大,则可能导致有些非调查总体范围的样本进入抽样范畴。如果抽样框复合,即一些单位由于种种原因,被当作不同单位重复进入抽样范畴,就可能被多次选中。如果抽样框过时,则时过境迁,调查结果未必能够反映当时的情况。要解决这些问题,必须注意避免这几种情况。

(3)减少调查对象拒答或者漏答的情况。注意培训调查人员,要求调查人员有较好的理解力和较广的知识面,并进行调查项目的专项培训,保证调查人员对项目能够全面理解,有较好的沟通技巧和较强的责任感。在必要的时候,为提高问卷回收率,可以采用适当的物质奖励,提高调查对象的配合度。在被拒绝采访时,可以多次进行采访,但多限于电话和邮件访问,且一般不宜超过三次。如果调查对象坚决拒绝采访,则可以用背景相同的单位进行替换。

(4)充分发挥督导员的作用,对访问过程能够有较完善的监督和控制。在实施正式访问前,要求调查人员进行模拟访问,由督导员进行必要的指导。新调查人员进行访问前,督导员要现场进行监督和指导。电话访问可以实施监听,保证访问正规有效。及时检查问卷和复核问卷,确保数据的真实和有效。

3. 数据统计阶段误差的控制

数据分析误差,指的是分析阶段对原始数据分析得出结论时部分数据分析出现问题,从而产生了误差。如乱数表的编制和使用、数据录入和编码时产生的误差。

总之,控制误差是保证民意调查精确度的关键。对误差的控制是一项系统工程,关系到民意调查的方方面面,需要整个调查队伍的配合和关注。

【本章小结】

民意调查是舆论调查常用的调查方法。民意调查,需要根据调研的目的、类型和内容展开前期调查,设计问卷,确定每个问题的内容,确保问卷能够实现调查目的。此后展开实际调查,对回收的调查问卷进行编码,运用统计软件(多为 SPSS 软件)进行数据输入和统计分析,并且撰写调查报告。

【思考讨论题】

1. 假设某校共有 118 名教师,为了支援西部的教育事业,现要从中随机抽出 16 名教师组成暑期西部讲师团,请用系统抽样法选出讲师团成员。

2. 有人说,我们可以借用居民身份证号码(18 位)来进行中央电视台春节联欢晚会的收视率调查。在 1—999 中抽取一个随机数,比如这个数是 632,那么身份证后三位是 632 的观众就是要调查的对象。请问这样所获得的样本有代表性吗? 为什么?

3. 假定你接受教育部委托,要了解大学毕业生的就业情况,请就目前大学生的就业情况设计一份民意调查问卷。

4. 请阅读下列报道:

六成网友不满意政府网站服务

近日,《中国青年报》以“你对政府网站有多少期待”为题,对公众展开了调查。

截至昨日 14 时,网上调查结果显示:在参加投票的一千多名网友中,57.45% 的网友只是偶尔访问政府网站,经常点击浏览政府网站的网友只有 28.39%,其中又以查找权威的政策、政务信息的居多,达到 68.24%。而网友对政府网站的不满意程度也达六成。目前,32.48% 的网友普遍认为政府网站应该多开展网上互动交流,以增强政府与公众的沟通,此外,还有

20.46%的网友要求政府网站提供网上政府服务、提高网上办事效率。

请说明该描述性调查有什么问题?

5. 对某大学 08 届毕业生的调查数据表明,当调查对象被问及其在校时学习成绩的名次时,有 60%的学生说他们的成绩位于班级的前 20 名。如果他们说的是真话,那么,为什么会出现这一结论呢?

第七章 **SPSS 与调查数据分析**

第一节   统计学基础知识和主要统计软件简介

一、什么是统计学

在一些人眼里,统计学是一门晦涩难懂的学问,充满了各种公式和数字,正是基于对统计学的这种认识,很多学文科的人对统计学产生了一种厌恶情绪、畏惧情绪。实际上,这种对统计学的认识是一种误区。统计学并不艰深,我们在日常生活中都离不开统计学。例如,在大学班委会选举中,一种非常简单原始的计票方式就是打"正"字,然后通过数"正"字来统计候选人的得票数进行排序,这种简单的计数方式就是简单的统计学。在实际调查统计中,要计的数往往成千上万,数字可能会很庞大,这种原始的计数方式已经不适应人们的要求了,统计学就是为了满足这种需求而产生的科学。

统计学是一门非常有趣、有用的科学。统计是人类思维的一个归纳过程,它首先是一种思维方式。比如,你想研究某城市小汽车中进口车的比例,你可以站在一个路口,观察开过去的小轿车,看到每过去 10 辆小轿车大约有 4 辆为进口轿车,6 辆为国产轿车,据此你就可以粗略地估计在这个路口通过的进口轿车和国产轿车的比为 4∶6，如果观察的路口再增加一些、观察的时间段再长一些，得出的结论就可以进一步推断该市进口轿车和国产轿车之比了，这是一个典型的统计思维。通过对统计学的系统学习，能训练人们的统计思维能力、增强人们认识未知世界的能力，为人们获取认知提供新的视角。

在现实世界中很多数据具有规律性。单独看某一家庭新生婴儿的性别，有的生男孩，有的生女孩，似乎无规律可循，但是如果对大量的家庭新生婴儿进行观察总结就会发现，新生婴儿中男女性别比为 103—107∶100，即大致每出生 100 个女婴儿，相应就会有 103—107 个男婴儿出生，尽管新生婴儿男性多于女性，但是由于男婴的死亡率高于女婴，到了中年时，男女人数就大致相同了，这就是人口学中自然性别比的规律。统计学就是探寻现实世界中数据规律性的科学。

简言之，统计学是一门收集、整理和分析数据的科学，其目的是探索数据的内在数量规律性，以达到对客观事物的科学认识。统计学大致可以分为理论统计学和应用统计学，前者是研究统计学的一般理论和统计方法的数学原理，这类研究一般由专门学统计的专业人员去做；对于大多数从事社会科学的研究人员来说，应用统计学是其需要掌握的，即研究统计学在各学科的具体应用。社会统计学从属于应用统计学，是研究社会经济统计活动规律和方法的学科，是统计学在社会现象中的应用，或者说是统计学在社会科学各学科（如社会学、传播学和教育学等）中的应用，本书舆论、舆情研究中要用到的统计学从属于社会统计学。

二、统计学基本概念简介

在系统介绍统计方法之前，我们需要先来了解一下统计学的一些基础概念。既然统计学是关于数据的科学，那么首先需要了解与统计数据相关的几个概念。

1. 变量和数据

人类社会充满着变化和差异，因此社会科学研究充满着很多变量。变量（Variable）又叫变数，表示某一属性因为所处的时间、地点、人物的不同而具有不同的内容；相反，如果某一属性不因条件的变化而有所不同，则称为常数（Constant）或常量。如一辆公共汽车有多少座位是一个固定的数目，是常数，但是，公交车开始行驶后，坐在这辆车上的乘客有多少就不确定了，这就有随机性，因此该公交车上的乘客数为变量,研究变量以及变量间的关系,是学术工作的主要课题之一。如在大众传播学中,研究企业的广告投放和产品销量的关系、研究青少年平均每天上网时间和学习成绩的关系等。

数据(Data)就是关于变量的观测值,如某人每天上网的小时数。从统计数据的来源看,社会科学统计数据最初都来源于调查或实验。而从使用者的角度看,统计数据主要有两个渠道:第一手数据,主要通过社会调查或实验获得,这是统计数据的直接来源;第二手数据,即别人已经做过的调查或实验而得到的数据,这是统计数据的间接来源。政府机构定期向社会大众公布的数据,如国家统计局定期向社会公布国民经济和社会发展的宏观数据,新闻出版广电总局等机构每年都向社会公布其行业统计资料,这些数据都是免费向大众公开的,还有一些具有公益性质的学术调查数据也会向社会公开,再就是一些商业调查数据,一般这类二手数据都会向其使用者收费。社会科学研究者会经常用到这两类数据,关于统计数据的收集,前面已有论述,这里不再赘述。

2. 数据的测量尺度

为获取统计数据,需要对现象进行测量或测度,不同的现象使用的测量标准是不一样的,使用的统计手段也是不一样的,这就涉及数据的测量尺度。测量尺度从粗略到精确、从低级到高级依次分为四个层次:定类尺度、定序尺度、定距尺度和定比尺度。采用不同的尺度可以获得不同的数据,要使用不同的统计方法,这里分述如下:

定类尺度(Nominal Scale):定类尺度又叫名义尺度或列名尺度,是最粗略、计量层次最低的计量尺度。这种计量尺度只能按照事物的某种属性对其进行平行分组或分类,社会科学研究中大量存在各种定类尺度变量,人的性别分为男和女,媒介类别分为报纸、广播、电视、杂志、互联网和其他新媒体等,报纸读者分为订阅读者、零售读者和其他读者,大学的类别可分为综合性院校、理工科院校、文科院校和其他院校等,诸如此类的变量很多。这类变量没有大小、优劣之分,只能进行"="或"≠"运算,即属于或不属于某一类别,但不可以进行加、减、乘、除运算,在实际调查中类别可以用指定数字来表示,但这时的数字本身不具有大小的意义,不能进行数学运算,而是仅仅表示类别。如可以用1表示男、2表示女,当然也可以用1表示女、2表示男。在用定类尺度表示数据的时候需注意穷尽和互斥的原则。类别穷尽是指在分类的时候必须保证每一个元素或个体都能归于某一类别,不能有缺漏;互斥是指每一个元素或个体都能而且只能归于其中的某一类,而不能在其他类别中重复出现。

定序尺度(Ordinal Scale):定序尺度又称顺序尺度,比定类尺度数据更精确,是在对事物进行分类的同时给出各类别的顺序差别的一种测度,该尺度不仅可以将事物分成不同的类别,而且还可以确定这些类别的优劣和顺序。该类尺度不能测量类别之间的准确差值,只具有">"或"<"的数学特性。在社会科学研究中,这类变量也很多,如人的受教育水平可分为文盲、小学、中学、大学及大学以上,大学本科生的年级可分为大一、大二、大三和大四,网民对网络的依赖可以分为轻度依赖、中度依赖和重度依赖等。定序尺度数据包括了定类尺度的特性,其计算结果不仅可以对事物分门别类,还可以比较大小,但不能进行加、减、乘、除等数学运算。

定距尺度(Interval Scale):定距尺度又叫间隔尺度,它能对事物进行准确测度,比定序尺度更精确,其数据表现为"数值",它不仅能将事物区分为不同类型并进行排序,还能准确指出类别之间的差距是多少,它通常使用自然或度量衡单位作为计量尺度,如温度用摄氏度来表示、考试成绩用百分制来表示等。由于这种尺度的每一间隔是相等的,所以只要给出一个度量单位,就可以准确计算出两个计数之间的差值,如甲地的温度是10℃,乙地的温度是5℃,甲地的温度比乙地的高5℃,既然能准确知道类别之间的差值,当然还可以比较不同类别的顺序(如甲地比乙地的温度高),也可以比较类别的异同(如甲地的温度和乙地的温度不同),因而定距尺度数据不仅具有定类尺度和定序尺度的特性,而且还能进行加、减运算。

定比尺度(Ratio Scale):定比尺度又叫比率尺度,它与定距尺度属于同一层次,两者一般可以不做区分,其结果同样可以表示为"数值",它是最高层次的测量尺度,能对事物进行准确测度,除了可以进行加、减运算外,还可以进行乘、除运算,可以计算两个测度值之间的比值,这就要求定比尺度中必须有一个绝对固定的"零点",可以说,这是它与定距尺度计量值之间唯一的区别。也就是说,虽然定距尺度计量值可以取"0",但是这里的"0"表示一个数值,即"0"的水平,是有实际意义的,并不是表示没有,如某地的温度为0℃,表示该地的温度为冰点,是一个实实在在存在的温度水平而非该地没有温度,可见定距尺度的计量值"0"表示一个有意义的数值。定比尺度计量值就不同了,这里的"0"就表示没有或不存在,如某人某月的收入为"0",则表示该人该月没有收入,因此在实际应用中很少出现"0"数值。在社会科学研究中,大多数情况使用的都是定比尺度,它兼具前面所述的三种测量尺度计量值的特点。这四类测量尺度之间存在的差异可见表 7—1。

表 7—1　四种测量尺度的数学特征

计量尺度	数学特征
定类尺度	定类尺度的数字不能反映对象的具体特征和数量。对定类尺度中的数字,只能计算发生频度,以及和频率有关的一些统计量(如百分比),计算平均数没有任何意义,具有分类的特性(即"="或"≠")。
定序尺度	在定序尺度中,和定类尺度一样,等价的个体有相同的名次。任何一系列数字都可用于表达对象之间已排定的顺序关系。例如,可对定序尺度施以任何变换,只要能保持对象间基本的顺序关系。因此,除了计算频度,定序尺度还可用来计算百分位数、四分位数、中位数等,除了能分类,还可以进行排序(即"<"或">")。
定距尺度	对于定距尺度可采用定类尺度和定序尺度适用的一切统计方法。此外,还可以计算算术平均值以及其他有关的统计量,除了能分类、排序,还可以测量间距(即"+"或"-")。
定比尺度	是最高层次的测量尺度,所有的统计方法都适于定比尺度,包括几何平均数的计算,除了进行前述三类测量尺度的数学运算(分类、排序、测量间距),还可以计算比值(即"×"或"÷")。

在表 7—1 中,高一级测量尺度计量值包含其前面较低层次测量值的数学特性。在统计分析中,一般要求测量的层次越高越好,因为高层次的计量尺度包含较多的数学特性,分析起来也更为方便,更因为高层次测量尺度计量值可以转化为低层次测量尺度,而低层次的测量尺度计量值却无法转化成高层次计量值。如测量全国日报每日的发行量,用定比尺度询问被访报纸发行量,就可以得出各报纸每天发行的具体数值,这样收集起来的数值通过一定的标准归类就可以分为发行量大、中、小不同类别。但是反过来,如果一开始只是粗略地询问各份被访报纸发行量的区间范围,得到的只能是定序数据,而无法转换成更精确的数值。

根据常用的统计方法之间存在的差异,上面的四类数据可以进行归类,定类变量和定序变量又称为离散变量(Discrete Variable),定距变量和定比变量又称为连续变量(Continuous Variable),这两类变量所能用到的统计方法之间存在的差异较大。

三、统计软件 SPSS 简介

面对海量数据,依靠传统的画"正"字、笔算、计算器等都已经远远不能满足现实需要了,幸好各种统计软件也应运而生,加上计算机技术的广泛发展,实际中越来越广泛地用到各种统计软件。目前常用的统计软件有很多,如 SPSS、Stata、SAS、Eviews、S—PLUS、Minitab、MATLAB、BMDP 等,每种软件都有自己独特的风格,也有自己的优缺点,研究者只需选用满足自己需求的一种软件并能熟练操作即可。这里专门介绍社会科学研究中使用最广泛的统计软件 SPSS 的操作方法,并示范如何使用 SPSS 来进行简单的数据处理与统计分析。

SPSS 最初的全称是"Statistical Program for Social Sciences",即社会科学统计程序①,随着 SPSS 产品服务领域的扩大和服务深度的增加,SPSS 公司已于 2000 年正式将英文全称更改为"Statistical Product and Service Solutions",意为"统计产品与服务解决方案",标志着 SPSS 的战略方向正在做出重大调整。SPSS 是世界上最早的统计分析软件,由美国斯坦福大学的三位研究生于 20 世纪 60 年代末研制,1968 年 SPSS 公司成立,1975 年 SPSS 总部在芝加哥组建,该软件是人们公认的最优秀的统计分析软件包之一。2009 年 7 月 28 日,IBM 公司宣布将用 12 亿美元收购分析软件提供商 SPSS。1984 年,SPSS 总部首先推出了世界上第一个统计分析软件微机版本 SPSS/PC+,开创了 SPSS 微机系列产品的开发方向,极大地扩充了它的应用范围,并使其很快地应用于自然科学、技术科学、社会科学的各个领域,是世界上应用最广泛的专业统计软件。相对于其他统计软件,如 SAS、BMDP等,SPSS 的最大优点就是简便易学,可以说是一种"傻瓜软件",这形成了 SPSS 广泛流行的一大优势,多年来 SPSS 致力于简便易行,其口号是"真正统计,确实简单",所

---

① SPSS 最初是针对社会科学领域信息处理的需要与特点而编制的,目前已应用于自然科学、技术科学、社会科学的各个领域。

以也有人开玩笑戏称它为社会科学傻瓜软件包(Stupid Package for Social Science)。

　　四十多年来,SPSS 软件为适应统计发展而开发了不同的版本,越新版本的 SPSS 功能越强大,并能兼容其旧版本软件,同时与其他软件如 Excel 的兼容性也越高,2013 年 9 月最新版 SPSS 22.0 开始在中国内地正式发行。虽然不同版本在操作方法和功能上不尽相同,但是各版本 SPSS 具有类似的统计功能,本书将以 SPSS 17.0 为例来进行统计分析讲解。由于本书篇幅有限,所以对统计方法和 SPSS 统计软件操作并不分开讲解,而是将两者合二为一,结合统计软件的操作讲解统计分析方法。

第二节　SPSS 数据管理

一、SPSS 的安装与运行

　　将 SPSS 17.0 在电脑上安装完毕后,从 Windows 开始菜单上选择开始→程序→SPSS Inc→Statistics 17.0→SPSS Statistics 17.0 即可打开软件,第一次进入 SPSS 主窗口时会出现如图 7-1 所示的对话窗,该对话窗提示操作者下一步应该做什么样的选择。SPSS 各对话窗中默认的选项是"Open an existing data source"(打开一个已经存在的 SPSS 文件),点击 OK(确定)即可选择要操作的 SPSS 文件。

　　SPSS 17.0 多国语言版默认英语界面,但是也可以选择中文界面,

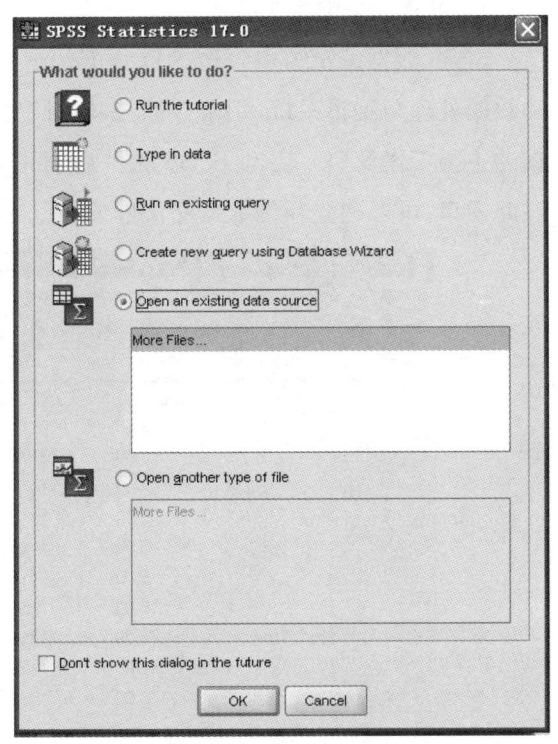

图 7-1　首次打开 SPSS 出现的对话窗

具体操作办法是依次打开菜单 Edit→Options→General，将语言（Language）栏改为简体中文（Simplified Chinese）即可，本章将主要以 SPSS 英文版来讲解，并在需要的时候加以中文注释，这样读者在学习本书时就可以根据需要使用英文版或中文版。SPSS 中英文界面如图 7—2 所示：

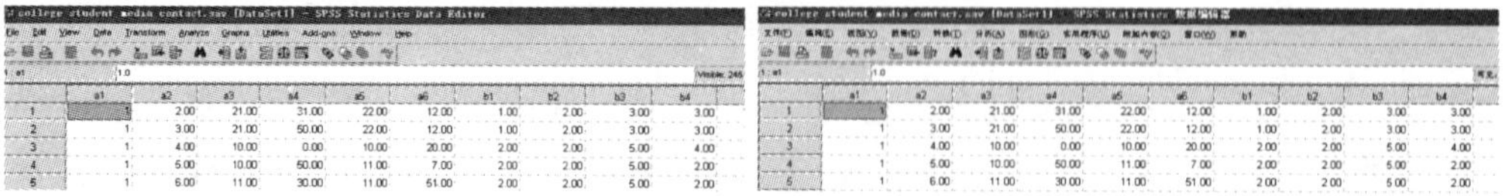

图 7—2　SPSS 中英文界面比较

二、SPSS 数据库的建立

打开 SPSS 软件后，就会出现 SPSS 的主要窗口，SPSS 一般由三个窗口组成：数据编辑窗口、数据结果输出窗口和语法窗口。启动 SPSS 就打开了其数据编辑窗口，其他窗口可以通过 File→New/Open→相应的窗口名称打开。

1．SPSS 数据编辑窗口

SPSS 数据编辑窗口（SPSS Data Editor）是一种类似于电子表格（如 EXCEL）的数据处理与编辑系统，用来存储、编辑、研究数据和变量，此窗口是 SPSS 处理数据的主要工作窗口。启动 SPSS 软件后使用者首先进入的就是数据编辑窗口，通过此窗口，可以建立新的数据库文件或对已有数据进行修改。如图 7—3 所示：

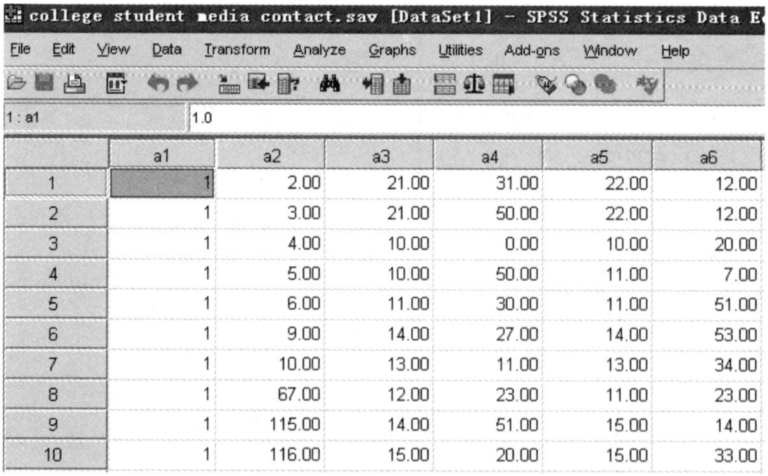

	a1	a2	a3	a4	a5	a6
1	1	2.00	21.00	31.00	22.00	12.00
2	1	3.00	21.00	50.00	22.00	12.00
3	1	4.00	10.00	0.00	10.00	20.00
4	1	5.00	10.00	50.00	11.00	7.00
5	1	6.00	11.00	30.00	11.00	51.00
6	1	9.00	14.00	27.00	14.00	53.00
7	1	10.00	13.00	11.00	13.00	34.00
8	1	67.00	12.00	23.00	11.00	23.00
9	1	115.00	14.00	51.00	15.00	14.00
10	1	116.00	15.00	20.00	15.00	33.00

图 7—3　SPSS 数据编辑窗口

SPSS 窗口工具栏是一系列控制按钮。窗口左上角第一行顶部是窗口名显示栏，显示窗口名称和编辑的数据文件名，没有文件名时显示为“Untitled－SPSS Data Editor”；第二行有一系列 SPSS 操作主菜单：File（文件）、Edit（编辑）、View（视图）、Data（数据）、Transform（转换）、Analyze（分析）、Graphs（图形）、Utilities（实用程序）、Add-ons（附加功能）、Windows（窗口）和 Help（帮助），在 SPSS 窗口显示的第三行上是常用工具按钮，将鼠标箭头指向相应按钮图形即可显示按钮名称，依次是打开文档（Open data document）、保存该文档（Save this document）、打印（Print）、检索最近使用的对话窗（Recall recently used dialogs）、取消当前操作（Undo a user action）、重新执行用户操作（Redo a user action）、指向个案（Go to case）、指定变量（Go to variable）、变量（Variables）、查找（Find）、插入个案（Insert cases）、插入变量（Insert variables）、分隔文件（Split file）、加权个案（Weight cases）、选择个案（Select cases）、值标签（Value labels）、使用变量集（Use variable sets）、现实所有变量（Show all variables）、拼写检查（Spell check）。在操作 SPSS 中将会经常使用这些菜单或按钮，部分常用主菜单或按钮的功能我们将在下面的章节中逐一介绍。

在 SPSS 数据编辑窗口工具栏的左下方有两个视图切换按钮：左边为数据视图（Data View），右边为变量视图（Variable View）。数据视图用来显示具体数据的视图，一行代表一个观测个体（SPSS 中称为记录“Record”，有的也称个案“Case”），一列代表一个属性（SPSS 中称为变量“Variable”），最左边的一列显示的单元序列号表示个案序号，最上面一行显示变量名称，缺省为“Var”，数据区域显示某个案序号和某变量对应的取值。

变量视图用来对变量命名，在编辑显示区的上方，最左边显示变量的编号，最上边显示各变量的属性，中间表格显示数据变量信息，如图 7—4 所示：

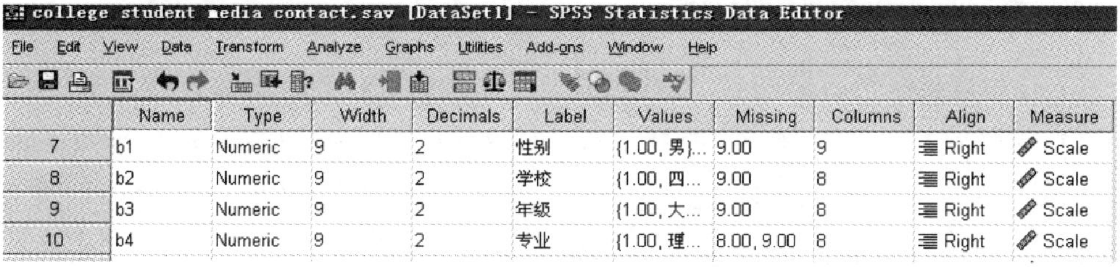
college student media contact.sav [DataSet1] - SPSS Statistics Data Editor

File　Edit　View　Data　Transform　Analyze　Graphs　Utilities　Add-ons　Window　Help

	Name	Type	Width	Decimals	Label	Values	Missing	Columns	Align	Measure
7	b1	Numeric	9	2	性别	{1.00, 男}...	9.00	9	Right	Scale
8	b2	Numeric	9	2	学校	{1.00, 四...	9.00	8	Right	Scale
9	b3	Numeric	9	2	年级	{1.00, 大...	9.00	8	Right	Scale
10	b4	Numeric	9	2	专业	{1.00, 理...	8.00, 9.00	8	Right	Scale

图 7—4　SPSS 变量视图窗口

变量视图中第一列是变量名(Name),表示变量存取的唯一标志,可直接输入汉语变量名如"年龄"或英文变量名如"age"。如不输入名称,系统则会依次默认为"var00001"、"var00002"、"var00003"……变量命名并不是在数据录入时才开始的,在实际操作中,变量的命名应该与编码表上的记录保持一致,也经常采用与问卷问题编号一致的形式,以免造成混淆。变量名一般是"字母+编号"的形式,如"a4"或"c17"等,这样能给问卷设计、编码和数据分析带来方便。注意,SPSS变量名首字符必须是字母或汉字,不能以阿拉伯数字开头,不能以下划线"_"或圆点"."结尾,变量不能有空格或某些特殊符号,如"!? ＊"等,变量名不能与SPSS的关键字相同,即不能使用 ALL、AND、BY、EQ、GT、LE 等。

变量的数据类型(Type)为数据类型,当鼠标指针移至单元格,单击后该单元格的右边就会显示一个"…"按钮,单击该按钮就会显示一个数据类型设置窗口,如图7—5所示。

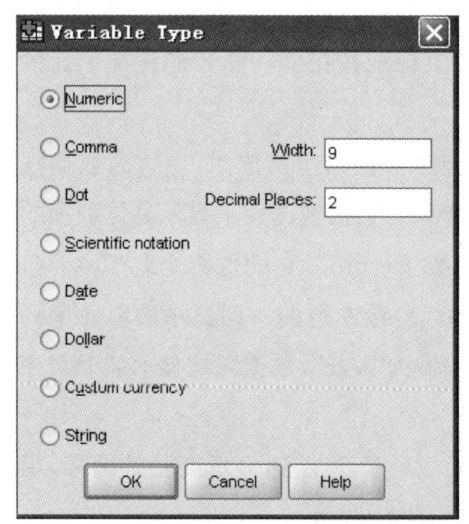

图7—5 变量数据类型对话窗

SPSS 可供选择的数据类型有:Numeric(标准数值型),这是系统默认的数据类型,也是最常用的数据类型,如12345.67;Comma(逗号数值型),如 12,345.67,千分位用逗号;Dot(圆点数值型),如 12.345.67,千分位用圆点;Scientific notation(科学记数法),如 1.2E＋04;Date(日期型),如 mm/dd/yyyy;Dollar(美元型),如 $12345.67;Custom currency(自定义型),如 12345.67;String(字符型),如 12345.67,SPSS 数据中,表示个案名称的变量(如省份)常用此类数据类型。

Width 指定数据字符占据的总个数(包括小数点和小数位),如果宽度为 8 位,则数值型数据可表示为 12345678、12345.67、-1234.56 等,字符可表示为 beijing,显示宽度不影响数据的存储。Decimal Places 指定小数位,一般指定小数点后保留两位。

有时候变量名不能正确反映变量含义,那么就有必要给它贴上标签以便进行识别,这个时候,可在变量定义的标签栏(Label)里输入想要的注释。变量值标签(Values)是用来帮助解释某些变量特别是分类变量的数值含义的。如 0 表示女性,1 表示男性,此时,为了便于识别这些数值,研究者要使用变量值标签。点击Value 出现变量值标签(Value Labels)对话窗,在数值(Value)栏输入数值,在 Label 栏输入相应的数值标签,当两栏都输入内容后,Add 按钮激活,点击它就定义了变量值标签,完成后点击 OK 即可。如需要修改和删除,将鼠标箭头指在方框中"0＝女",使用更改(Change)和去除(Remove)按钮即可修改或删除。

　　丢失值(Missing)是统计分析时对数据中缺少数据的一种统计识别值。丢失值定义窗口如图 7－6 所示,"No missing values"表示没有定义丢失值,用系统默认值圆点". "表示;"Discrete missing values"表示不连续的丢失值,可以定义三个丢失值,如三个格依次输入"0"、"8"和"9",表示凡为 0、8 和 9 的数据都是丢失值;"Range plus one optional discrete missing value"表示区间值加一任选的丢失值。如 Low 为 1、High 为 5、Discrete value 为 10,则表示 1 至 5 之间的数据及数值 10 视为丢失值。

图 7－6　丢失值对话窗

　　数据列的显示宽度(Columns)表示显示数据的列宽,默认为 8 个字符。对齐方式(Align)为数据显示的方式,点击下拉菜单有左、中、右三种数据显示方式:左、右和居中,一般选择右对齐。度量类型(Measure)表示数据测量的尺度,按度量精度将变量分为定量变量(Scale)、定序变量(Ordinal)和定性变量(Nominal),该选项仅用于统计绘图时坐标轴变量的区分以及决策树模块的变量定义。如日读报时长、电视观众数量等都是定量变量,这是社会科学研究中最常用的数据测量类型,即统计学中的定距尺度和定比尺度数据;定序变量如大众传播效果好、较好、不好等;定性变量如电视节目的类型。

在 SPSS 数据编辑窗口的底部,左边显示执行的系统命令,右边显示窗口状态。通过双击,SPSS 数据编辑窗口的数据视图和变量视图可以实现相互跳转。如想知道数据视图某个变量的数据宽度、小数点后长度、数据标签等属性,可以在数据视图中双击该列变量,即可跳转到变量视图查看该变量;同样,双击变量视图中的某行变量,即可跳转到数据视图中查看相应变量,这就避免了操作者经常寻找变量的麻烦。

这里简单介绍一下 SPSS 数据文件格式。前面提到过,数据文件格式以每一行为一个记录个案,每一列为一个变量。由于 SPSS 不同的统计分析过程需要不同的数据类型,因此,在学习使用 SPSS 软件做统计分析时就要注意这个问题。现在,我们通过一个例子来学习数据的输入。

例:调查某城市大学生接触不同类别媒介的频率,如表 7—2 所示(1 代表"几乎每天"、2 代表"经常"、3 代表"有时"、4 代表"偶尔"、5 代表"几乎不")。

表 7—2 大学生媒介接触频率

个案 \ 媒介	新闻类媒介	知识类媒介	娱乐类媒介
1	1	2	3
2	1	3	2
3	1	2	3
4	3	4	3
5	2	3	4
6	3	4	3
7	2	5	2
8	1	1	1
9	1	2	2
10	3	3	3

个案 \ 媒介	新闻类媒介	知识类媒介	娱乐类媒介
11	3	2	2
12	5	3	5
13	2	2	2
14	2	3	4
15	3	2	2
16	3	1	2
17	1	1	2
18	3	4	2
19	1	2	4
20	1	2	3
21	1	3	2

现在将该表的数据录入成 SPSS 数据文件,建立数据文件的第一步是定义变量,在数据编辑窗口左下角激活变量定义窗口。在窗口中,用户定义数据变量的名称、数据类型、宽度、小数位和标记等信息,如图 7—7 所示:

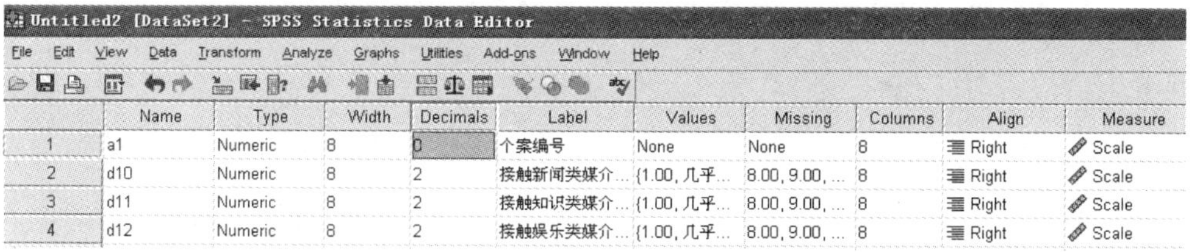

图 7—7 变量定义窗口

变量定义完成后,单击数据视图"Data View",编辑显示区显示为数据编辑。在编辑区中,把与变量名相对应的数据输入到单元格里去,如图 7—8 所示。录入完数据以后,就要根据需要将其保存,保存数据时依次选择菜单 File→Save/Save As,可将数据保存为下列数据格式文件(可以根据需要存储):SPSS、Excel、dBase、ASCII 和 Stata,并且可以保存为上述文件不同版本的格式,这样 SPSS 数据便可以与其他统计软件实现共享了。

上述方法直接由数据编辑窗口输入数据后加以保存,属于直接输入法。事实上,由于个人使用习惯的不同,或者原始数据存储与处理方面的限制,许多研究者

File	Edit	View	Data	Transform	Analyze	Graphs	Utilities	Add-ons

1 : a1	1.0			
	a1	d10	d11	d12
1	1	1.00	2.00	3.00
2	2	1.00	3.00	2.00
3	3	1.00	3.00	3.00
4	4	3.00	4.00	3.00
5	5	2.00	3.00	4.00
6	6	3.00	4.00	3.00
7	7	2.00	5.00	2.00
8	8	1.00	1.00	1.00
9	9	1.00	2.00	2.00
10	10	3.00	3.00	3.00
11	11	3.00	2.00	2.00
12	12	5.00	3.00	5.00
13	13	2.00	2.00	2.00
14	14	2.00	3.00	4.00
15	15	3.00	2.00	2.00
16	16	3.00	1.00	2.00
17	17	1.00	1.00	2.00
18	18	3.00	4.00	2.00
19	19	1.00	2.00	4.00
20	20	1.00	2.00	3.00
21	21	1.00	3.00	2.00

图7—8　数据输入后的数据编辑窗口

使用非 SPSS 软件附属的编辑器来输入数据,如 Excel,或者使用专门的数据录入软件如 PCEDIT 或 EPIDATA 进行录入后转成 SPSS 可以识别的数据文件格式,此种输入数据的方式称为间接输入法或转档法,现以最简单、最常用的 Excel 文件读入作一简单介绍。

目前市面上最普及的数据库软件就是 Microsoft Excel,SPSS 数据可以与 Excel 实现比较方便的转换,最简单的办法就是两者可以相互实行"复制→粘贴",即将 Excel 表格中需要的数据选中复制后,可以直接粘贴到 SPSS 数据编辑窗口;同样,SPSS 数据、输出的图表也可以直接粘贴到 Excel 中(也可以直接粘贴到 Word、Powerpoint 等微软 Office 软件中),这种高度兼容性大大提高了工作效率和便利性,但为了避免大量数据粘贴中可能出现的各种错误,如果要在 SPSS 中用到 Excel 中的数据,比较保险的办法是将整个 Excel 数据库读入 SPSS。在 SPSS 数据编辑窗口依次点选 File→Open→Data,即可出现打开数据的窗口,在文件类型中选择 Excel(*.xls),即可选择要读取的 Excel 数据,直接读取。其他类型文件的读取与此方法类似,读者可以逐一进行尝试。

除数据编辑窗口外,SPSS 一般还常用到另外两大窗口:结果输出窗口和语法编辑窗口。

2. SPSS 结果输出窗口

SPSS 结果输出窗口(SPSS Output Viewer)又叫结果视图,此窗口用来存放统计分析结果,是存放 SPSS 统计分析执行后的结果、表格、图表、各种警告语错误讯息的地方,如图 7—9。该窗口类似于 Windows 资源管理器,分成两个区域,左边为目录区,是 SPSS 分析结果的总目录;右边为内容区,是与左边目录一一对应的统计分析结果。当 SPSS 统计分析结果较多的时候,研究者可以根据自己的研究需要点击左边目录,在右边内容区即可显示相应结果,也可以通过点击目录或选择内容将不用的结果删除,从而使结果窗口看起来更简洁,使用者可以在一连串的输出结果中选取要查看的内容,并能快速在结果显示窗口内游走。但需要注意的是,当单一的一项 SPSS 工作所产生的报表过多、过长时,左侧的窗口并不能显示所有的内容,而会在该输出内容的最下方出现一个小型的红色指针,表示还有没有显示完的结果。

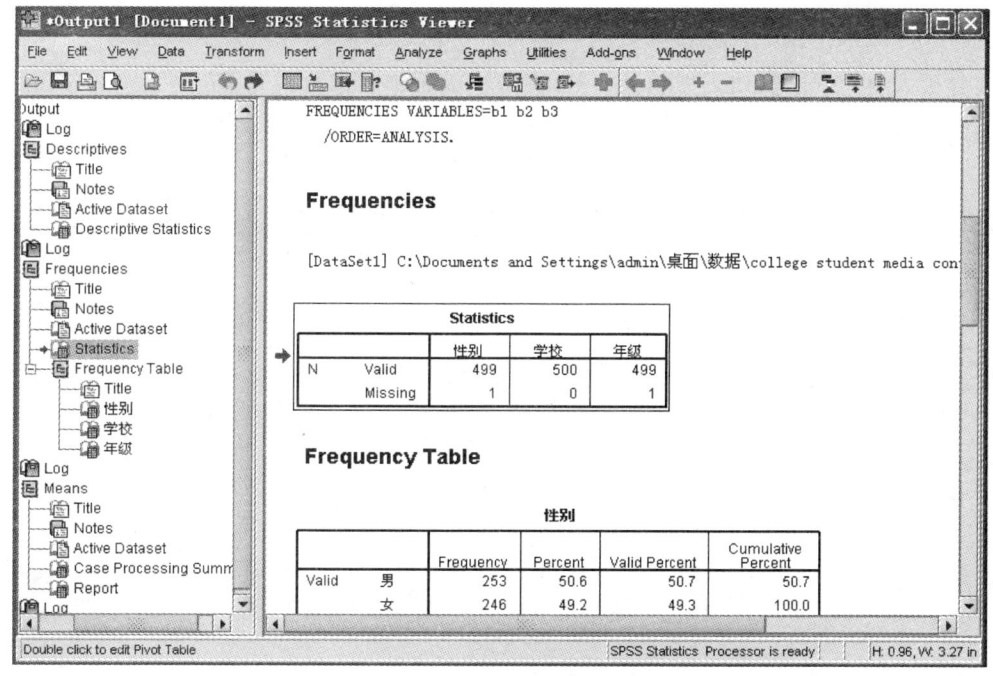

图 7—9　SPSS 结果输出窗口

　　SPSS 软件统计分析结果在新的窗口显示(. spo 文件),输出的表格和图形可以在结果中直接编辑。在 SPSS 结果窗口选中欲编辑的统计图,然后点选菜单 Edit→Edit Content→In Viewer 或 In Separate Window,分别在结果窗口或新窗口进行编辑,选中图表点击右键也可实现该操作。或者在结果文件右边内容区中双击要编辑的表格或图形,即可进入一个独立的图形编辑窗口,这时候再双击表格或图形中要编辑的内容即可进行编辑,编辑完毕后需要将鼠标在非编辑图表中点击一下,才可进入其他操作,编辑完毕后结果窗口中的图表即可粘贴到 Word 等软件中去了,读者可以在结果窗口中进行尝试。操作者必须熟悉 SPSS 文本编辑器,否则一旦图形、表格被粘贴到 Word 等文件中就不能方便地进行编辑修改了。

3. SPSS 语法编辑窗口

虽然 SPSS 可以通过傻瓜式的按钮点击实现方便的操作,但是为了将一些繁琐的统计工作简化,SPSS 还提供了语法方式和程序方式进行分析,这是对 SPSS 菜单功能的一个补充。SPSS 语法编辑窗口(SPSS Syntax Editor)就能提供该操作。当统计分析非常复杂时,此窗口可以使运算得到简化,也可以将复杂的命令进行保存,有利于研究者检查回顾已经运行的各种数据管理,如数据转换、统计分析,这尤其适合高级分析人员。语法窗口需要单独打开,在数据编辑窗口依次点选 File→New→Syntax 即可出现语法窗口,操作者可以在该窗口直接输入指令,如图 7—10:

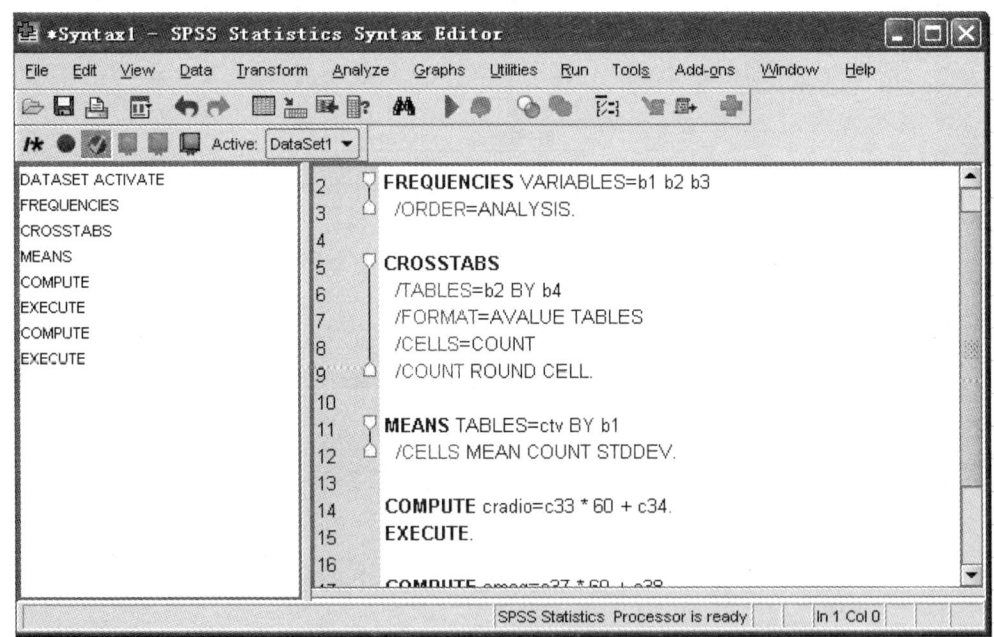

图 7—10　SPSS 语法窗口

实际上,在 SPSS 17.0 结果输出窗口中的结果之前也提供该操作的命令,如上图中,其结果的操作命令为:

FREQUENCIES VARIABLES＝b1 b2 b3

/ORDER＝ANALYSIS.

该命令与语法窗口中同样操作的命令相同。

初学者如果不熟悉语法窗口,可以将菜单点击命令转换成语法窗口,具体方法是在菜单点击完所有的统计命令后,不要点击 OK,点击 Paste(粘贴)即可出现刚才点击菜单命令的语法窗口,然后选中所要执行的语法,单击右键点选"Run Current"(或者点击工具栏中的箭头),即可运行统计分析并出现结果。在统计量较大并且命令常有重复时,可以将重复操作的语法复制,或者数据进行了较多转换时,可以方便保存修改记录,语法输入命令给研究者带来了很多方便。

这里需要注意的是,与其他程序语言一样,SPSS 的语法指令有其特殊的格式和撰写方法,其语法是以一个独立的指令组为基本运行单位,一个独立的语法组由一个主指令(Main Command)开始,其后有一系列次指令(Subcommand),最后由一个句点"."结束,表示该独立指令组的终点。例如,变量 b2(学校)和 b4(专业)的交互表命令为:

CROSSTABS

/TABLES＝b2 BY b4

/FORMAT＝AVALUE TABLES

/CELLS＝COUNT

/COUNT ROUND CELL.

三、数据的清理

在进入正式数据分析之前,需要对数据进行预处理,或称数据清理。预处理首先要对数据进行审核与筛选,如果是第一手调查或实验数据,数据审核的内容则包括数据的完整性和准确性。完整性首先检查应调查的单位或个体是否有遗漏,然后要检查所有的调查项目或指标是否填写齐全;准确性审核首先要检查数据是否真实反映客观实际情况,内容是否符合实际,然后要检查数据是否有错误、计算是否正确等。如果是二手数据,那么除了审核数据的完整性与准确性外,还需要剔除用不上的数据资料。这些操作常用到 Data 中的各种菜单,常用的命令有定义变量

属性(Define Variable Properties)、数据查询(移至观察值 Go To Case)、数据排序(Sort Cases,递增为 Ascending,递减用 Descending)、数据转置(Transpose)等。

当数据的格式和内容界定完并且作清理以后,虽然这些数据已经被计算机所识别,但是有时候还不能直接进行统计分析,在有些统计分析之前往往需要进行数据转换。比如在问卷调查中为了"脱敏",往往并不直接询问调查对象的年龄,而是问其出生年月,这时候就需要将出生年月转换成年龄,有些以反向表示的量表得分需要转换成正向、有些量表需要加总、有些经济数据需要将可变价格变成不变价格指标、有些复合指标数据需要另行计算……这时候就需要对数据进行转换。SPSS 提供了详细方便的数据转换功能,SPSS 软件转换(Transform)下属的菜单均是用来实现数据转换的。其中的计算命令(Compute)表示根据公式由原始变量计算成一新变量。如某城市大学生媒介接触行为调查问卷中有一题问及:

如果有时间的话,您每次接触各类媒体的时间为:_____ □□C31 时 _____ □□C32 分。

在统计分析中需要将时间统一成以分钟为单位,这时就需要产生新的变量 ctv,可以通过点选 Transform→Compute 进入计算界面,在目标变量(Target Variable)中输入 ctv,用鼠标点击 Type & Label 内 c31(每次接触电视时长),再点击箭头,进入数学表达式(Numeric Expression)框,再依次点击 *、60、+、c32(每次接触电视分长)和箭头,最后点击 OK 即可实现 ctv=c31 * +c32,如图 7−11 所示。

重新编码(Recode)是对原始问卷中问题得分进行再编码,如某调查问卷中有一题:

您了解的新闻信息主要从哪里得到 _____ □C8
(1) 广播 (2)电视 (3)报纸 (4)网络 (5)课堂(如形势政策课) (6)其他

现在需要比较传统媒体(包括广播、电视和报纸)与新媒体(网络)的新闻信息获得渠道,这时候就需要将广播、电视和报纸三项合并为一项,将课堂和其他合并为一项,在 SPSS 中可以进行以下操作:

点击 Transform→Recode into Different Variables[①],将原变量 c8 点选进入框

---

① SPSS 中重新编码有两种,如果选重新编码为相同的变量(Recode into same variables)就会将原始变量覆盖,建议选用重新编码为不同的变量 Recode into different variables,这样就会产生新变量。

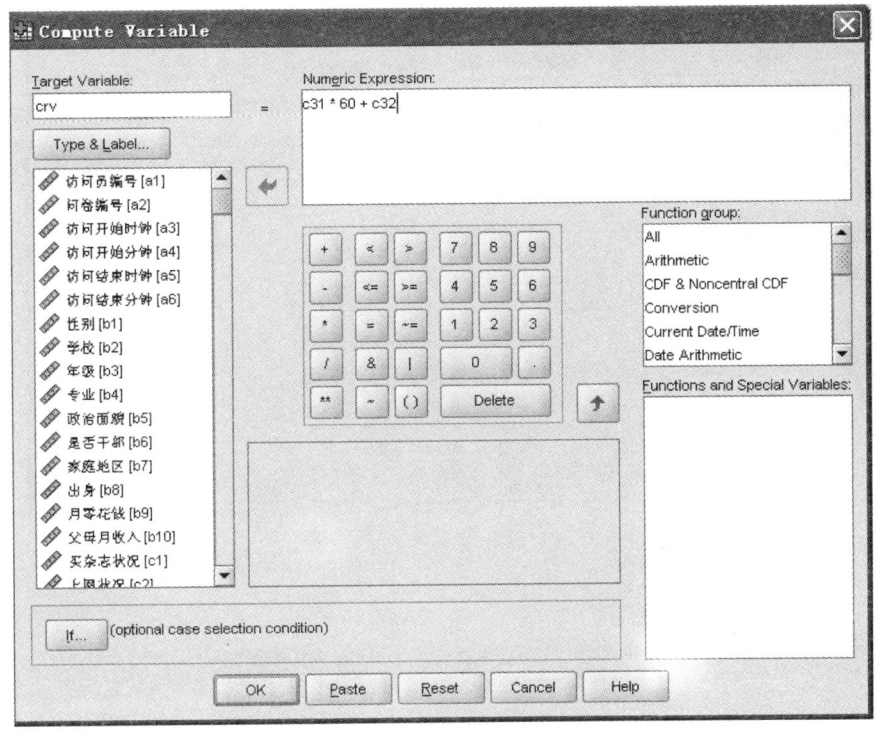

图 7—11　新变量计算对话窗

内,在 Output Variable 的变量名(Name)和标签(Label)中分别填入新变量的名称和标签,点击变化(Change)按钮,再点击新旧变量值(Old and New Values),在新方框中的 Old Value 内输入要改变的变量取值,在 New Value 中输入新的变量取值,然后点击添加(Add)按钮,不断重复,完成后点击 Continue 按钮,点击 OK 即可产生新变量 c8new(如图 7—12 所示)。

　　这里再强调一下,为避免遗忘所作修改,如果是点击窗口按钮,建议在命令完成后常点击 Paste 按钮进入语法窗口,这样在操作结束后可以保存语法窗口,便于查找和记忆。通过软件进行数据转换可以省去人工数据转换的繁琐,做完数据清理和转换以后,数据就是干净的(clean and clear)了,这样才能进入下一步的统计分析。

　　限于篇幅,这里仅介绍数据管理(Data)和数据转换(Transform)中最常用的命令,关于其他具体使用方法本书不再赘述。有兴趣的读者可以参考 SPSS 使用手册或其他辅导介绍,并自行尝试实际操作。

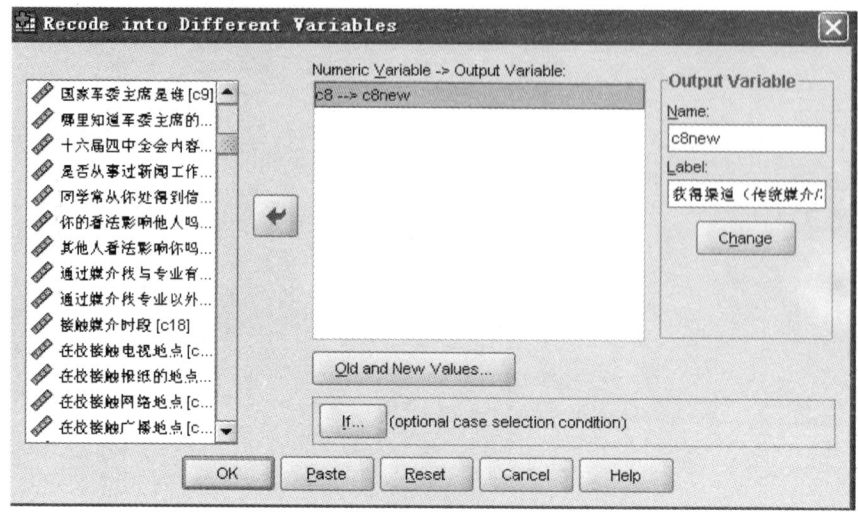

图 7—12 变量转换对话窗

第三节 SPSS 与数据描述

经过前述的数据管理、转换后,现在的数据已经具有可分析性了。拿到数据的第一步是要对数据有个总体的了解,接下来的首要工作就是用统计软件来描绘这些数据,并解读这些数据的意义和内涵,以进一步在推断统计的原则下,进行估计或假设检验的工作。数据描述是统计分析的基础,常用的数据描述手法是各种图示法。这种方法看似简单,但是数据的描述和图示几乎是所有统计分析的第一步,一张图形所能显示出来的数据意义往往胜过复杂高深的统计语言,通过数据的描述和图示可以让研究者对数据有一个大概的了解,粗略把握变量值的分布状况,为较高阶段的统计工作做探索性分析,从而让研究者对下一步的研究工作了然于胸。SPSS 绘制的统计图较为美观,可以满足大多数情况下的要求,在各种统计软件中,以 SPSS 制作的统计图应用最为广泛。

一、数据描述的基本概念

统计分析是从了解数据的基本特征开始的,描述统计(Descriptive Statistics)是一套整理、描述、分析数据的系统方法与统计技术。在实际研究中,由于数据很庞大,如何以简单的统计量来描述数据,给数据资料进行"画像",就是描述统计的主要责任。描述统计解决的是数据"是什么"的问题,即发现数据的内在规律,再选择进一步分析的方法。描述性统计分析要对调查总体所有变量的有关数据做统计性描述,主要包括数据的频数①分析、数据的集中趋势分析、数据的离散程度分析、数据的分布,以及一些基本的统计图形。描述数据分布特征主要的统计量有三类:第一类表示数量的中心位置(或称集中趋势),第二类表示数量的变异程度(或称离散程度),这两者相互补充,只有把两者结合起来才能全面地反映数据频数分布的基本特征,第三类表示分布的偏度和峰度。

数据的集中趋势(Central Tendency)用来反映数据的一般水平,常用的指标有平均值、中位数和众数等。各指标的具体意义如下:

平均值(Mean):是某一变量所有数值的总和除以观察个数所得到的值,又叫算术平均值。如果这一组数据是总体数据,用希腊字母 μ 表示,如果是基于样本的数据,则用 $\overline{X}$ 表示:

$$\mu = \frac{\sum X}{N} \qquad \text{或} \quad \overline{X} = \frac{\sum X}{N}$$

中位数(Median):又称中数,是另外一种反映数据的中心位置的指标,其确定方法是将所有数据以由小到大的顺序排列,位于中央的数据值就是中位数。也就是说,在中位数之上与之下,各有50%的观察值,因此中位数又叫百分等级为50的百分位数。与此概念类似的还有四分位数(上四分位数、下四分位数)、百分位数,这种指标用于定序数据的描述。

众数(Mode):是指在一组数据中发生频率最高的数据值。如果一组数据中的两个数据有相同的最高出现频率,此时就出现了双众数。

数据的离散程度(Tendency of Dispersion):主要用来反映数据之间的差异程度,最常用的指标有方差和标准差。方差是标准差的平方,根据不同的数据类型有不同的计算方法。

全距(Range):亦称极差,用 R 表示,是一组观察值中最大值与最小值之差,反

---

① 频数(Frequency):也称次数,指在一组数据中测量值的数目,即落在各类别(分组)中的数据个数。

映个体差异的范围。全距大,说明变异度大;反之,则说明变异度小。

四分位差(Inter-quartile Range):即四分位间距,是两个特定的百分位数之差,即第 75 百分数 P75(上四分位数 QU)和第 25 百分位数 P25(下四分位数 QL)之差,用 Q 表示。四分位间距比全距稳定,但仍然未考虑到每个观察值的变异。

平均偏差(Mean Difference):每个观测值与均数之差的绝对值相加,然后取平均。

离均差平方和:为了避免使用绝对值,应采用取平方的方法。离均差平方和(Sum of Square)的计算公式为:

$$SS = \sum (x_i - \mu)^2$$

方差(Variance):为了消除观察值的总个数 N 的影响,将 $\sum (x_i - \mu)^2$ 除以 N,这就是总体方差,用 σ^2 表示。如果是样本资料,在对离均差平方和取平均时分母用 n−1 代替 N。

即 $Variance = \sigma^2 = \dfrac{SS}{N} = \dfrac{\sum (x_i - \mu)^2}{N}$。

方差的单位是原度量单位(如 km)的平方,把总体方差开平方,这就是总体标准差 σ,其度量单位与原始观察值一致,标准差是反映数据离散程度最常用的测度值,公式为:

$$\sigma = \sqrt{\frac{\sum (x_i - \mu)^2}{N}}$$

如果是样本资料,样本标准差的计算公式为:

$$s = \sqrt{\frac{\sum (x_i - \bar{x})^2}{n-1}}$$

上面公式中的 n−1 称为自由度(degree of freedom, df),即一组数据中可以自由取值的数据的个数,当样本数据的个数为 n 时,若样本均值 $\bar{x}$ 确定后,只有 n−1 个数据可以自由取值,其中必有一个数据不能自由取值。

标准化值:也称标准分数,用于对变量进行标准化处理,该值给出某一个值在一组数据中的相对位置,可用于判断一组数据是否有离群点。其计算公式为:

$$Z = \frac{X_i - \overline{X}}{\sigma}$$ （总体数据标准化值）或 $Z = \frac{x_i - \overline{x}}{S_{n-1}}$ （样本数据标准化值），其中 X_i、x_i 为总体和样本的观察值，$\overline{X}$、$\overline{x}$ 为总体和样本的均值，σ、S_{n-1} 是总体和样本的标准差。

上述集中趋势和离散趋势是数据分布的两个重要特征，但除此以外，还需要了解数据分布形状是否左右对称，如果不对称向一边偏斜的程度如何以及数据分布形状的扁平程度等。偏度和峰度就是描述数据分布形状的指标。

偏度（Skewness）：又叫偏度系数，是对数据分布偏斜方向和程度的测度。偏度的计算公式很多，最常用的计算公式为：

$$\sigma_3 = \frac{\sum\limits_{i=1}^{k}(X_i - \overline{X})^3 F_i}{N\sigma^3}$$ ，其中 σ_3 为偏度系数，σ^3 为标准差的三次方。当 σ_3 为正数时，可以判断分布右偏（又叫正偏）；当 σ_3 为负数时，可以判断分布左偏（又叫负偏）；当 σ_3 为 0 时，可以判断分布左右对称（又叫正态分布）。

峰度（Kurtosis）：描述数据分布集中趋势高峰的形状。峰度系数的计算公式与偏度系数类似，为：

$$\sigma_4 = \frac{\sum\limits_{i=1}^{k}(X_i - \overline{X})^4 F_i}{N\sigma^4}$$ ，其中 σ_4 为峰度系数，σ^4 为标准差的四次方。若 $\sigma_4 > 3$，分布比较瘦高，是尖峰分布；若 $\sigma_4 < 3$，分布比较矮胖，则为扁平分布；若 $\sigma_4 = 3$，则处于两者之间，属正态分布。

正态分布（Normal Distribution）：是一种很重要的连续型分布。正态分布以均数为中心，左右两侧对称，靠近均数两侧处频数较多，而距均数两侧较远处频数逐渐减少，形成钟形分布。正态曲线下的面积分布有一定的规律。

曲线下横轴上的总面积为 100% 或 1，下面是应用较多的三个区间的面积分布规律。

（1）正态分布区间 $(\mu - \sigma, \mu + \sigma)$ 下的面积，即 $\mu \pm \sigma$ 范围的面积占总面积的 68.27%；

（2）正态分布区间 $(\mu - 1.96\sigma, \mu + 1.96\sigma)$，即 $\mu \pm 1.96\sigma$ 范围的面积占总面积的 95.00%；

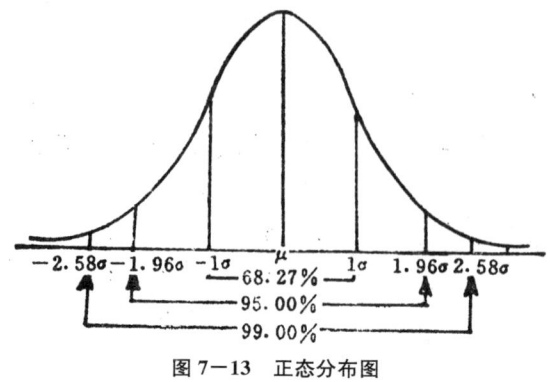

图7—13　正态分布图

（3）正态分布区间（$\mu - 2.58\sigma, \mu + 2.58\sigma$），即 $\mu \pm 2.58\sigma$（范围的面积为99.00％。（如图 7—13）

在统计分析中,通常要假设样本的分布属于正态分布,这就需要用到偏度和峰度两个指标来检查样本是否符合正态分布。一般情况下,如果样本的偏度接近于0,而峰度接近于3,就可以判断总体的分布接近于正态分布。

二、数据的描述

SPSS 的数据描述主要在 Analyze→Descriptive Statistics 下拉菜单里执行,包括频数（Frequencies）、描述（Descriptives）、探索（Explore）、交互表（Crosstabs）和比率（Ratio）五个过程以及 P—P 图和 Q—Q 图。现介绍如下：

1. 频数过程

频数过程就是建立频数分布表（Frequency Distribution）。一般来说,制作一张频数分布表首先需要将原始数据初步分类,整理成一个有类别、频数、累计频数、百分比和累计百分比的分布表,因此频数分布表一般用在离散变量的数据描述上。在今天,这些工作都可以由统计软件（SPSS）轻易实现,在某城市大学生媒介接触调查数据（Media. sav）中,通过菜单点选 Analyze→Descriptive Statistics→Frequencies,打开如图 7—14 所示的对话窗。

选择一个或几个待分析的变量到 Variables 框,点击 OK 即可出现表 7—3。

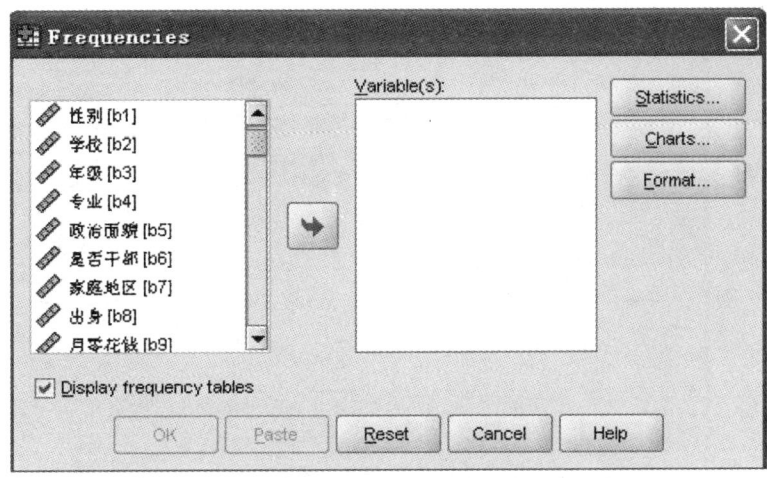

图 7—14　数据描述的频数过程对话窗

表 7—3　某城市大学生接触电视的频次分布表

		频率	百分比	有效百分比	累计百分比
有效值	早上	19	3.8	3.8	3.8
	上午	13	2.6	2.6	6.4
	中午	38	7.6	7.6	14.1
	下午	27	5.4	5.4	19.5
	晚上	141	28.2	28.3	47.8
	不确定	260	52.0	52.2	100.0
	合计	498	99.6	100.0	
丢失值	丢失值	2	.4		
合计		500	100.0		

在输出频数分布表的时候还可以设置输出的统计量,用来描述所选统计变量的属性,单击 Statistics 按钮,打开如图 7—15 所示的对话窗。

该对话窗用于选择统计量,统计量(Statistics)对话窗主要有以下几类:

选择百分位值(Percentiles Values)栏,点选四分位数(Quartiles),显示变量 25%、50% 和 75% 位置的百分位数;点选 Cut points for equal groups,表示将数据平分为输入的等份,点击该选项后 SPSS 默认为 10 等份;Percentile(s)为用户自定义百分位数,输入值 0—100 之间。选中此项后,可以利用 Add、Change 和 Remove

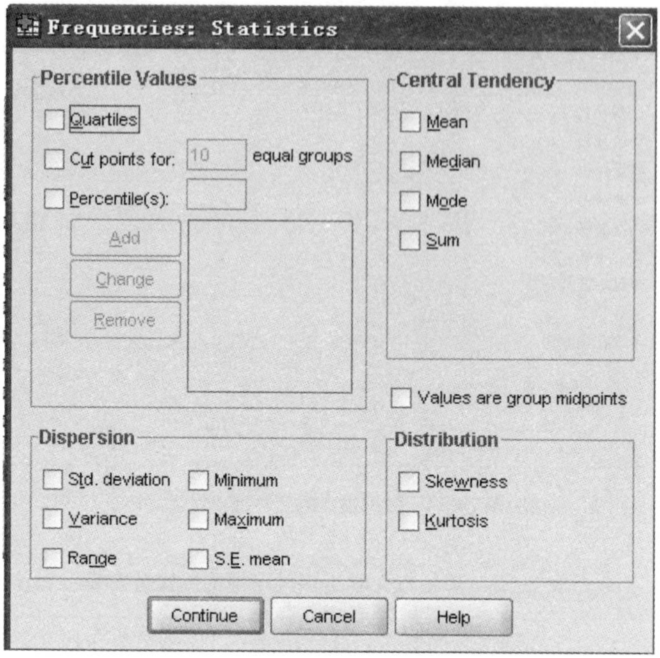

图7—15　频数过程中统计选项子对话窗

按钮设置多个百分位数。

选择离散程度的统计量（Dispersion），用来表示数据的离散趋势。表示数据离散趋势的常用指标有：极差（Range）、标准差（Std. deviation）、方差（Variance）、最小值（Minimum）、最大值（Maximum）和均值标准误（S. E. mean）等。

表示数据中心位置的统计量（Central Tendency）下的指标有：均值（Mean）、中位数（Median）、众数（Mode）和算术和（Sum）（即各观察值之和）。

表示数据分布形状（Distribution）的有两个指标：偏度（Skewness）和峰度（Kurtosis）。

频数分布除了以表格的形式表示外，还可以用图示的方法来更直观地描述数据的整体特性，常用的图示法有饼图（Pie）、长条图（Bar）和直方图（Histogram）等。一般而言，长条图和饼图主要用来描述离散变量（定类变量或定序变量），直方图主要用来描述连续变量（定距变量或定比变量）。

在频数过程中，如果点击图形（Charts）按钮，即可在出现的对话窗中选择希望输出的图形，选中条形图（Bar charts）或饼图（Par charts），点击 Continue，再点击

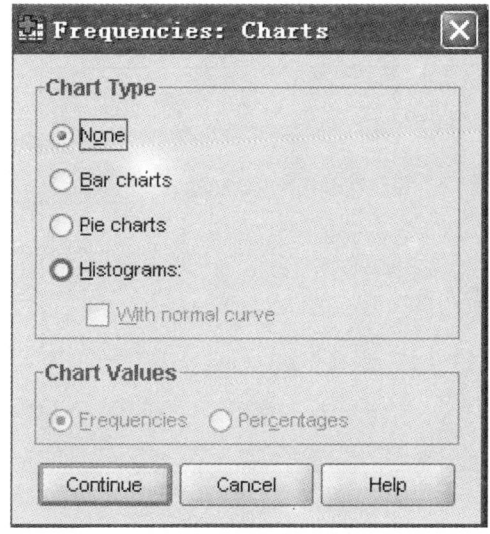

（a）频数过程的图形对话窗

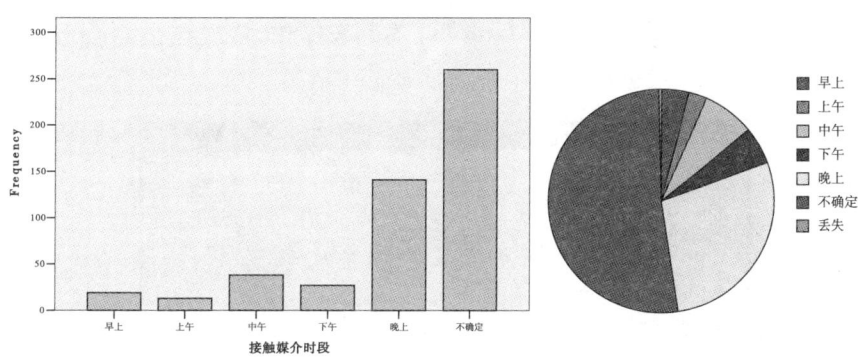

（b）媒介接触时间段分布条形图　　　（c）媒介接触时间段分布饼图

图 7—16　频数过程图形功能

OK即可输出相应的图形。在图表值（Chart Values）框中可以选择频数（Frequencies）或百分比（Percentages），分别表示是按照频数还是按照百分比来绘图。

在连续性数据的频数过程中，可以做直方图（Histogram）。直方图各分组的次数由直方形的高度来表示，每一直方形代表每一组的次数，直方形之间没有间隔，表示数据的连续。在频数过程中点选图形复选框出现直方图对话窗后，如果也选择了带正态曲线（With normal curve）复选框，则会同时做出一条当前变量理想状况的正态分布曲线来，和该曲线相比，操作者就可以知道该变量的实际分布与正态分布究竟差多远。大学生平均每次收看电视的时长的直方图如下：

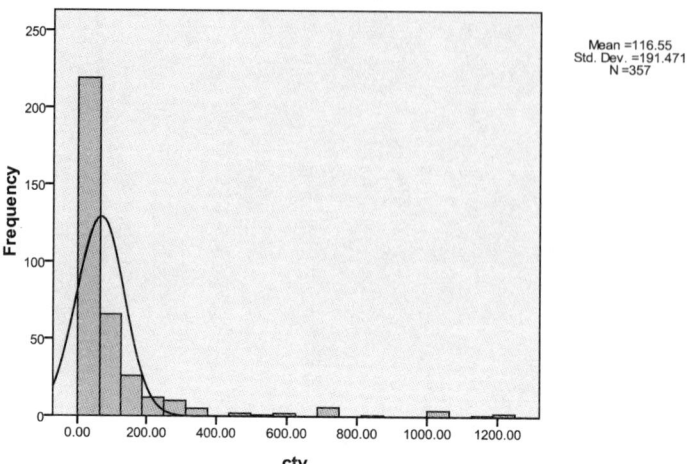

图7—17　大学生平均每次收看电视时长直方图(单位:分钟)

　　另外,直方图也可以通过图形(Graphs)菜单来操作,依次点击 Graphs→Legacy Dialogs→Histogram,即可出现下列对话窗:

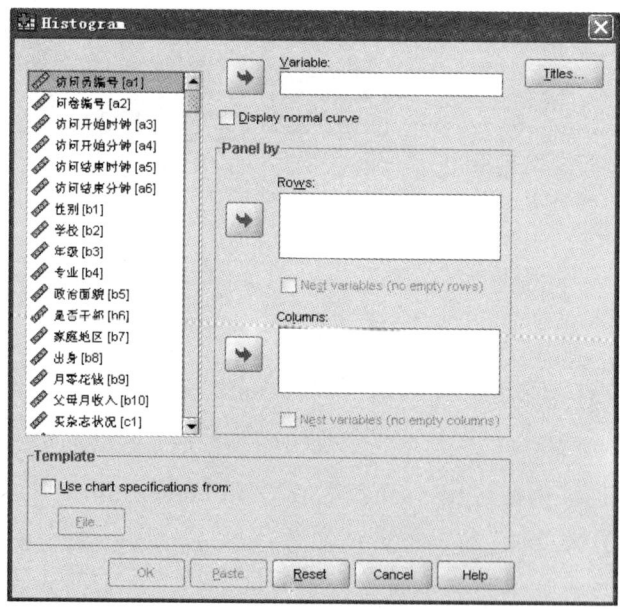

图7—18　SPSS 图形菜单中直方图对话窗

　　直接将要分析的变量选入变量(Variable)框中,这时候直接点确定(OK)即可出现上述频数过程的直方图。如果需要进一步进行分组,可以在列(Row)或行

(Columns)中加入分类变量,如将被调查大学生平均每天看电视时长(ctv,单位:分)放入变量框,性别 b1 放入 Columns 框,可出现图 7—19。

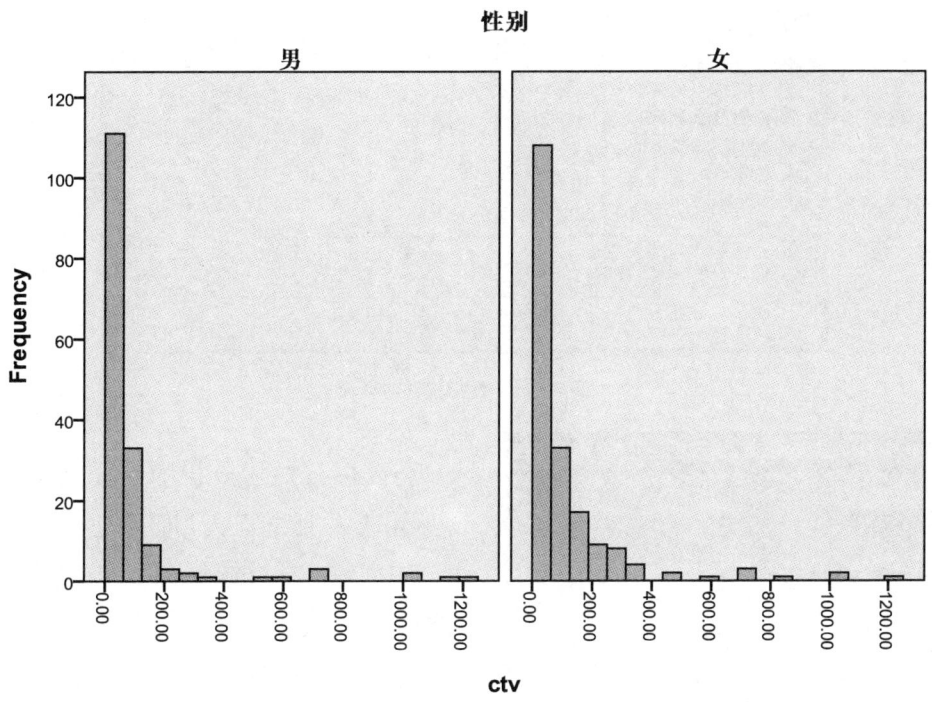

图 7—19　男女大学生平均每天看电视时长(分钟)直方图

同样可以在直方图变量框下复选框中勾选呈现正态曲线(Display normal curve),做出理想状态下的整体分布曲线。线形图和条形图实际上是一回事,可以认为它就是条形图的变形,条形图是用直条的高低表示多少,而线形图是用点的高低来表示,然后又用直线将各点连接而成。如果将直方图的每个直方形顶端的中点连接起来,就会形成线形图。

2.描述过程

描述过程是连续资料统计描述应用最多的一个过程,它可对变量进行描述性统计分析,计算并列出一系列相应的统计指标。与频数过程相比,它不能绘制统计图,所能计算的统计量也较少,但是使用的频率是最高的,该过程适用于对服从正态分布的连续性变量进行描述。在 SPSS 数据编辑窗口依次点选 Analyze→Descriptive Statistics→Descriptives 即可出现描述过程对话窗,如图7-20。

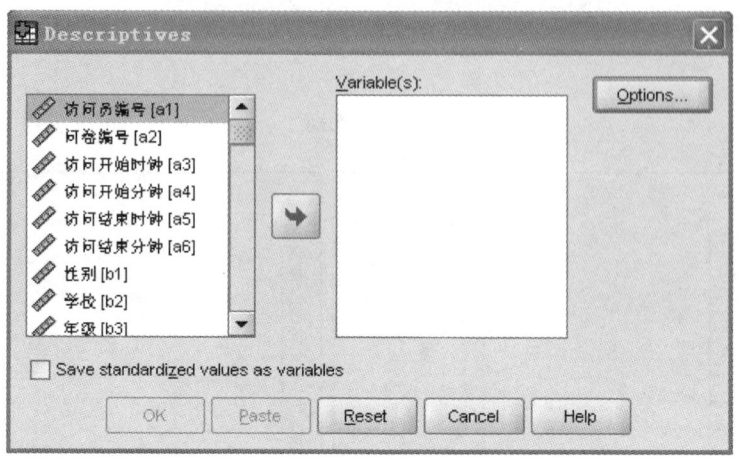

图7-20　数据描述对话窗

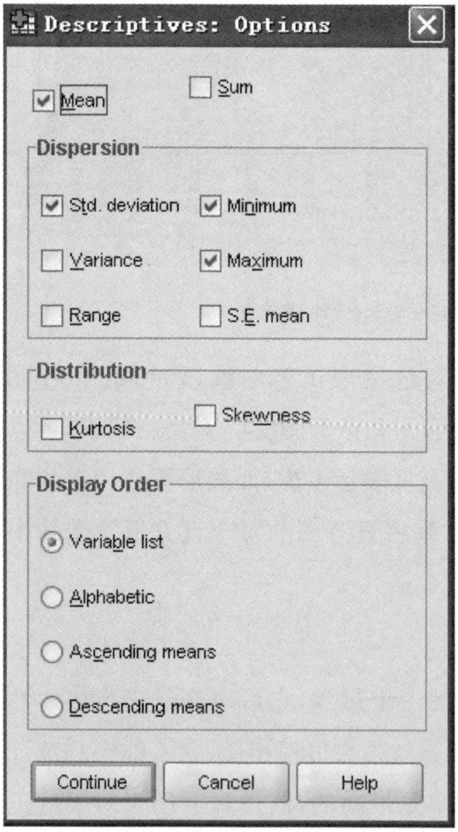

将要进行描述分析的一个或多个连续变量选入变量框内,即可进行数据描述。该过程还有个特殊功能,就是可将原始数据转换成标准正态分值并以变量的形式存入数据库供以后分析,点击复选框将标准正态分值保存为变量(Save standardized values as variables)即可实现这一功能。点击选项(Options)按钮,即可出现选项对话窗(图7-21),说明一下,该对话窗有一选项显示顺序(Display Order)复选框,缺省情况下,按照操作者显示变量的顺序显示变量,可选的选项有变量列表(Variable list)、字母顺序(Alphabetic)、按均值的升序(Ascending means)、按均值的降序(Descending means)。由于描述过程相对简单,读者可以自行尝试,这里不再赘述。

图7-21　数据描述过程选项对话窗

3.探索过程

探索过程是主要用于对资料数据的性质、分布状况等信息完全不清楚时进行的分析,因此也叫作探索性分析。探索过程既可以为所有个案也可以为个案组生成摘要统计量和图形显示。使用探索过程的用途有:数据筛选、识别离群值、描述数据、描述子总体(个案组)间差异的特征和假设检验。该过程可以帮助操作者确定所使用的统计方法是否适合,如果统计要求数据呈正态分布,通过该过程可得知是否需要进行数据转换,或者进行非参数检验(无需正态分布)。在 SPSS 数据编辑窗口中依次点选 Analyse→Descriptive Statistics→Explore 即可出现探索过程对话窗,该过程可以对某一连续变量(Dependent List)进行直接描述,也可以根据定类变量对连续变量进行分组(Factor List)描述,还可以根据某一分类变量对数据添加标签(Label Cases by)。

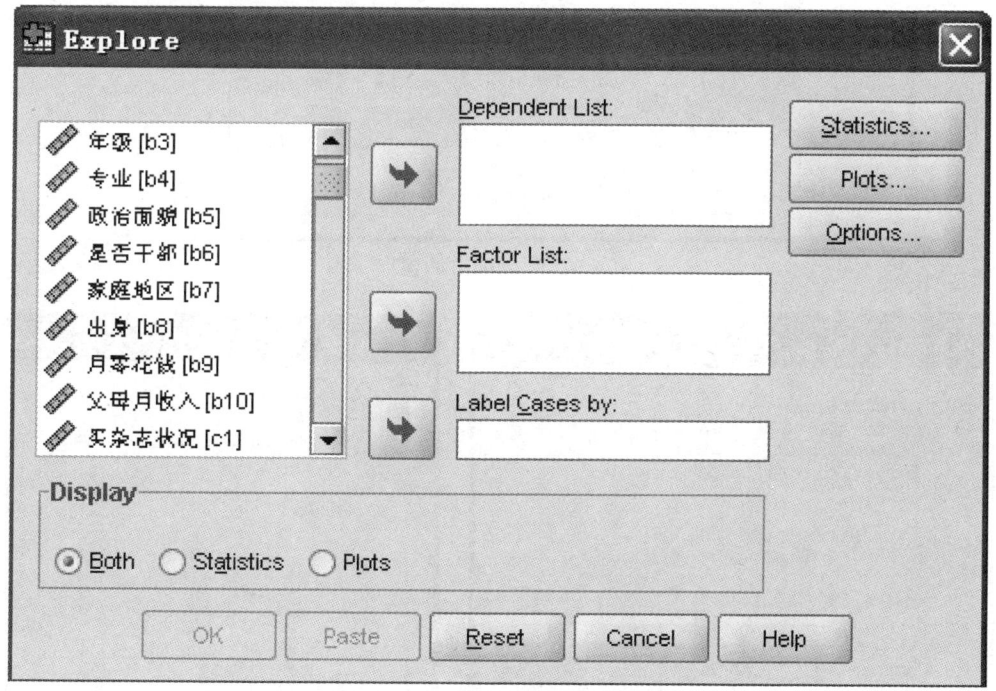

图 7—22　探索过程对话窗

在常用的描述性统计指标的基础上,该过程又增加了有关数据详细分布特征的文字与图形描述,如茎叶图(Stem-and-Leaf Plot)、箱图(Boxplots)和直方图等,还有丢失值处理(Options)、统计(Statistics)对话窗,从而使整个过程显得更加详细全面。

（a）图形选项对话窗

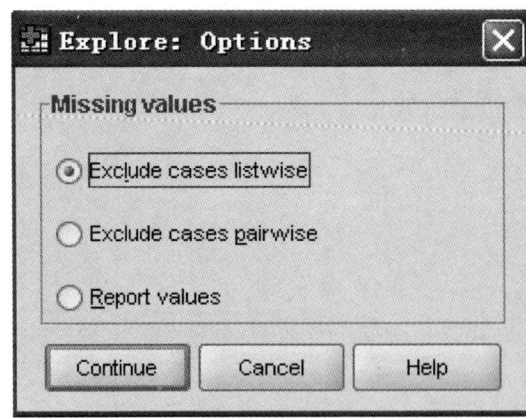

（b）丢失值选项对话窗

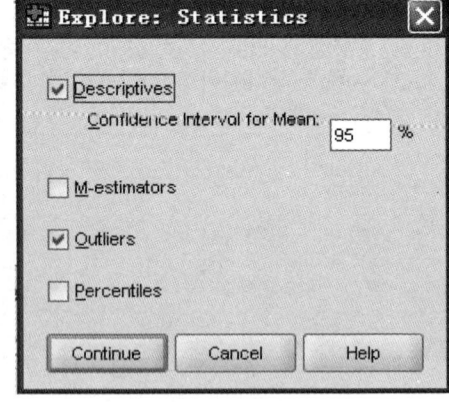

（c）统计选项对话窗

图7—23　探索过程主要对话窗

统计对话窗中数据描述(Descriptives)复选框输出较详细的数据特征描述,包括均数、中位数、众数、5%修正均数、标准误、方差、标准差、最小值、最大值、全距、四分位全距、峰度系数、峰度系数的标准误、偏度系数、偏度系数的标准误及指定的均数可信区间。

M 估计值(M-estimators)复选框做中心趋势的粗略最大似然确定,是样本均值和中位数的稳健替代值,用于估计位置。输出四个(Huber, Andrew, Hampel, Tukey)不同权重的最大似然确定数。其中 Huber 法适用于数据接近正态分布的情况,另三种适合数据中有许多异常值的情况。

异常值(Outliers)复选框输出五个最大值与五个最小值。

百分位(Percentiles)复选框输出第 5 个、10 个、25 个、50 个、75 个、90 个、95 个百分位数。

打开图形(Plots)对话窗,里面的选项主要有茎叶图(Stem-and-leaf Plot),在描述性(Descriptive)复选框中还有箱图(Boxplots)和直方图,还可以选择对数据分布的正态性进行检验(Normality plots with tests)。

茎叶图对数据的分布形态和范围有很直观的数字表述和箱体图描述。茎叶图将数组的数按位数进行比较,将数大小基本不变或变化不大的位作为一个主杆(茎),将变化大的位的数作为分枝(叶),列在主杆的后面,这样就可以清楚地看到每个主杆后面的几个数,每个数具体是多少。在探索过程对话窗中,将变量大学生日均看电视时长(ctv)选入因变量列表(Dependent List)框,点击图形(Plots)按钮,在描述性复选框中选择茎叶图,点击继续(Continue)→确定(OK)即可在结果窗口中显示大学生每次收看电视时长的茎叶图。

Frequency	Stem &	Leaf
73.00	0 .	0000000000000000000000001111111111111
71.00	0 .	22222222222223333333333333333333333
6.00	0 .	44&
70.00	0 .	6666666666666666666666666666666666
12.00	0 .	999999
1.00	1 .	&
53.00	1 .	222222222222222222222222222

4.00	1 .	55
.00	1 .	
21.00	1 .	8888888888
4.00	2 .	11
.00	2 .	
8.00	2 .	4444
34.00	Extremes	（＞＝300）

Stem width： 100.00

Each leaf： 2 case(s)

图 7—24 大学生平均每次收看电视时长茎叶图(单位:分钟)

同样,可以在图形对话窗中选择箱图,箱图复选框中有三个选项:按因子水平
分组(Factor levels together)、不分组(Dependents together)和无(None)。其中按
因子水平分组为每个因变量生成单独的显示,在每一个显示中,将为因变量定义的
每个组显示箱图;不分组为因变量定义的每个组生成单独的显示,在每一个显示
中,为每个因变量并排显示箱图。当不同的变量代表在不同的时间度量的同一特
征时,此显示尤其有用。SPSS默认为按因子水平分组显示箱图。如大学生每次收
看电视时长箱图为:

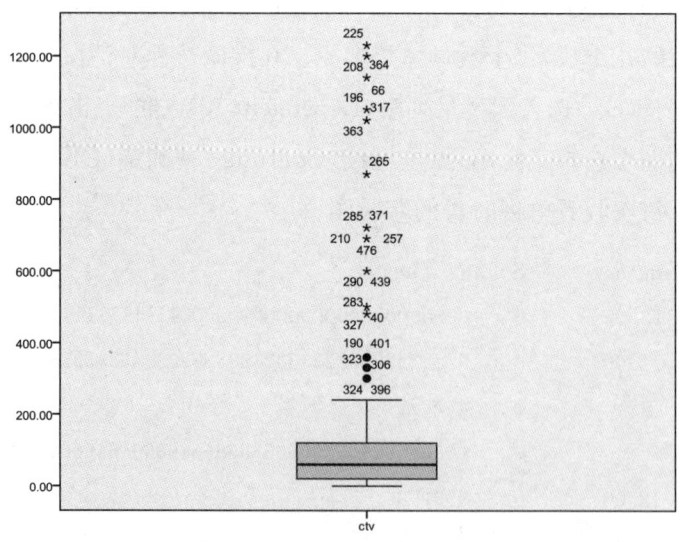

图 7—25 大学生平均每次收看电视时长箱图(单位:分钟)

在选项对话窗中可以控制对丢失值的处理。按列表排除个案(Exclude cases listwise)为从所有分析中排除任何因变量或因子变量具有丢失值的个案;按对排除个案(Exclude cases pairwise)表示在该组的分析中包括组(单元)中变量不具有丢失值的个案,该个案可能在其他组中使用的变量有丢失值;报告值(Report values)表示因子变量的丢失值被视为单独的类别。

4. 交互表过程

交互表过程用来作交互表,是描述离散变量(定类和定序变量)之间关系的表格,比如想了解某次大学生调查中大学生专业和性别之间有无关系,即可通过交互表来实现。在 SPSS 菜单中依次点击命令 Analyze→Descriptive Statistics→Crosstabs,即可出现下列对话窗:

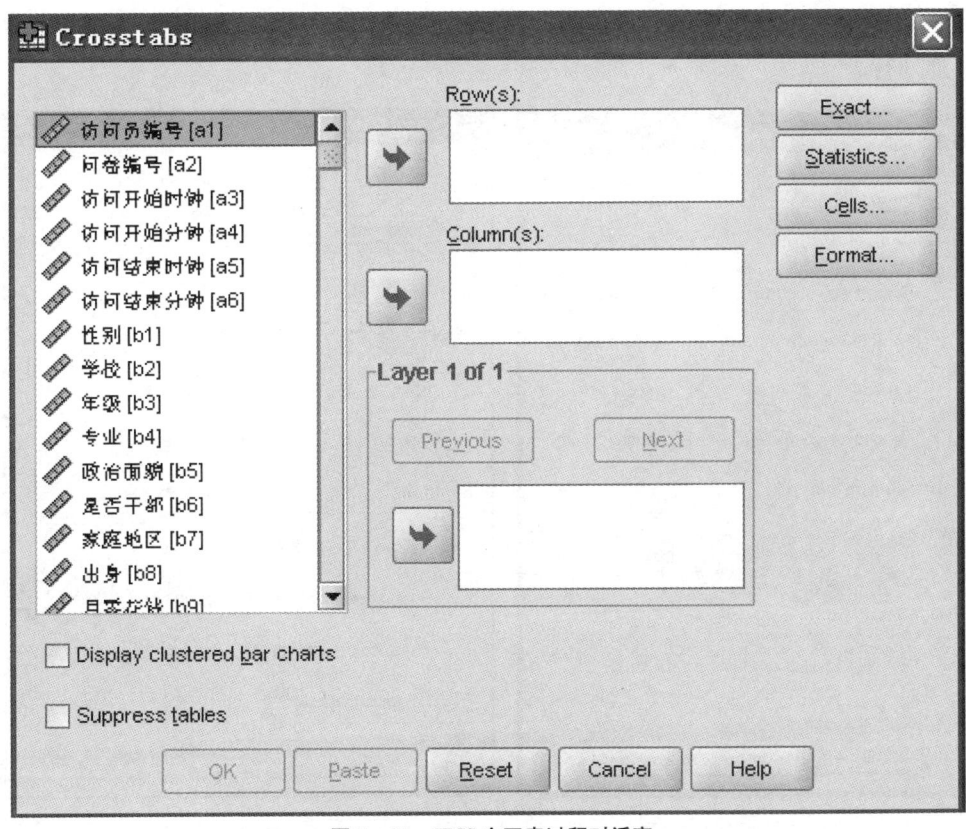

图 7—26　SPSS 交互表过程对话窗

在行(Row)框内选入性别,在列(Column)框内选入专业,下方的层(Layer)框组用于选入更多的分类变量,这里被称为层变量,对话框中的许多设置都可以分层设定,在同一层中的变量使用相同的设置,而不同层中的变量分别使用各自层的设置。如果要让不同的变量做不同的分析,则只需将其选入层框,并用上一张(Previous)和下一张(Next)按钮设为不同层即可。

统计(Statistics)对话窗的各种选项是各种定类变量或定序变量的统计检验指标。单元格(Cells)选项对话窗表示交互表中每个小格子的表现形式,计数(Counts)复选框下可选观察值(Observed)或期望值(Expected),系统默认报告实际观察值,百分比(Percentages)复选框是小格子里的百分比的显示形式,行(Row)表示按行显示百分比,列(Column)表示按列显示百分比,还可提供表中表示的个案总数的百分比(Total)。

格式(Format)对话窗表示按照行变量的升序(Ascending)或降序(Desending)来排列行。

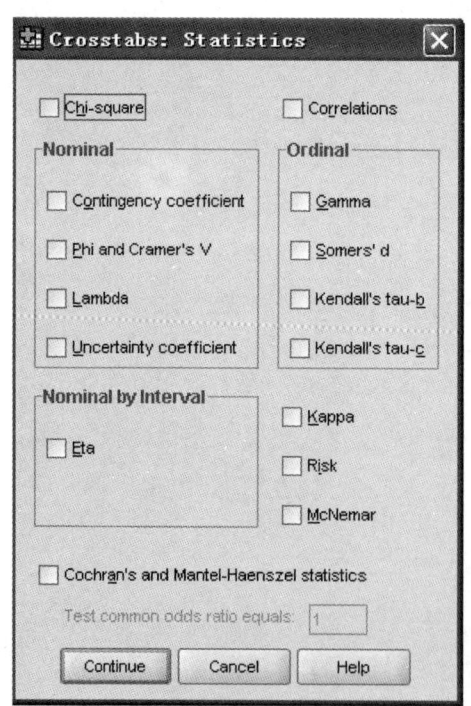

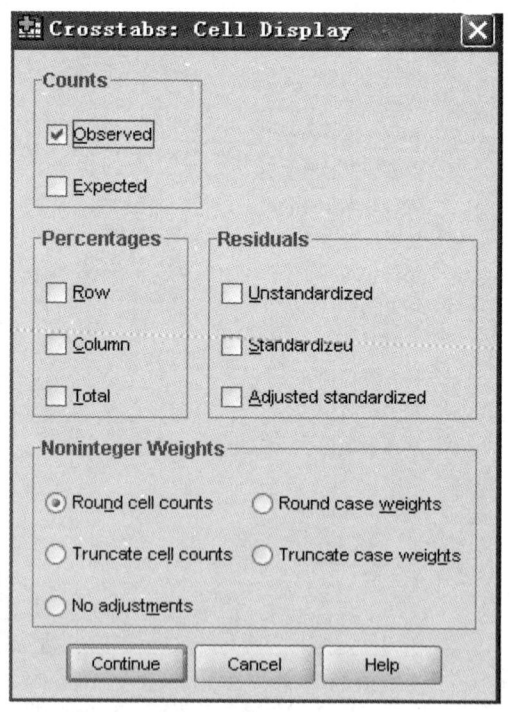

（a）统计选项对话窗 　　　　　（b）单元格选项对话窗

图7—27　交互表过程选项对话窗

如想分析某次大学生调查中性别与专业分布的关系,在交互表过程中分别将变量性别 b1 放在行,将专业 b4 放在列,然后按行显示百分比,就会出现表 7—4。

表 7—4　性别与专业的交互表

			专业						Total
			理工类	财经类	文法类	艺术体育类	医学类	其他	
性别	男	Count Expec- ted Count % within 性别	133 111.0 52.6%	61 52.2 24.1%	38 55.8 15.0%	4 7.1 1.6%	11 15.2 4.3%	6 11.7 2.4%	253 253.0 100.0%
	女	Count Expec- ted Count % within 性别	86 108.0 35.0%	42 50.8 17.1%	72 54.2 29.3%	10 6.9 4.1%	19 14.8 7.7%	17 11.3 6.9%	246 246.0 100.0%
Total		Count Expec- ted Count % within 性别	219 219.0 43.9%	103 103.0 20.6%	110 110.0 22.0%	14 14.0 2.8%	30 30.0 6.0%	23 23.0 4.6%	499 499.0 100.0%

通过上表可以看出,调查的大学生中有 52.6% 的男生就读于理工类专业,15.0% 的男生就读于文法类专业,调查的大学生中只有 35.0% 的女生就读于理工类专业,29.3% 的女生就读于文法类专业,通过这一简单的比较可得出结论,男生较倾向于就读理工类专业。这里要说明一下,上述结论只能用于描述调查的样本,还不能用来草率推断总体,这已经不是这里讨论的话题了。

5. 比率过程

比率过程功能比较特殊,用于对两个连续性变量计算相对比指标,相对而言,该过程使用面比较狭窄,这里不做过多介绍。

在 SPSS 中,描述性统计还包括 P—P 图和 Q—Q 图的功能。P—P 图是根据变量的累积比例与指定分布的累积比例之间的关系所绘制的图形,通过 P—P 图可以检验数据是否符合指定的分布。Q—Q 图同样可以用于检验数据的分布,所不同的是,Q—Q 图是用变量数据分布的分位数与所指定分布的分位数之间的关系曲线来进行检验的。这两种图最常用的功能是直观表示数据是否符合正态分布。P—P 图和 Q—Q 图的用途完全相同,两者只是在检验方法上存在差异,SPSS 中用于做出 P—P 图的对话框和用于做出 Q—Q 图的对话框完全一致,这里不再对此做进一步介绍。

三、数据的图示

进行数字统计分析时,有时我们需要绘制统计图表,把资料所反映的变化趋势、数量多少、分布状态和相互关系等形象直观地表现出来,以便于读者的阅读、比较和分析。除了上述数据描述中附带的各种图示外,SPSS 的图形(Graphs)菜单提供了绘制图表的功能,主要包括三个子菜单:图表建立(Chart Builder)命令,相当于图表向导,它对 SPSS 的绘图功能作了粗略的介绍,初学者可以大致了解 SPSS 的绘图能力;图形画板模板选择程序(Graphboard Template Chooser);旧对话框(Legacy Dialogs)命令,主要包括多种 SPSS 传统的常用的统计报表,该对话窗最后一类交互图表(Interactive)命令主要涵盖了 SPSS 各种复杂的交互性图表,这一列是读者经常使用的命令,如图 7-28 所示。

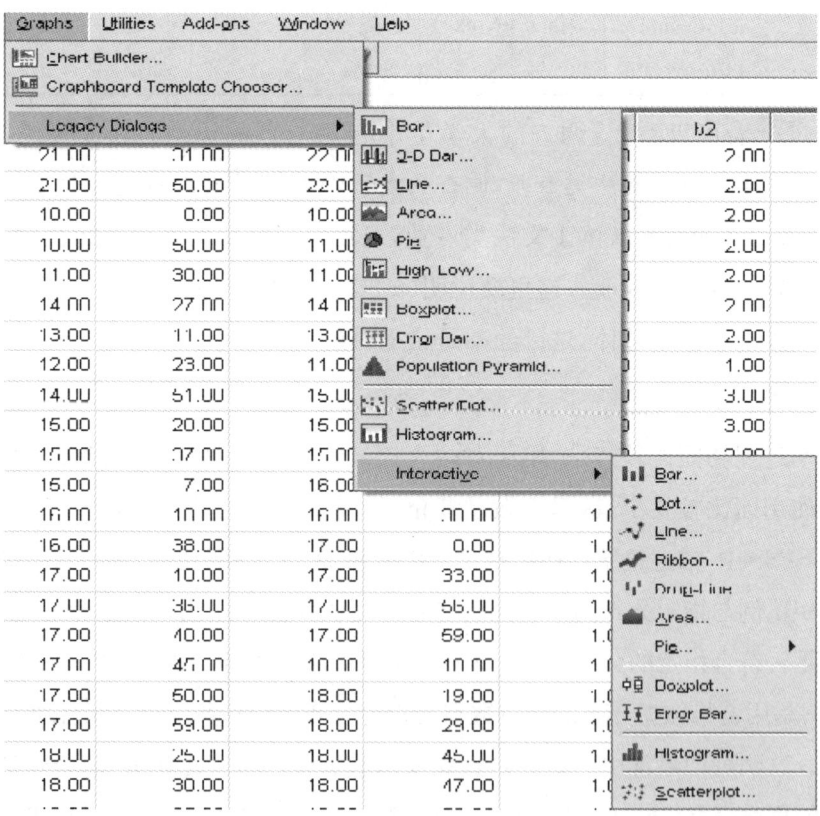

图 7-28 SPSS 图形功能菜单

SPSS 提供了许多不同的统计图示功能，这里仅对常用的图形做简单介绍：

1. 条形图（Bar）

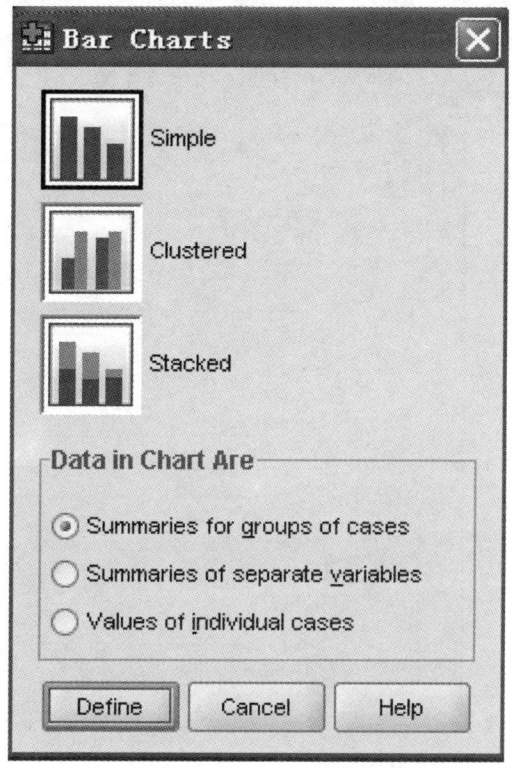

图 7-29　SPSS 条形图对话窗

　　条形图又叫带形图或柱形图，它是利用相同宽度的条形的长短或高低来表示统计数据的大小或变动的图形。前面已经介绍了在数据描述 Frequencies 过程中单一变量条形图的制作，在 SPSS 菜单中选择 Graphs→Legacy Dialogs→Bar 后，系统首先会弹出一个简单的导航对话窗。在该对话窗中，SPSS 将条形图进行了大致的分类：简单条图（单式条图，Simple，同前述条形图）、复式条图（Clustered）和堆积条图（分段条图，Stacked）。

　　对话窗的上半部分用于选择条形图类型，下半部分的 Data in Chart are 单选框用于定义条形图中数据的表达类型，包括 Summaries for groups of cases（以组为单位体现数据）、Summaries of separate variables（以变量为单位体现数据）和 Values of individual cases（以观察样例为单位体现数据）。例如，根据所需绘制条形图

的类型,选择简单条图,在表达类型中选择"Summaries for groups of cases",选好后单击 Define 按钮就会出现如下窗口:

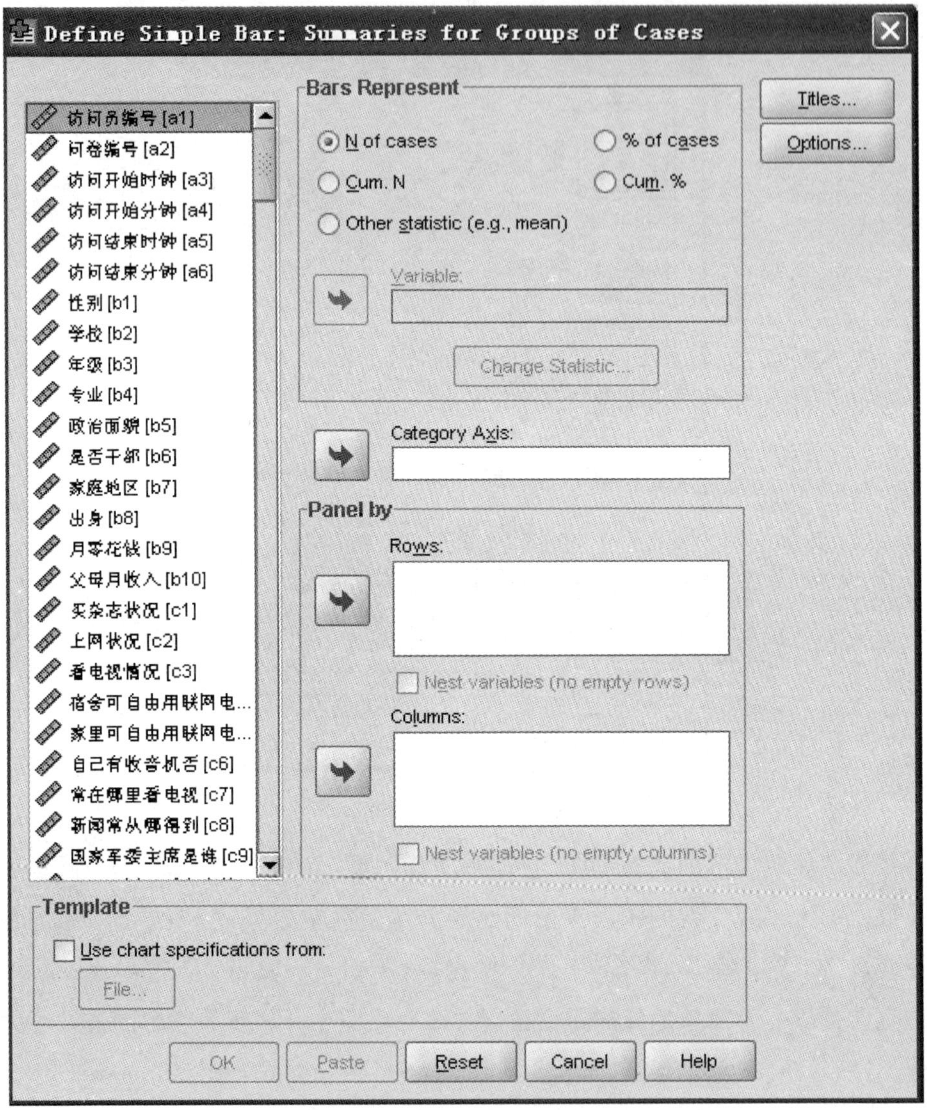

图 7—30　SPSS 简单条形图定义框

在新窗口中的类别轴中选入要分析的变量,可直接点击确定,例如对所调查的大学生按照年级分组,在分类轴(Category Axis)选入年级变量(b3),点击 OK 即可出现图 7—31:

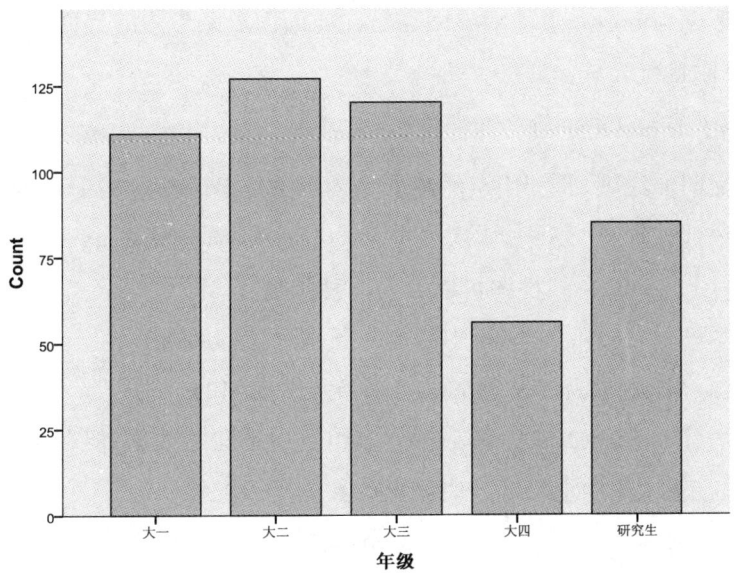

图 7—31 被调查大学生年级分布条形图

如果要对变量按某分类变量分别作条形图,就需要在列(Columns)或者行(Rows)框中选入分类变量。如对上图按照性别分布作条形图,可以将变量性别(b1)选入列框内,得到图 7—32:

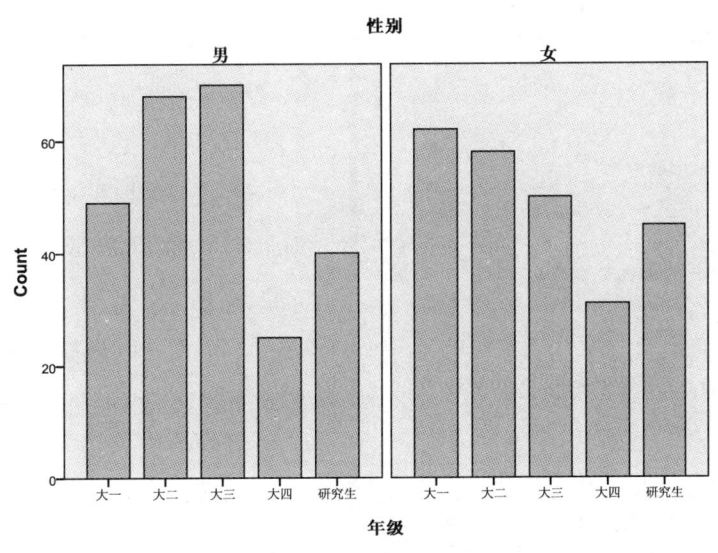

图 7—32 不同性别大学生的年级分布条形图

复式条形图与分段条形图的界面只是在前面简单条形图的界面上增加了一些元素,读者可以自行尝试。

2. 线性图(Line Charts)

线性图又叫曲线图,是利用点的高低来表示数据升降情况的一种统计图,用于连续数据的描述。在 SPSS 中,依次点击 Graphs→Legacy Dialogs→Line 可以打开导航对话窗(图 7—33)。线性图可以分为三种类型:

简单线图(Simple):一个图形中只有一条水平走向的折线;

多线线图(Multiple):一个图形中有多条水平走向的折线;

垂直线图(Drop-line):一个图形中有多组水平走向的数据,但在水平方向上不连接,而只是在垂直方向上将同一时间点的数据予以连接。

图表中的"数据为"(Data in Charts Are)栏中,操作者有三种选择:

个案组汇总(Summaries for groups of cases):用分类值作图,线图中每一条线代表观测值的一个分类;

各个变量汇总(Summaries of separate variables):用变量值作图,线图中每一条线代表一个变量;

个案值(Values of individual cases):用单元值作图,线图中每一条线代表一个观察值。

通过三种线图和二种数据表现方式的不同搭配,SPSS 可以生成九种不同的线图,这里用 SPSS 自带数据 Employee.sav 以最简单常用的"简单线图"和"个案组汇总"为例,来简述线图的操作步骤:

点击"简单线图",选中"个案组汇总",再点击定义(Define)就能进入正式的线图对话窗(图 7—34)了。当

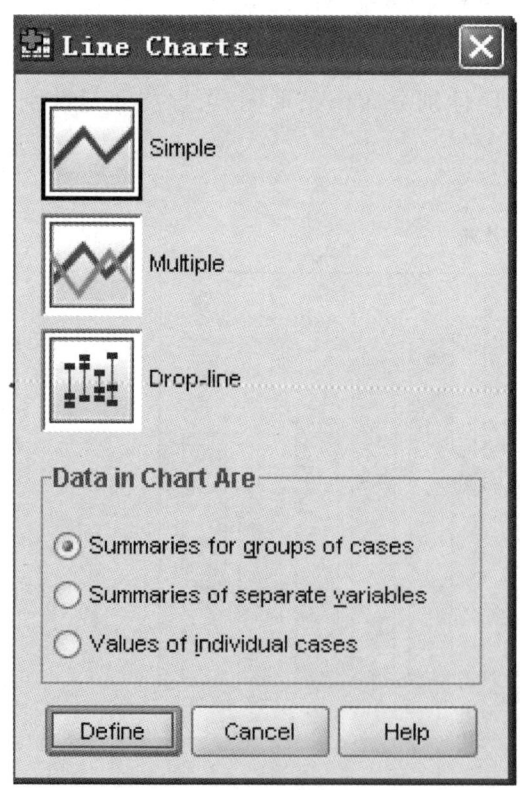

图 7—33 SPSS 线性图导航对话窗

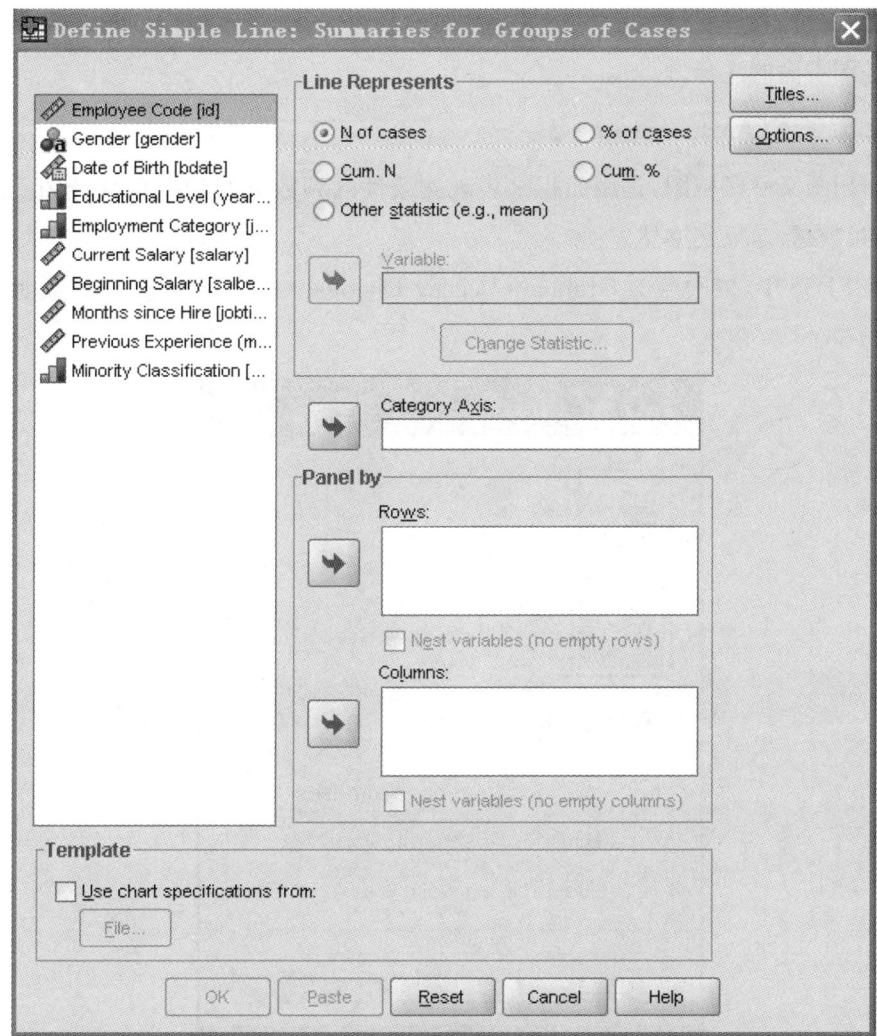

图 7—34　SPSS "简单线图：个案组汇总" 对话窗

　　然，根据操作者所选择的线图类型和数据表现类型的不同，出现的对话窗名称也不相同。

　　绘图变量的数值将在线图的纵轴上表示，用户需要指定分类变量，可以选择"个案数"（Case Number），即观察量的编号作为分类变量，也可以选择"变量"（Variable），然后选择一个变量作为分类变量，即分类变量的数值将出现在类别轴（Category Axis）上。在本对话窗中可以点击"标题"（Titles）对话框来定义标题。

标题的第一行和第二行就是图上面标题的第一行和第二行,脚注的第一行和第二行就是图下面的注释。

3.面积图(Area Charts)

面积图又称区域图,是用面积来表现连续性的频数分布的一种统计图。面积越大,频数越多,反之亦然。

在 SPSS 中,依次点击 Graphs→Legacy Dialogs→Area 可以打开导航对话窗(图 7—35)。

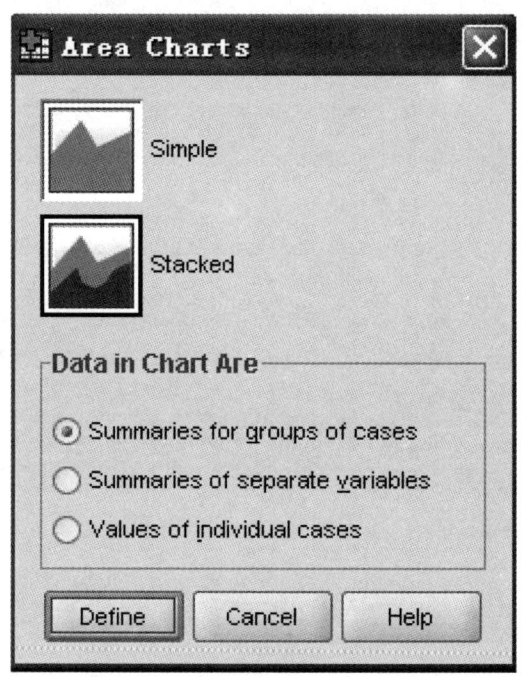

图 7—35　SPSS 面积图导航对话窗

用户可以选择面积的类型:简单(Simple)和堆积(Stacked)面积图,并且可以定义三种数据的表现形式(与线性图相同),通过两种面积类型和三种数据表达形式的搭配,SPSS 就可以生成六种不同的面积图,如选择"堆积面积图"和"个案组汇总",在分类轴中选入 Educational Level(years),在"定义面积"(Define Area by)框中选入变量 Gender(图 7—36),点击 OK 即可出现图 7—37。

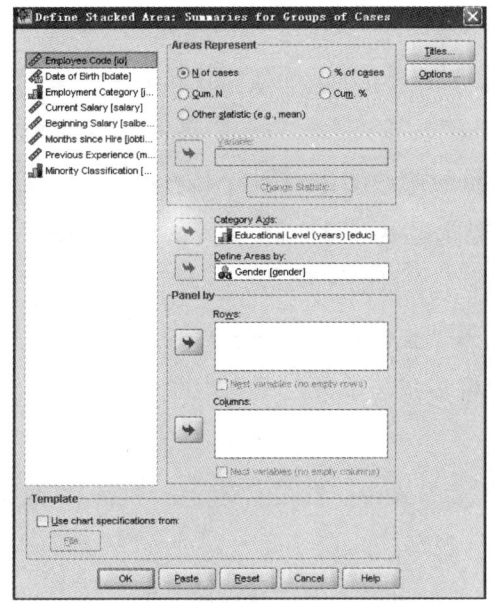
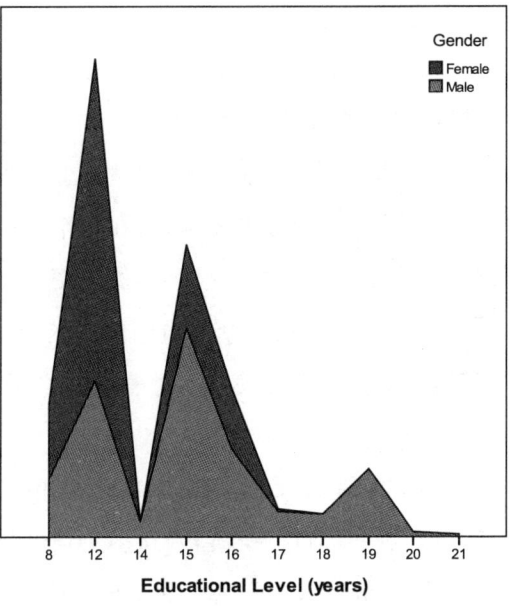

图 7－36　SPSS"堆积面积图：个案组汇总"对话窗　　　　图 7－37　不同性别教育水平的面积图

4. 散点图（Scatter）

社会科学研究经常要寻找变量之间有无相关关系，散点图是最常用的可以表示两个变量或多个变量之间有无相关关系的一种统计图。在进行相关或回归分析之前，研究者往往需要做散点图来探索两者之间的关系。这种图用点的密集程度和趋势表示两个变量之间的相互关系和变化趋势。在 SPSS 中依次点击 Graphs→Legacy Dialogs→Scatter/Dot，即出现如下对话框：

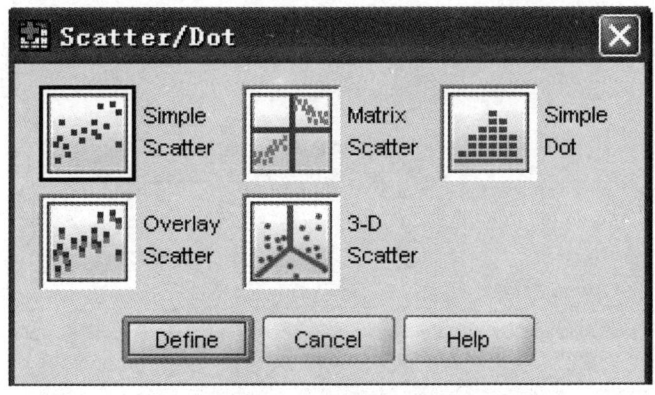

图 7－38　SPSS 散点图/点图对话窗

散点图/点图共分为五种类型,操作者可以根据要求选择不同的类型:

(1) Simple(简单):用于表示两个变量之间关系的简单散点图,其中一个变量为横轴,另一个变量为纵轴。

(2) Matrix(以矩阵的形式显示多个变量间两两的散点图):用来表示多个变量之间两两关系的散点图矩阵,在多个坐标轴上显示多对变量,矩阵的行列上格子数相等,正对角线的格子显示参加绘图的若干个变量的名称。

(3) Overlay(将多个变量间两两的散点图重叠做在一张图上):表示一个变量与其他多个变量之间关系的重叠散点图,即将多张简单散点图集中在一个坐标轴上表示。

(4) 3D(将 X、Y、Z 三个变量间的相关散点图放在一个立体空间中):可以在编辑时对散点图进行三维旋转,从多个角度进行观察。

(5) Simple Dot(简单点图):以一维形式对变量的散点进行纵向叠加。

这里以简单散点图(Simple Scatter)为例来说明其操作,数据来自 SPSS 自带文件 Employee. sav。点选 Simple Scatter→Define 后会出现如下对话窗:

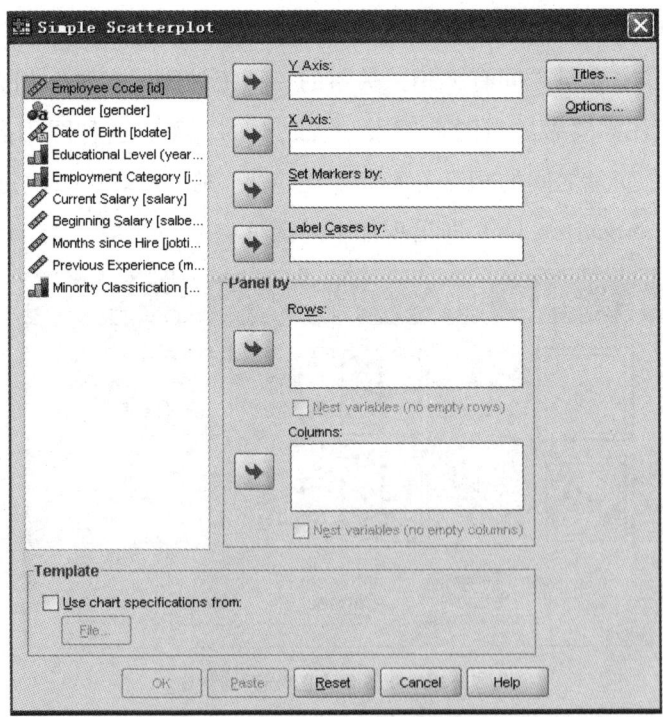

图 7—39　SPSS 简单散点图对话窗

然后将欲分析的可能有相关关系的两个变量分别放入 X 轴(X Axis)和作为 Y 轴(Y Axis)的变量框中,将 Employee. sav 数据当前薪水(current salary)放入 Y 轴框,将起薪(beginning salary)放入 X 轴作散点图。设置变量(Set Markers by)框用于选入一个标记变量,根据该变量取值的不同对同一个散点图中的各点标以不同的颜色(或形状),这样可以比较各个小组的相关性如何。如果在图的操作中加入性别(gender)来做标记,则可作出图 7—40。

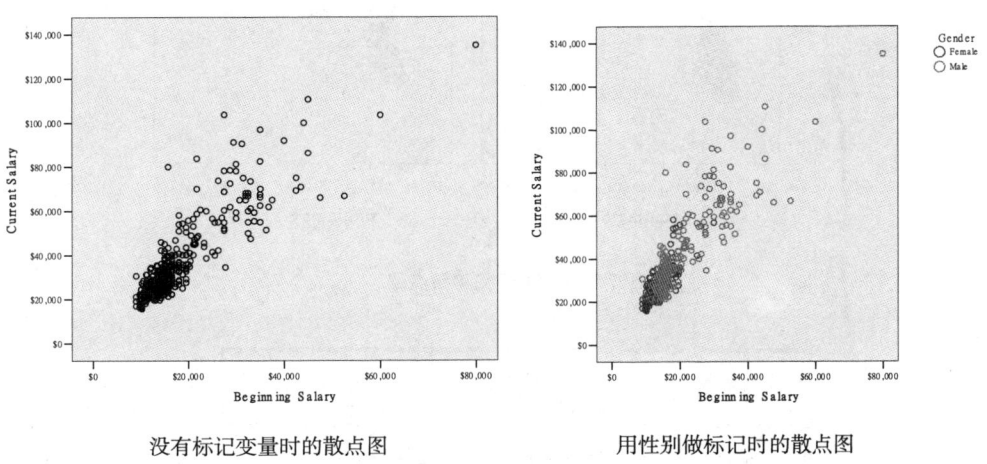

没有标记变量时的散点图　　　　　　用性别做标记时的散点图

图 7—40　有无标记变量的散点图比较

标注个案(Label Cases)框用于选入标签变量,如果指定了标签变量,SPSS 会在散点图中的每个点上标出该观测量的相应标签变量的数值。

面板依据(Panel by)中行(Rows)和列(Columns)选项框里选入分类变量,如将性别(gender)选入列框中,可输出图 7—41。

这里介绍的只是常用的几种图形,实际上在 SPSS 图形(Graphics)菜单中总共有 17 种不同统计图表(如图 7—42),每种统计图表都有各自不同的功能,使用者可以根据个人喜好和实际需要选择不同的图表。

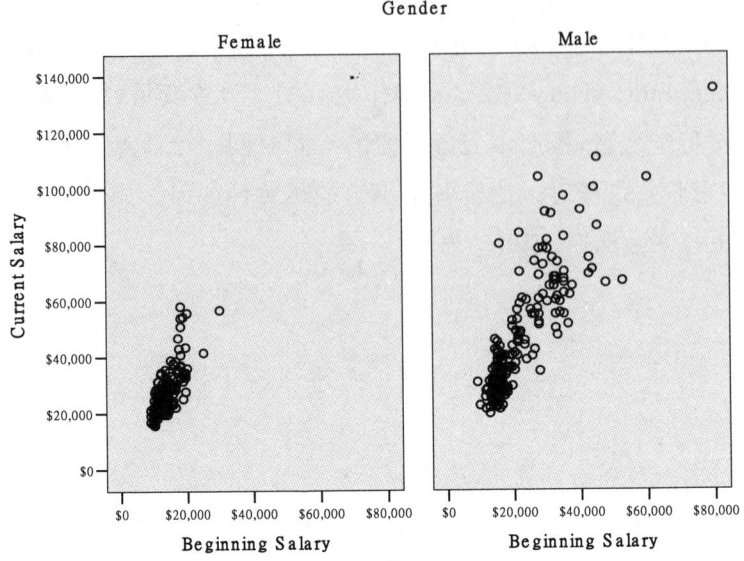

图 7—41　SPSS 简单散点图

▦	条图	⁙	散点图	◇	线图
▥	直方图	◕	饼图	◣	面积图
⋔	箱式图	⟋	正态 Q-Q图	⟋	正态 P-P 图
⌇	质量控制图	▙	Pareto 图	⊪	自回归曲线图
⧚	高低图	⊹	交互相关图	⩗	序列图
∿	频谱图	⦀	误差线图		

图 7—42　SPSS 主要图形类型

　　上述部分介绍了基础统计描述的各种方式,由于图表易于比较、易于展示数据关系,因此在 SPSS 操作中分析(Analyze)菜单的描述统计(Descriptive Statistics)和图形(Graphics)菜单的应用极为广泛,尤其对于初学者,这是最常用到的操作。通过学习,操作者可以运用各种基础统计描述方法,对数据的分布特征进行归纳。

四、SPSS 统计分析的原理与技术

统计分析是数据处理的最后部分,也是数据处理的核心。社会科学首先是研究差异,试想如果整个世界都一样,那么社会科学研究也就失去了存在的意义。如不同年龄、不同教育背景、不同性别的观众每天看电视的时间就不一样,科学研究就要研究这种差异并解释引起此种差异的原因,因此社会科学要研究不同情况下某水平的差异及其原因。选择正确的统计方法是进行数据分析的首要工作,这首先取决于数据的类型,离散数据和连续数据各有不同的统计分析策略。卡方检验、t 检验和方差分析多和离散变量联系在一起,尤其是一些人口统计学变量,多使用平均差检验技术。

除了研究差异,社会科学研究的另一大任务就是寻找不同变量之间的关系,如果它们之间有相关关系,那么它们之间是否存在因果关系,这种层面的研究在统计分析技术上也日趋复杂,从相关、回归到路径分析,研究者在不断地寻找现实社会中不同变量间的因果关系,如人的收入水平对不同类型电视新闻关注度的影响。

需要提醒读者尤其是初学者的是,这些分析不仅需要操作者能熟练操作 SPSS 统计命令,还需要操作者具有扎实的关于统计的基本知识,对于社会科学研究而言,更重要的是研究者要具有深厚的本学科的理论功底。很多统计上具有相关关系的两个变量在实际和理论上往往风马牛不相及,比如巴西读者读报时间在下降,而同期中国网民上网时间在上升,两者呈负相关,实际上两者之间没有什么关系;有些具有相关关系的两个变量实际上是因为第三变量的影响,如某地冰激凌的销量和溺水死亡的人数呈显著正相关,冰激凌销量的上涨和溺水死亡人数的增加完全同步。而这两个变量相关是因为第三变量即天气温度的上升,温度高了,吃冰激凌的人自然就多了,同时下河洗澡的人也多了,因而溺亡的可能性也增加了。因此统计分析只能证明研究者的想法对不对,除此之外统计学不能做什么,这些"想法"从何处来,那就取决于研究者的理论功底和实践经验了。因此用 SPSS 进行统计分析的过程实际上就是研究者的想法和统计软件不断对话的过程,在这种不断互动的过程中,首先研究者要具备所属学科的理论功底和实践经验,还需要掌握扎实的关于统计的基本知识,熟知研究的目的和研究数据的内容,才能在数十种统计指

令中选择适合的统计分析方法来分析数据。此外,操作者必须能够阅读统计软件分析结果,从不同的分析中选择正确的结果来作为撰写研究报告的根据。

虽然通过 SPSS 可以轻松地实现各种统计分析,但是只有在熟悉各种统计方法基础上的软件操作才是有目的、有意义的,统计分析并非仅指统计软件操作,统计软件只是操作者实现分析的载体,是一种工具。读者如果有兴趣进一步学习可以参阅各种统计读物,尤其是社会科学统计读物,本书无法在有限的篇幅里进行详细论述。但是基本的统计描述是统计分析的基础,读者需要熟练掌握各种统计描述方法。

【本章小结】

统计学是一门收集、整理和分析数据的方法科学,统计学并非晦涩难懂,而是一门非常有趣、有用的科学,统计是人类思维的一个归纳过程。在舆论学研究中,可用变量或常量来表示研究对象的属性,变量表示某一属性因为所处的时间、地点、人、物的不同而具有不同的内容,如果某一属性不因条件的变化而有所不同,则称为常数或常量。数据测量尺度从粗略到精确、从低级到高级依次分为四个层次:定类尺度、定序尺度、定距尺度和定比尺度。初步认识 SPSS 软件及其安装运行、数据库。描述数据集中趋势常用的指标有平均值、中位数和众数等,描述数据离散趋势最常用的指标有方差和标准差,SPSS 的数据描述主要包括频数(Frequencies)、描述(Descriptives)、探索(Explore)、交互表(Crosstabs)和比率(Ratio)五个过程。

【思考讨论题】

1.什么是变量? 什么是常量? 请举例说明。

2.数据的测量尺度包括哪几种? 数据的测量尺度可以转换吗?

3.统计软件 SPSS 的窗口主要有哪些? 请举例说明如何建立 SPSS 数据库?

4.在 SPSS 中,给变量命名有哪些规则,需注意哪些事项?

5.什么是丢失值(missing)? 在 SPSS 操作中丢失值有什么作用?

6.数据录入完成后是否可以立即进行数据分析? 如不能,还需要进行哪些操作? 需要注意什么? 请举例说明。

7.如何描述一组数据的集中趋势和离散趋势? 各有什么意义? 如何在 SPSS 中来描述数据的集中趋势或离散趋势?

第八章　舆情调查报告的撰写和应用

第一节　舆情调查报告的撰写

当舆情调查完成了资料收集和分析工作后,最后的任务就是要把调查研究的结果以某种恰当的形式告知他人,一来是让别人知道自己的研究,让自己的研究成果与同行共享;二来也是同其他人进行交流,不断进行改进,这就需要撰写调查报告。严格说来,调查报告叫调查研究报告,因为它不仅是调查的产物,更是研究的产物。调查报告是反映舆论调查研究结果的书面报告,以文字、图表等形式将研究的起源、过程和结果表现出来。报告撰写的好坏将直接影响到调查研究成果的交流和这一成果对社会的作用,因此研究者必须高度重视研究报告的撰写,这一章我们将介绍调查报告的撰写。

一、舆情调查报告的特点

与一般文案的撰写不同,舆情调查报告的撰写有其自身的一些特点,具体地说,这些特点包括:

1. 科学性

科学性主要是指正确性,即是否符合舆论学理论、遵循舆情规律,舆情调查方法要科学可靠,建立在科学的基础之上。科学性还指调查的真实性,调查报告尊重客观事实,靠事实说话,来不得半点虚假,这一特点要求调研人员必须树立严谨的科学态度和认真求实的精神,报告中不仅要报喜也要报忧,不仅要充分肯定工作成绩,还要准确反映工作中存在的问题。只有以严谨的科学态度写出来的调查报告,才能对学术研究或实际工作具有指导意义。

2. 针对性

一般来说,一项舆情调查研究工作,特别是大型调查,要花费较多的时间、人力和物力,不是随意组织进行的,而是针对一些较为迫切的实际情况,解决某些实际问题而进行的,因此调查研究具有很强的针对性。

3. 创造性

舆情调查要具有创新,这种创新可以表现在调查的主题、内容、方法、视角等方面,要在别人的基础上有所创新,得到新论题、新观点、新见解、新看法、新技术、新结论等。

4. 时效性

舆情调查往往是针对社会上的热点问题的认知,因此具有一定的时效性,过了这段时间,人们的认知就会产生变化,因此无论是舆情调查还是其报告的撰写,都要注重时效性。

5. 语言平实

与文学作品不同,调查报告的语言、文字风格要做到表达准确、用词恰当、谨慎,语言要平实简单,不说空话大话;要尽量做到准确无误,调查报告的语言要冷静,尽量使用第三人称,避免使用第一人称,以保持客观公正。此外,还要避免使用歧视性语言。总之,调查报告的行文语言要求客观求实、意思清楚、文句简练、平实朴素。

二、舆情调查报告的类型

按照不同的分类标准,舆情调查报告可以分成不同的类型。按内容大小分,调查报告有以下两种:

第一种,专题性调查报告。专题性调查报告,就是侧重某个问题进行较深入的调查后形成的报告,这类报告的主题一般常常在标题上反映出来。它能及时揭露现实生活中的矛盾,反映群众的意见和要求,研究急需解决的具体的实际问题,并根据调查的结果提出处理意见或是对策、建议,如中华全国总工会宣教部 2007 年发布的《当前企业职工思想状况和职工思想政治工作调查》就属于专题性调查报告。

第二种,综合性调查报告,它是以综合调查众多的对象及其基本情况为内容,作全面系统的调查和反映的报告。具有全面、系统、深入和篇幅较长的特点。它与专题性调查报告的主要区别在于它的综合性,它可以使读者从报告中看到事物相对完整的"鸟瞰图"。如中华全国总工会每五年进行一次的"全国职工队伍状况调查",涉及职工舆论的方方面面,最近一次《第七次全国职工队伍状况调查总报告》就属于综合性调查报告。

根据读者对象的不同,调查报告又可以分为:

理论研究性调查报告:这是以学术研究为目的而撰写的报告,它以收集、分类、整理资料并提出问题、报告结论为特点,大多发表在学术刊物上,或载于学术著作上。

实际应用型调查报告:这是由于实际工作需要而撰写的调查报告,其主要内容是为预测、决策、制定政策、处理问题等进行调查所获得的材料及有关的建议。

根据研究的性质,调查研究报告还可以分为:

定量调查研究报告:主要以对数据资料的统计分析结果及其讨论为主要内容,数量化是其主要特征,报告中充满数据图表,逻辑性强,报告的格式也相对固定,报告的各个部分界限清晰。在社会调查中大量运用的都是定量调查,如果没有特殊说明,本书中所指的舆情调查即为定量调查。

定性调查研究报告:与定量研究报告相反,定性研究报告以文字材料的描述和定性分析为主要特征,报告很少具有数量化的图表,报告没有严格的规范,也没有十分固定的格式,报告的主观色彩更重。如果说定量研究报告追求"科学化",那么定性研究报告则追求"艺术化"。因此,定性研究报告一般较定量研究报告冗长。

需要说明的是,调查报告的分类并非绝对,有些调查报告可以是以上几种类型的结合形式。

三、舆情调查报告的主要内容

虽然出于不同目的、适用于不同场合的舆情调查报告在细节上会存在一些差异,但规范的舆情调查报告一般都有比较固定的格式,包括比较固定的内容。通常,一份舆情调查报告开始要点明该舆情调查的背景和意义,即为什么要做该调查报告,通过该调查要回答什么问题,最后要得出结论以回答开头提出的问题。为了达到这个目的,舆情调查报告在结构上大致可以分成标题、导言、方法、结果、讨论、小结、参考文献和附录这样几个部分。现分别介绍如下:

1. 标题

对于舆情调查报告来说,标题是引起读者注意的关键因素之一。标题生动、明确、针对性强,就能打动读者、吸引读者;标题平平常常,往往难以引起读者的关注。标题形式主要有下列几类:

陈述式标题,即直接在标题中陈述调查的对象及调查的问题,这种标题的特点是简明、客观,形式上表现为:调查对象＋内容＋文种名称,如《关于 2010 年北京大学毕业生就业意向的调查》等。这种标题设计规范、内容简明,具有较高的现实应用价值,也最易于驾驭,可以作为初学写作者的切入点。

结论式标题,即用某种结论式的语言或警句、格言、判断句等作标题,标题可以直接说明某次舆情调查的结果。这种标题无论在形式上还是内容上都与陈述式标题大不相同。结论式标题并不要求明确舆论调查的相关要素,而是直接阐明作者的观点、看法,或对舆论现象做出判断、评价,如《北京市民多赞成实施限行》等。这种标题的优势在于:它既表明了作者的态度,又揭示了主题,具有很强的吸引力。结论式标题的写作往往以深入调研作支撑,要求写作者具有一定的经验。

问题式标题,即以一个问题作为标题,这类标题的突出特点是十分吸引人们的注意力,有利于调动人们进一步阅读的欲望。普通调查报告经常采用这种标题,在非专业刊物上发表的调查报告也较多地采用这类标题。这种标题完全打破了前两种标题的写作格局,其发问特色很突出,是以设问、反问等形式,突出问题的焦点所在,以吸引读者的阅读、思考,如《消费者愿意在网上购物吗?》,显然提问式标题的最大优势就是吸引眼球。

复题式标题,即既有主题也有引题或副题的一种标题,一般用主标题概括调查报告的主题或要回答的问题,用副标题标明调查对象及其内容,如对《中国青年报》历年头版文章的分析,其调查报告名为《变迁中的青年形象——对〈中国青年报〉头版内容的分析》,就在标题中点明报告的主题,并包括主题和副题。这种双标题的写作形式非常具有吸引力,也更为引人注目,具有上述三种标题的优点,无论是普通调查报告还是学术性调查报告,都可采用这种形式的标题,这也是各类报刊发表的调查报告中十分常见的一种标题形式。

标题的写法虽然灵活多样,但是有一点要十分注意,这就是"文题相符",即调查报告的标题要与调查报告的内容相符,既不应"头大帽小",也不应"头小帽大",不能为了引起读者的注意而使用超出调查报告内容范围的标题。

2. 导言

导言也称引言、前言、导语或绪论,它是研究报告的第一部分。在正式进入正文之前,导言给读者一个过渡时间和心理准备,导言一般要写明本调查研究的缘起(也就是研究的背景、动机等),本课题研究的有关背景、研究的基础、研究的理论依据,在此基础上阐述本调查的意义,即为什么要研究该课题、研究的目的和意义。一般而言,导言有三部分内容:

(1)研究的问题及其背景

在撰写导言时有一点应该注意,无论你的研究有多么理论化或者多么深奥,都应该做到让一个有相关知识的专业人员能抓住问题的性质,能理解为什么他或者其他人应该关注这一问题。此外,为了帮助读者理解你的导言,写作中要注意下列原则:

尽可能使用常用的语言撰写,而少使用专业术语;不要把毫无思想准备的读者拉进你的问题或理论之中,要用必要的时间和空间,一步一步地把一般性的读者引入到对特定问题的正式的或理论化的陈述中来;用例子说明理论性的观点,或者用例子来帮助介绍理论性的或技术性的术语。

无论理论性的调查研究还是应用性的调查研究,在报告中都必须明确说明所研究的问题是什么,以及为什么选择这一问题进行研究,通常还要说明这一问题的来源和背景。在陈述和介绍中,要从广阔的社会背景开始,逐渐缩小到自己所研究

的现象或问题上来。这样做的好处是,一方面可以使读者从叙述中了解到此项研究为什么重要、为什么值得研究,另一方面还可以使读者从思想上作好探讨所研究问题的准备。

(2)文献评论

我们之所以在研究报告中报告并评述这些材料,是因为任何一项研究都建立在前人、其他研究的基础之上,别人的调查研究对我们的研究有影响。在评论已有文献的工作中,不必逐一评论与研究问题有关的每一项研究,因为要做到这一点,既无必要,也不现实。关键是要对与我们的研究密切相关的那些研究进行简要介绍并作出评论。在研究的最初阶段查阅文献时,随手做一些简要的摘录和评论,将有助于在撰写研究报告阶段进行文献评论工作。相关的文献回顾要完整(包括其他学科的相关研究),所列的文献要与主题相关,对文献的理解要全面,不可断章取义。

对于学术性的舆情调查,文献回顾与述评非常重要,因为科学研究是一种知识积累的过程,任何一项调查研究,都是在前人已有成果的基础上进行的。每位研究者都应该尽量全面地了解与自己所研究的问题有关的理论和方法,掌握最新的资料、动态和结果。在这一部分研究者应该考虑这样一些问题:第一,在这一特定方面,前人的研究做了些什么工作;第二,对于这一特定的现象,是否存在着有关的理论,有哪些不同的理论;第三,前人的这些研究采取了哪些研究方法,已得到了哪些有价值的结果;第四,已有的研究还存在着哪些缺陷或不足,针对已经存在的文献的不足和进一步的研究方向,过渡到本调查要完成的任务,在此基础上要提出本研究的立足点,并进一步介绍本调查研究的概况。

(3)介绍自己的研究

在导言部分的最后,应该简要地介绍一下自己的研究。这种介绍的主要目的不是去讨论研究内容的细节,而是介绍研究的基本框架,比如研究的问题或准备检验的假设是什么,主要的自变量和因变量是什么。在有些情况下还可以描述你的研究模型,定义你的主要理论概念等。这一部分的一个目的就是为转到"方法"部分提供一个自然而平滑的过渡。

3. 调查方法

这部分要说明研究所采用的方式方法、研究的程序和工具等,主要包括以下内容：文献回顾及述评、研究的基本概念、变量、假设和理论框架、研究的总体、样本及抽样方法、抽样过程、研究的主要方法和本研究的问题及其界定。

在学术性舆情调查研究报告中，方法部分十分重要，这也是学术性调查研究报告区别于普通调查报告的一个突出标志。因为，只有知道了研究所采取的方法，明白了研究的各项操作步骤，读者才能评价该研究是否具有科学性、调查结果是否有价值。一般来说，大多数研究报告的方法部分都包括下述几个方面的内容：

（1）有关调查方式的介绍，在方法部分中，需要告诉读者研究采取的是哪种调查方式；

（2）有关被调查对象的介绍；

（3）对研究的主要变量的说明；

（4）对资料收集过程的说明；

（5）对资料分析方法的说明。

虽然一项具体的研究中不一定需要对上述每一个方面都进行详细介绍，但是有一条是应该遵循的，这就是让读者知道研究采用了哪些方法、程序和工具，在实际调查中又是如何做的。

4. 调查结果

该部分将通过调查得到的结论展示出来，介绍通过调查发现了什么。

结果部分的撰写原则是：先总体，后个别；先一般，后具体——即先给出基本的结果，然后再陈述更细小的一些方面的结果。在具体写法上往往是先给出答案，再展示证据。每一个方面的结果陈述完毕后，应进行简要小结，然后再开始下一个方面内容的陈述。在结果的表达上，要做到层次分明、条理清楚。在数据、资料、图表的处理方面，初学者常犯的毛病主要有：

第一，面对一大堆收集来的资料和统计数字不知该如何取舍，好像这也有用，那也有价值，往往舍不得"割爱"，使得研究报告的结果部分变成了一大堆具体事实和统计数字的简单罗列，使读者看了不得要领，分不清主次，抓不住中心。因此，要在分析、加工、提炼资料和证据上多动脑筋、多下功夫，从浩繁的材料中抽取最能说明结论的证据。

第二，片面地认为统计数据和图表越多越好，尤其是在当前强调定量研究的形势下,这一想法更显得突出,似乎只有列出大量的统计图表,才是调查研究具有科学性、具有说服力的表现。其实这是一种误解,或者说是对定量研究的一种肤浅的认识。一篇研究报告是否具有科学性、是否具有说服力,绝不是看图表的多少,而是看图表的内涵和质量。实际上,许多经验丰富的研究人员在研究报告中对图表的设计是相当注意、颇费心思的,往往他们注重的并不是图表的数量,而是图表的说服力和质量。

这里需要说明一下,舆情调查报告在正文中描述分析结果时,需要在报告中添加图表,但有些作者把所有的图表都放在报告的最后,其实这样做反而会妨碍读者阅读报告。所以,应该将图表放在相关的内文附近。

在研究结果部分,不同类型的调查报告有不同的研究结果。如果是应用型舆情调查,在结论部分除展示调查的结果外,还应该针对调查的目的提出相应的对策和建议。而学术性调查则应该是理论导向的,即在结论部分不能仅仅呈现数据的结果,还应该阐述数据结论背后的理论发现。在结果部分,作者应该注意回应开头部分,即研究结论是否已经充分回答了报告开头提出的研究问题或假设。

5. 问题和讨论

一项调查不可能解决某一领域的所有问题,肯定还有应研究而由于主客观原因的限制而未进行研究、未取得结果的与本调查相关的问题,在这部分要坦诚地承认。此外,一项调查不可能是完美的,还有些值得与同行商榷的有关问题等都要列在这一部分。

讨论部分要说明该调查中已经发现的结果具有更普遍的意义,对于该调查,将来还有什么进一步研究的方向,从而将该研究的结果意义推广,拓展到更广阔的背景之下。由于这一部分并不是必不可少的内容,所以也可以将其放在下面的小结中。

6. 小结

研究报告中常常要包括一个非常简要的小结,即对前面部分的主要内容作一个提纲挈领的总结,是调查报告的结尾部分。调查报告的结尾部分,从形式上看有三种不同的处置方法:一是没有小结,自然结束;二是简短的小结;三是较长的小结。从内容上看,小结有以下几种写法:

（1）概括全文，深化主题：即根据调查的情况，概括出主要观点，进一步深化主题，增强调查报告的说服力和感染力；

（2）总结经验，形成结论：即根据调查的情况，总结出基本经验，形成调查的基本结论；

（3）指出问题，提出建议：即根据调查的情况，指出存在的问题和不足，提出弥补或改进的具体建议；

（4）展望未来，指明意义：即根据调查的情况，由点到面、由此及彼，开拓视野、展望未来，指出有关问题的重要意义。

调查报告的小结，应根据写作目的、内容的需要采取灵活多样的写法，要简明扼要、意尽即止，切忌画蛇添足、弄巧成拙。

但是，有些报告（特别是越来越多的学术报告）的总结放在开头的摘要部分，通常不超过 200 字。摘要是整篇研究报告的内容提要和总结，在看到摘要的时候就可以决定该报告的内容是不是读者感兴趣的，从而决定是否阅读全文，因此摘要部分要言简意赅、重点突出。正是由于不可能把各方面的情况都写进摘要里，所以我们必须仔细考虑，然后再作出选择，主要突出哪些内容，而略去哪些内容。

7. 附件

研究报告除正文之外往往还有附录。附录部分是将一些可以帮助读者更好地了解研究细节的资料编排在一起，作为正文的补充。这些资料主要包括：

（1）引用资料的出处；

（2）调查问卷或量表；

（3）调查指标的解释或说明；

（4）计算公式和统计用表；

（5）调查的主要数据；

（6）参考文献；

（7）典型案例；

（8）名词注释，人名和专业术语对照表。

附录也不是调查报告不可缺少的部分，只有大型调查报告才需要附录。附录的内容不应随意扩张，只有那些与调查报告密切相关，而又无法为调查报告所包含

的内容才应列入附录之内。

学术性舆情调查研究报告通常要在报告的末尾列出参考书目。这些图书是研究者在从事这项研究的过程中所阅读、评论、引证过的文献。这样做一方面体现了科学的、实事求是的研究态度,另一方面也为同一领域的研究者提供了一个参考的文献索引。所以,应对中文和英文文献的写法、格式等有所了解。

有时候研究报告结束之后还有后记,是撰写在结束语之后的,是对与调查报告的形成、写作、出版有关的问题所作的说明。它一般包括以下几个方面的内容:

(1)与调查课题提出和实施有关的情况和问题;

(2)与调查报告撰写有关的情况和问题;

(3)与调查课题参与者和调查报告撰写者有关的情况和问题;

(4)与调查报告发表或出版有关的情况和问题。

应该指出,后记也并不是调查报告不可缺少的部分。如果调查报告在前言、主体或结束语中已经说明了上述问题,那么就不必再写后记了。只有重大课题的大型调查报告才需要撰写后记。

当然,并非每份舆情调查报告都包括上面所述的这些部分,这要根据调查的复杂性和作者的需要进行选择。

四、舆情调查报告的写作步骤

一般而言,一份完整的舆情调查报告的写作要经过以下五个步骤:

1. 确定主题

主题是调查报告的灵魂,是调查报告要表达的中心问题,对调查报告写作的成败具有决定性的意义。它是作者分析社会舆情现象、揭示事物本质所形成的中心思想或基本观点,正确提炼主题,是写好调查报告的关键。确定调查主题要考虑调查研究的目的和调查所获得的真实材料。

报告的主题应尽量与调查主题一致。但有时候调查的内容较多,范围较广,在一份报告中难以容纳全部内容,在这种情况下就需要从中选择最重要的部分写进调查报告,并由此确立调查报告的主题。此外,有时候还由于某些因素的影响,使得研究所得的资料与研究的最初目标之间存在差距,这就需要根据调查和分析的结果,重新确定主题。报告的主题还要与标题协调一致,避免文题不符。

主题的提炼,要努力做到正确、集中、深刻、新颖和对称。

正确,是指主题要如实反映客观事物的本质和规律,要对社会实践起指导作用,对社会发展起促进作用。

集中,是指主题要突出,要小而实,不要多中心,不要大而空。

深刻,是指主题要深入揭示事物的内在本质,由现象到本质,由浅层本质到深层本质,不断深入下去,而不能只满足于对现象、对浅层本质的认识。

新颖,是指主题要有新意,要在前人研究的基础上有所发现、有所前进、有所创造,要努力在别人尚未开垦的地方去耕耘。

对称,是指主题与材料、观点相对称。主题过宽、过大,而材料不充分、观点不成熟,论证就没有力量;主题过窄、过小,又不能充分发挥材料和观点的价值。

2. 布局和拟定提纲

在主题确定后,不要马上动笔写作,而需要拟定报告写作的整体框架,这是调查报告构思中的一个关键环节。布局就是指调查报告的表现形式,它反映在提纲上就是文章的"骨架",具体做法上就是把调查材料进一步分类,进行构架。报告的布局和提纲需要注意各部分内在的逻辑性,要求必须纲目分明、层次分明。

一份高质量的写作提纲,内容上应该符合下列基本要求:

(1)突出报告主题,即围绕着报告主题科学安排层次结构,合理使用调查材料,深入论证基本观点,努力充分表达调查报告的主题。

(2)阐明基本观点,即根据主题阐明观点,用材料论证观点,用观点统帅材料,努力做到观点和材料的统一。

(3)精选调查材料,即精心选择真实、准确、全面、系统的调查材料,努力做到材料与观点的统一,并与观点一起共同突出报告主题。

(4)符合内在逻辑,即写作提纲要符合客观事物发展的内在逻辑,努力做到历史与逻辑的统一。

调查报告布局和提纲的作用在于清理思路,并逐步将思路具体化。比如一项关于大学生媒介接触的调查报告,可将"大学生媒介接触行为"这一主题分解成不同的部分:"大学生媒介接触行为现状"、"大学生媒介接触的特点"、"大学生接触媒介的趋势"、"大学生媒介接触行为的理论解释"和"高校正确引导大学生接触媒介的建议"等五大部分,然后再将每一部分的内容具体化,如第一部分的内容可以具体化为:大学生每日接触各类媒介的平均时长,大学生接触媒介的内容和形式,不同学科、不同年级的大学生与媒介接触的关系。

写作提纲的文字表达方式,常用的有两种:

一是标题法,即按总标题、大标题、小标题、子标题的形式,将内容分层排列。这是一种常用的提纲写作形式,其特点是主题突出、层次清楚、结构严密。

二是句子法,即用句子的形式,把所要论述的内容概括表达出来。这种提纲形式的特点是内容明确、表述完整。

3. 取舍材料

一项舆情调查所得到的资料往往较多,但是并非调查得到的资料都适合用在调查报告中,也没有必要将调查所得到的所有资料都放到研究报告中,因为并非所有的调查研究资料都对撰写调查报告有用,因此在撰写调查报告之前需要对得到的资料进行选择,即根据研究的主题和提纲选择有用的材料。

选择材料的时候需要注意以下原则:(1)选取与主题有关的材料,去掉无关的、关系不大的、次要的、非本质的材料,使主题集中、鲜明、突出;(2)注意材料点与面的结合,材料不仅要支持报告中的某个观点,而且要相互支持,形成整体上的连贯。

研究报告中的材料包括两类:一类是直接从调查研究中得到的各种数据、图表、案例等第一手材料,另一种就是二手材料,即与第一手材料密切相关的观点、建议以及相关的其他研究结果,这两类材料相辅相成,共同丰富调查报告。

为了充分论证主题,应在舆情报告中精心选择以下几种类型的材料:

(1)典型材料。典型材料是最能反映事物本质、说明和表现主题的材料,如典型事件、典型例证、典型经验、典型事迹等。典型材料必须真实、具体、生动,具有代表性。典型材料的运用,有助于说明事物的本质,加深对问题的认识,增强说服力。

(2)综合材料。综合材料是指能说明事物总体概貌的材料。写作时,要注意处理好典型材料和综合材料的关系,没有综合材料说明不了广度,缺少典型材料体现不了深度,只有把这两种材料有机地结合起来,才能充分说明事物总体的状况。

(3)对比材料。对比材料是一组具有可比性的材料,如历史与现实的对比、成功与失败的对比、新与旧的对比、好与坏的对比、优点与缺点的对比、先进与落后的对比等。有比较才有鉴别,通过对比,可以使调查报告的主题更加突出,给人以更强烈、更深刻的印象。

(4)统计材料。统计材料包括绝对数、相对数、平均数、指数、动态数列等。统计材料有很强的概括力、表现力,而且具有具体性、准确性的特点。许多问题用文字很难表达清楚,但如果选用恰当的统计材料就可一目了然。因此,恰当地使用统计材料,对于论证基本观点,突出报告主题,增强调查报告的科学性、准确性和说服力具有重要作用。

4. 起草报告

当调查报告的主题、提纲、所用材料确定后,就进入了调查报告的写作阶段。要根据已经确定的主题和写作提纲有条不紊地行文。在报告写作过程中需要一气呵成,不可随意中断,这样做一来可以集中利用时间,二来便于报告紧紧围绕主题展开,使报告在行文风格、内容、形式、体系和思路上保持前后一致,从而使整个报告浑然一体。

在调查报告行文时需要注意:(1)结构合理、全面;(2)格式规范,文字通俗流畅,具有审美性与可读性;(3)内容通俗易懂。注意多使用数据、图表、专业名词术语等,做到深入浅出,语言具有表现力,准确、鲜明、生动、朴实。

调查报告的书面语言必须保持客观态度,如果是描述性的调查报告,应严格保持中立态度,用具体事实说话,而不要轻易作判断、下结论;如果是因果性、学术性、应用性的调查报告,无论讲道理、下结论还是指出问题、提出建议,都应以事实为根据,而不能离开事实空发议论。在撰写调查报告时,最好使用第三人称或非人称代词,尽量避免强加于人之感。当然,在特殊情况下,也可使用第一人称的写法。

调查报告是一种以叙事为主的说明性文体,应该有其独特的语言风格。一般地说,调查报告的语言应力求做到:

(1)准确。陈述事实要真实可靠,引用数据要准确无误,议论要缘事而发、把握分寸,切不可任意拔高或贬低。

(2)简洁。要开门见山,不拐弯抹角,用尽可能少的字句表达尽可能多的内容。

叙述事实,不要做过多的描绘;阐释观点,不要作繁琐论证。要坚决删去一切可要可不要的字句和段落。

(3)朴实。要使用通俗易懂的语言,不要使用深奥的专业术语和华而不实的辞藻,不随便运用夸张手法和奇特比喻。

(4)生动。要形象、活泼,可适当使用一些群众语言和通俗比喻,但不要使用那些多数人看不懂的土语、方言。

5. 修改报告

报告起草好以后并非意味着调查报告的结束,还需要认真修改,写成初稿后要反复修改。主要是对报告的主题、结构、材料、语言文字和标点符号进行检查,加以增、删、改、调。在完成这些工作之后,才能定稿向上报送或发表。读者需要记住:好文章是改出来的。首先要自己修改,如果条件许可,也可以请专家或同行提出修改意见,因为有时候旁观者更清醒,能从多角度加以论证,从而减少失误。

五、舆情调查报告写作中应该注意的问题

1. 应遵守学术规范,杜绝剽窃

对于报告中引用的别人的资料以及某些不易理解的内容,需要加注释来进行说明。注释的作用主要有:指出所引资料的来源,供读者参考查证;表示作者遵守学术道德,不把别人的成果掠为己有;既可帮助读者解释报告中的疑难问题,又不使报告中断和过于冗长。

报告中需要引用别人的文章时,直接引用的要使用引号,而间接引用的不使用引号。

研究报告中引用他人的内容需要加注,注释有三种:夹注、脚注和尾注。夹注可以在正文里使用,参考文献包括所引用资料的出处。如"关于八家全国性非妇女类报纸新闻版面的一次内容分析发现,关于女性议题的新闻只占到整个样本的0.9%,所有新闻行动者里也只有16%是女性,这十分不符合女性在人口中所占的比例。(冯媛,1998)参考文献:冯媛. 解析表象:关于八家主导报纸新闻版的研究报告. 见金一虹和刘伯虹. 世纪之交的中国妇女与发展:理论、经济、文化和健康. 南京:南京大学出版社,1998:273—283。"

也可以在正文里加夹注,直接注明出处。如"1988 年,在上海出现了关于媒体中女性形象的最早公开讨论,当时,《上海文论》、上海电视二台和上海妇女沙龙共同组织了'大众媒体中的妇女形象论坛'(《上海文论》,1989 年第 2 期,页66—68)。"

脚注是在正文中相应位置的右上角用①②③标明,然后在该页下端说明引文的出处;尾注是在正文中相应位置的右上角用①②③标明,然后在文章末尾,按照在文章里出现的先后顺序将注释依次排列。

此外,除引用过的文献需要注释外,凡是在撰写报告时参考的文献都要在报告正文结束后列出来,一来是出于对参考文献作者的尊重,二来是便于读者按照参考文献去查阅相应的文献。报告需要注意参考文献的格式,常用的参考文献规范格式是根据全国文献工作标准化技术委员会提出的《中华人民共和国国家标准文后参考文献著录规则(GB7714—87)》,其格式具体如下:

参考文献有连续出版物的,需要依次注明:[序号]主要责任者. 文献题名. 刊名,出版年份:卷号(期号),起止页码,具体格式如:

[1]卜卫和刘晓红. 关于中国妇女电视节目的研究报告. 新闻与传播研究,2000:7(3),2—14.

参考文献中专著的格式为:[序号]主要责任者. 文献题名. 版本. 出版地:出版者,出版年份:页码. 如:

[2]成美和童兵. 新闻理论教程. 北京:中国人民大学出版社,1993:98.

参考文献中学位论文的注释格式为:[序号]主要责任者. 文献题名. 保存地:保存单位,年份. 如:

[5]王均敏. 从"授权"到"权能互授":当前中国国家与社会关系中的法团结构. 北京:清华大学,2000.

参考文献中报纸文章的格式为:[序号] 主要责任者. 文献题名. 报纸名,出版年,月(日):版次. 如:

[9]郭艳秋. 意义何在. 中国妇女报,1997,12(4):3.

随着中国舆情研究的学术界与国际同行之间的交流越来越多,中国社会科学研究也越来越多地走向国际化,有些建立在舆情调查基础上的研究报告可以向国际会议或国际刊物投稿,这时候就需要遵守国际舆情研究方面的行文规范。目前

在国际社会科学界,学术文章最常用的是 APA 格式。

所谓 APA 格式,是指美国心理协会(the American Psychological Association)出版的出版手册(Publication Manual)中,有关投稿至该协会旗下所属期刊时必须遵守的规定。该手册详细规定文稿的架构、文字、图表、数字、符号等的格式,通称为 APA 格式(APA style),相关领域的期刊、大学报告、学位论文也常参考这一格式。APA 出版手册自 1944 年出版以来,目前已经发行第六版。因为该格式已被国际社会科学界广泛接受,并有成熟现成的格式,读者可以参考 APA 格式网站(www. apastyle. org),也可以参考相关方面的其他资料,这里不再赘述。

具体选择何种格式要根据调查报告的用途、读者对象而定,但无论选择哪种格式,一定要保持统一。

2. 舆情调查报告的写作思路:"宽－窄－宽"

总的说来,舆情调查报告写作的思路是"宽一窄一宽"。也就是说,报告的开头要宽,中间部分要窄,结尾部分再宽,这种行文结构也可以形象地比喻为沙漏的形式。[①]

3. 舆情调查报告的行文要则

舆情调查报告在行文时,应以一种向读者报告的口气撰写,而不要表现出力图说服读者同意某种观点或看法的倾向,更不能把自己的观点强加于人。报告中有时需要援引别人的论述、结果、资料或数据,来支持、佐证或说明自己的某种观点或结论。报告中所用的语言要准确、通俗。因为调查报告是让更多的人了解调查的情况和结果,在语言的表述上就应该清楚、准确、平实,尽量不使用专业术语,既要充分地展现出调查的结果,又要做到简明扼要。研究者要将所取得的资料进行合理概括,而不能只是研究资料的简单堆砌,要从调查资料中提炼出有意义、有价值的内容进行分析,从而对某个问题产生较深入的理解和认识。

舆情调查报告应该由调查的主持人或参加调查的人员亲自撰写,以保证报告内容的连续性和客观性。有时一项较大的舆情调查研究,可能涉及的调查人员很多,还包括调查中的工作人员或调查员。一般的调查工作人员只了解调查的具体

_____

① 风笑天:《社会学研究方法》(第二版),中国人民大学出版社 2005 年版,第 330—331 页。

方法,而对调查的整体设想和一些基本的观点就了解得不多了,调查的主持人是比较全面了解调查过程的,所以能够对一些问题有比较清楚的认识,具备较好地完成调查报告的条件。因此如果是几个参与者共同撰写调查报告,在动笔之前应该先进行充分的讨论,再由一个人执笔完成。

舆情调查报告要以调查中所得到的事实和数据为依据,客观地阐述调查的结果,不能加入调查者主观的猜想,即使是提出一些建议也应该是以调查的结果为依据的。

在撰写舆情调查报告的时候要注意考虑其读者对象,撰写者在撰写过程中要时时刻刻自问:报告的读者是谁? 一定要从读者的理解力出发。形象地说,整个报告可以概括为"先告诉人们你要说什么;然后说你要说的;最后再说你刚刚说过的"。[1]

第二节　舆论调查的应用

作为一种社会调查技术,舆论调查在社会研究领域有很多现实的应用。市场调查、消费行为调查、广告效果调查、收视(听)调查和精确新闻都可以用到舆论调查的手段和方法,它们均属于应用性研究。这里重点介绍与舆论调查密切相关的精确新闻调查和市场调查中的应用。

一、舆论调查与精确新闻

民意调查与精确新闻报道有不解之缘,舆情调查因为其主题经常关心老百姓的日常生活,往往受到人们的广泛关注,因此舆论调查结果成为精确新闻最经常刊登的内容。[2] 媒体自身也经常组织各类民意调查,然后将调查结果刊载为精确新闻。精确新闻(Precision Journalism)又叫精确新闻报道,是指运用

---

① 〔美〕艾尔·巴比:《社会研究方法》(第 10 版),华夏出版社 2005 年版,第 478 页。
② 国内精确新闻最早出现在报纸上,目前的精确新闻也主要集中在报纸上,因此本章主要讲述报纸的精确新闻。

调查、实验和内容分析等社会科学研究方法,来收集资料、查证事实,从而报道新闻。其特点是用精确的数据、概念来分析新闻事件,尽可能避免主观的、人为的错误,从而使新闻报道更加客观、公正、令人信服。精确新闻发端于上世纪 60 年代的美国,上世纪 90 年代在我国出现。1996 年 1 月 3 日,《北京青年报》设置"精确新闻"栏目,刊登《1995 年,北京人你过得好吗?》这一调查报告,正式使用了"精确新闻"这一概念。1993 年 1 月,中国青年报社成立社会调查中心,运用调查法了解读者关于热点问题的看法,每个月用两个版面刊登调查结果。1995 年 1 月,社调中心创办《调查·观察》专刊,2007 年 10 月起改名为《青年调查》专版,每周出版两期。①

虽然舆论调查与精确新闻具有非常密切的关系,但是两者之间也存在较大的差异。一项舆情调查结束后,如果调查的时效性较强、内容适合在媒体上刊登,就可以在媒体上公开发表,成为精确新闻。舆情调查在完成资料分析与解释后,研究者需要把研究发现写成研究报告;精确新闻报道的任务,则是把研究发现写成能为大众了解的新闻稿,两者目的的不同造成了写作格式完全不同,②虽然精确新闻是利用社会科学的方法写成的,但是精确新闻毕竟是一种新闻体,其写作不能完全等同于舆情调查研究报告,并非所有的舆情调查报告都适合刊登为精确新闻。

从选题上看,精确新闻的选题既要有新闻价值,也要有可供决策研究的价值。新闻价值是选择精确新闻研究题材时的首要考虑因素,评价研究题材的新闻价值,主要有时效性、接近性、影响性、显著性和趣味性五个标准。而舆情调查的选题标准是重要性、创造性、可行性和合适性。③

精确新闻报道经常使用主题、引题和副题相互组合的复合式标题,而舆情调查报告简单得多,一般只使用主题。例如同样是中国社会科学院日本研究所 2002 年进行的一次大规模中日舆论调查,报纸上的精确新闻和学术刊物上的调查报告的标题却各不相同:

---

① 陈阳:《精确新闻是否精确? 对我国精确新闻现状的反思》,《青年记者》2010 年第 1 期。
② 罗文辉:《精确新闻报道》,台湾中正书局 1991 年版,第 67 页。
③ 风笑天:《社会学研究方法》(第二版),中国人民大学出版社 2005 年版,第 52—56 页。

本报独家提前获悉的社科院最新调查显示：

超过半数中国民众对日本"不亲近"

日本不反省历史为主要原因

——《中国青年报》2004 年 11 月 24 日的精确新闻标题

中国民众对日本的不亲近感显著增强

——《日本研究》2004 年第 6 期刊登的调查研究报告标题

《中国青年报》的标题有引题、主题和副题，而《日本研究》的标题没有引题和副题。同样，精确新闻的导语也比舆论调查报告简单，如 2002 年中日舆论调查的两条导语：

你现在对日本是否抱有亲近感？你对日本感到亲近或不亲近的理由是什么？面对这样的问题，31.2% 的民众选择了"不亲近"，22.4% 的民众选择了"很不亲近"，两项加起来超过半数；在对日本"不亲近"的人中，有 61.7% 是因为日本至今没有认真反省侵华历史。

——摘自《中国青年报》2004 年 11 月 24 日的报道

中国社会科学院日本研究所在中日邦交正常化 30 周年的 2002 年进行了一次较大规模的中日舆论调查，其结论使许多人感到在意料之外：中国民众对日本很少有亲近感。该调查结果发表后，引起了中日相关各界的关注。按照原定计划，日本研究所于 2004 年 9—10 月进行了第二次中日舆论调查，其结论使许多人感到在意料之中：中国民众对日本的不亲近感显著增强。两年来，中国民众对日本感到"非常亲近"和"亲近"者仅由 5.9% 微升至 6.3%，而感到"很不亲近"和"不亲近"者却由 43.3% 猛增至 53.6%，即已有超过半数的被调查者对日本抱有不亲近感。这就是中日两国为发展双边友好关系而努力的人们必须认真面对的一个现实。

——摘自《日本学刊》2004 年第 6 期

精确新闻的结构比舆情报告更简单、通俗。上一节介绍了舆情调查报告包括的内容，而精确新闻的写作中就省去对读者而言可读性不强的部分，精确新闻的正文在处理有关研究过程与研究方法的信息时，除了少数重要的信息外（如抽样方法、样本数及抽样误差等），其他艰涩的统计及研究专用术语，如研究假设、变项、操作性定义、卡方检验、回归分析等,应尽量避免放在新闻中。[1]《北京青年报》的做法是在新闻后面有个"技术报告",包括"调查设计、执行说明、调查执行"等,《中国青年报》有时在精确新闻后面附"调查背景",既增加了可读性,也有了权威性。精确新闻资料分析中的统计数字,如百分比或均值等,在新闻中应尽量采用整数。如果不是整数,应依四舍五入的原则处理成整数,以方便受众[2],而调查报告则要求尽量详细,不需要进行四舍五入保留整数。总之,舆情调查报告的结构更加完整规范,而精确新闻结果相对简单并注重可读性。

二、舆论调查与市场调查

舆论调查作为一种较为严格的社会调查,其调查技术可以应用于市场调查中。市场调查(Marketing Research)又叫"市场研究"、"营销研究"、"市场调研"等,目的在于运用科学的方法,有目的地、有系统地搜集、记录、整理、分析有关市场营销信息和资料,了解市场的现状及其发展趋势,为市场预测和营销决策提供客观的、真实的资料。它包括市场环境调查、市场状况调查、销售调查,还可对消费者及消费需求、企业产品、产品价格、影响销售的社会和自然因素、销售渠道等开展调查。

从技术角度看,舆论调查的方法可以应用到市场调查中,两者在研究设计、问卷设计、抽样、数据分析等调查方法上没有大的区别,因此熟练掌握舆论调查的方法,再从事市场调查就会得心应手。

同时,市场调查首先要涉及对人(主要是消费者)的调查,这就包括客户对产品或服务的看法、评价、期望、满意度等方面的调查,这一类调查项目也可以归为舆论调查,可看做是舆论调查在消费领域的应用。

作为一种应用性较强的调查,市场调查的执行主体一般是企业,企业通过市场调查来获取对其有用的信息。一款产品在投放市场之前,企业需要通过对消费者的调查了解市场上已经存在的同类产品或服务市场(竞争性市场),寻找市场的潜在空间或空白点;在刚进入市场时,需要调查谁是该产品或服务的目标消费者,对他们进行"画像"(年龄、性别、教育水平、收入等特征),以为他们提供有针对性的服

---

① 罗文辉:《精确新闻报道》,台湾中正书局1991年版,第297页。
② 肖明、丁迈:《精确新闻学》,中国广播电视出版社2002年版,第443页。

务;接着还要了解消费者对该产品或服务的满意程度以及进一步改进的可能性建议,不断提高产品或服务的质量……本质上,这些调查都要问到消费者的看法,舆论调查中用到的方法仍然能应用到市场调查中。

三、舆论调查的其他应用

作为一种社会调查技术,舆论调查还有更广泛的社会应用。教育、卫生、房地产等公共部门为摸清实际情况所做的各种公众调查、企业做的消费者满意度调查、广播电视机构做的收视(听)调查、报社做的读者阅读调查、广告公司为了解广告效果做的广告效果测评、有些企业为应对危机公关做的企业形象调查等都会用到舆论调查的技术和方法。因为社会调查研究的对象是社会中的人,而舆论调查更是对人的态度、心理、行为的调查,因此社会调查研究可以看做是广义的舆论调查,舆论调查的方法几乎可以用于各种社会调查中。掌握好舆论调查的程序和方法有助于我们更全面、真实地认识我们生活在其中的社会。

【本章小结】

舆情调查完成了资料收集和分析工作后就进入报告写作阶段了,调查报告的特点包括科学性、针对性、创造性、时效性,要求语言平实。根据不同的分类,调查报告可分为专题性调查研究报告和综合性调查报告、理论研究性调查报告和实际应用型调查报告以及定量调查研究报告和定性调查研究报告。舆情调查报告一般包括标题、导言、方法、结果、讨论、小结、参考文献和附录等几个部分。一份完整的舆情调查报告的写作一般要经过以下五个步骤:确定主题、布局和拟定提纲、取舍材料、起草报告和修改报告。调查报告在写作中需遵守学术规范,杜绝剽窃。舆论调查在市场调查、消费行为调查、广告效果调查、收视(听)调查和精确新闻中都可以得到广泛应用。

【思考讨论题】

1.舆情调查报告的写作特点包括哪些?

2.根据不同的分类标准,舆情调查报告可以分为哪些类别? 它们各有什么特点?

3.舆情调查报告在结构上一般包括哪些部分? 它们各包括哪些内容?

4.调查报告是否应该包括调查中的所有资料? 在写作中如何对调查所获取的材料进行取舍?

5.如何在调查报告写作中遵守学术规范? 调查报告的注释需注意哪些事项?

6.什么是精确新闻报道? 同样的调查结果,精确新闻报道和舆情调查报告在写作上存在什么差异? 请举例说明。

后　记

　　舆论学作为新闻传播学研究的重要领域,向来为人所关注。舆论本身,也对社会生活产生着重要影响。在舆论学研究中,向来将定性研究和定量研究分开,将理论研究和舆论调查实务分开。教学中同样如此。然而,现代舆论学研究越来越多地受到定量研究的影响,单独讲授舆论的基础理论已经不能满足学生的需求。

　　本教材的写作基于新闻学专业三位老师的一个朴素想法:将舆论调查融入到舆论学教学中,让学生在课程学习中不仅能学到舆论学的理论知识,更能掌握舆论学调查的基础方法。从目前的书稿来看,本书应该说还是完成了这一任务。

　　全书分为三部分,第一部分(第一、二、三、四章)主要是舆论学基础理论,第二部分(第五、六章)主要讲授舆论调查的一般方法,第三部分(第七、八章)主要讲授舆论调查数据的分析和 SPSS 软件运用。这是国内第一本将基础理论、调查方法和数据统计分析融为一体的舆论学教材。我们希望学生通过学习该书,能够掌握舆论的一般理论和方式方法。教师在授课的过程中,也可以根据实际需要,在具体授课中进行取舍。

　　本教材也是新闻学专业开设的《舆论学》课程多年授课的结晶。教材在课程讲义的基础上,增加、补充了最新案例,融入了学界新的科研成果,增加了学理性,并根据学生反馈,重新撰写和修订了部分内容。教材写作历时两年,由新闻学专业的三位教师承担了写作的工作。他们分别是:宋晖副教授、博士(第一、五、六章,后记),苏林森副教授、博士(第七、八章),吴麟讲师、博士(第二、三、四章)。由宋晖副教授完成了全书的统稿工作。

本书的出版直接受益于学院"文化传播实验教学中心"的建设和北京市教委的奖金资助。教材在写作过程中,得到了文化传播学院院长李双老师和副院长吕明涛老师的指导;在出版过程中,更是得到了中国传媒大学编辑李唯梁先生的大力支持。李先生为了该书的出版,两年来一直跟进教材的写作,付出了极大的耐心和坚持,在此一并表示谢意!

图书在版编目(CIP)数据

舆论学实务教程/宋晖,吴麟,苏林森编著. —北京:中国传媒大学
出版社,2013.11
ISBN 978-7-5657-0867-1

Ⅰ.①舆…　Ⅱ.①宋…　②吴…　③苏…　Ⅲ.①舆论—理论—
高等学校—教材　Ⅳ.①C912.63

中国版本图书馆 CIP 数据核字(2013)第 292394 号

舆论学实务教程

编　著	宋　晖　吴　麟　苏林森
责任编辑	李唯梁
责任印制	曹　辉
封面制作	泰博瑞国际文化传媒
出 版 人	蔡　翔
出版发行	中国传媒大学出版社
社　　址	北京市朝阳区定福庄东街 1 号　邮编:100024
电　　话	86—10—65450528　65450532　传真:65779405
网　　址	http://www.cucp.com.cn
经　　销	全国新华书店
印　　刷	北京泽宇印刷有限公司
开　　本	710mm×1000mm　1/16
印　　张	15
字　　数	244 千
版　　次	2015 年 1 月第 1 版　　2015 年 1 月第 1 次印刷
书　　号	978-7-5657-0867-1/C · 0867　　定　价　38.00 元